JN182143

新・判例ハンドブック

【刑法総論】

高橋則夫
十河太朗 編

日本評論社

はしがき

かつて法学部を卒業した五〇代以降の方は、『判例ハンドブック』という名を聞いて、懐かしい青春時代を想起されるのではないかと思う。すなわち、八〇年代に一連の『判例ハンドブック』、刑法分野では一九八三年に内藤謙先生編集『刑法総論』と西原春夫先生編集『刑法各論』が公刊され、法学部生の判例学習の良き手引きだったのである。その後、前者は、一九九二年に第二版、一九九八年に第二版改訂版が、後者は、一九九五年に第二版が公刊されたが、二〇年ほど深い眠りについた状態であった。今回、この歴史ある著書が『新・判例ハンドブック』として蘇ったことにきわめて感慨深いものがある。

法律学を学習する際、判例の理解が重要であることは言うまでもないが、ロースクール時代となり、とくに判例の学習が中心となってきたことから、数多くの判例学習教材も出版された。そのような状況の中で、本書の意義が問われなければならない。

われわれ研究者や法曹実務家は、日々、判例の検索をしており、判例検索インターネットをはじめ、判例雑誌、法律雑誌等から、最高裁判例や下級審裁判例を探索し、数多くの判例評釈を読み込むという作業を行っているわけである。

もちろん、司法試験や予備試験の受験生も毎日の勉強において、法学部の学生諸君もゼミの発表やレポート作成において、このような作業を行っている。しかし、最初に判例に接する入口として、また、判例の存在を確認する手段として、まずは判例の概要を知ることが必要となろう。その際、判例付きの六法を参照する学生が多いと思われるが、この書の難点は、事実が記載されていないことであり、個別具体的な事件との関係で裁判所の判断を理解しなければ、判例を理解したことにはならないのである。他方、事実と判旨だけを記載する判例教材もあるが、これを使いこなすには一定程度の力量が必要であり、とくに初学者は何が問題なのかを把握することができないであろう。

以上のことから、本書の意義は、「問題の所在」、「事実」、「裁判所の見解」、「解説」という四段階構成を採用することによって、学生諸君に対して、刑法総論および刑法各論における判例・裁判例の存在と概要、そして一定の理解をコンパクトに与えるという点にあるといえよう。したがって、一方で、本書をスタートとしてさらに深い判例学習に進むことができ、他方で、辞書代わりに判例を確認することができ、その意味で、まさに、本書は判例の「ハンドブック」なのである。スマホを肌身離さずにいる昨今の学生諸君には、本書を「スマホ判例」として、つねに携帯してもらいたいと思うのである。

本書の執筆を担当してくださったのは、学界において中軸として活躍されている方々であり、その結果、きわめて充実した内容となった。ご多忙な中、本書企画の趣旨に賛同され、玉稿をお寄せくださった先生方に、厚く御礼申し上げる次第である。

最後になったが、本書を共同で編集いただいた十河太朗先生、本書の企画・編集にご尽力いただいた日本評論社編集部の小野邦明氏に、この場を借りて、感謝申し上げたい。

二〇一六年七月

編者を代表して　高橋則夫

目次

はしがき

●第一章／罪刑法定主義●――――――――――――――――――――――――――――――杉本一敏 24

① 刑罰法規の明確性／徳島市公安条例事件――最大判昭和50年9月10日刑集二九巻八号四八九頁
② 刑罰法規の明確性・広汎性／福岡県青少年保護育成条例事件――最大判昭和60年10月23日刑集三九巻六号四一三頁
③ 刑罰法規の委任／猿払事件――最大判昭和49年11月6日刑集二八巻九号三九三頁
④ 医業類似行為を業とすることの禁止の合憲性――最大判昭和35年1月27日刑集一四巻一号三三頁
⑤ 条例と罰則――最大判昭和37年5月30日刑集一六巻五号五七七頁
⑥ 判例の変更と遡及処罰の禁止／岩教組同盟罷業事件――最2判平成8年11月18日刑集五〇巻一〇号七四五頁
⑦ 類推処罰の禁止(1)／ガソリンカー事件――大判昭和15年8月22日刑集一九巻五四〇頁
⑧ 類推処罰の禁止(2)――最3判昭和30年3月1日刑集九巻三号三八一頁
⑨ 刑罰法規の解釈(1)／鳥獣保護事件――最1判平成8年2月8日刑集五〇巻二号二二一頁
⑩ 刑罰法規の解釈(2)／広島市暴走族追放条例事件――最3判平成19年9月18日刑集六一巻六号六〇一頁

●第二章／構成要件該当性●

Ⅰ　行為性・法人の犯罪能力――萩野貴史　34

⑪　行為性――大阪地判昭和37年7月24日下刑集四巻七＝八号六九六頁

⑫　両罰規定の事業主処罰の根拠――最大判昭和32年11月27日刑集一一巻一二号三一一三頁

⑬　両罰規定と法人の過失――最2判昭和40年3月26日刑集一九巻二号八三頁

Ⅱ　不作為犯――萩野貴史　37

⑭　不作為による殺人(1)／シャクティパット事件――最2決平成17年7月4日刑集五九巻六号四〇三頁

⑮　不作為による殺人(2)／児童虐待事件――大阪高判平成13年6月21日判タ一〇八五号二九二頁

⑯　不作為による放火――最3判昭和33年9月9日刑集一二巻一三号二八八二頁

⑰　不作為の因果関係――最3決平成1年12月15日刑集四三巻一三号八七九頁

Ⅲ　因果関係――小林憲太郎　41

⑱　被害者の行為の介在と因果関係(1)／柔道整復師事件――最1決昭和63年5月11日刑集四二巻五号八〇七頁

⑲　被害者の行為の介在と因果関係(2)／抜管事件――最2決平成16年2月17日刑集五八巻二号一六九頁

⑳　被害者の行為の介在と因果関係(3)／高速道路進入事件――最2決平成15年7月16日刑集五七巻七号九五〇頁

㉑ 行為者の行為の介在と因果関係／熊撃ち事件――最1決昭和53年3月22日刑集三二巻二号三八一頁
㉒ 第三者の行為の介在と因果関係(1)／米兵ひき逃げ事件――最3決昭和42年10月24日刑集二一巻八号一一一六頁
㉓ 第三者の行為の介在と因果関係(2)／大阪南港事件――最3決平成2年11月20日刑集四四巻八号八三七頁
㉔ 第三者の行為の介在と因果関係(3)／夜間潜水事件――最1決平成4年12月17日刑集四六巻九号六八三頁
㉕ 第三者の行為の介在と因果関係(4)／高速道路追突事件――最3決平成16年10月19日刑集五八巻七号六四五頁
㉖ 第三者の行為の介在と因果関係(5)／トランク事件――最1決平成18年3月27日刑集六〇巻三号三八二頁
㉗ 結果的加重犯と因果関係――最1判昭和46年6月17日刑集二五巻四号五六七頁
㉘ 因果関係の錯誤／砂末吸引事件――大判大正12年4月30日刑集二巻三七八頁
㉙ 過失犯の因果関係／日航機ニアミス事件――最1決平成22年10月26日刑集六四巻七号一〇一九頁

Ⅳ 故意――深町晋也 53

㉚ 故意の内容(1)／チャタレー事件――最大判昭和32年3月13日刑集一一巻三号九九七頁
㉛ 故意の内容(2)――最2決平成2年2月9日判時一三四一号一五七頁
㉜ 故意の内容(3)――最3決平成18年2月27日刑集六〇巻二号二五三頁
㉝ 条件付故意――最3判昭和59年3月6日刑集三八巻五号一九六一頁
㉞ 未必の故意――最3判昭和23年3月16日刑集二巻三号二二七頁

Ⅴ 錯誤――深町晋也 58

㉟ 未必の故意／びょう打銃事件――最3判昭和53年7月28日刑集三二巻五号一〇六八頁

㊱ 抽象的事実の錯誤(1)――最1決昭和54年3月27日刑集三三巻二号一四〇頁
㊲ 抽象的事実の錯誤(2)――最1決昭和61年6月9日刑集四〇巻四号二六九頁
㊳ 抽象的事実の錯誤(3)――札幌高判平成25年7月11日高刑速平成二五年二五三頁
㊴ 事実の錯誤と法律の錯誤(1)／たぬき・むじな事件――大判大正14年6月9日刑集四巻三七八頁
㊵ 事実の錯誤と法律の錯誤(2)／無鑑札犬撲殺事件――最2判昭和26年8月17日刑集五巻九号一七八九頁
㊶ 事実の錯誤と法律の錯誤(3)／公衆浴場無許可営業事件――最3判平成1年7月18日刑集四三巻七号七五二頁

Ⅵ 過失――古川伸彦 65

㊷ 過失犯の処罰と明文の要否／旧・海水油濁防止法事件――最3決昭和57年4月2日刑集三六巻四号五〇三頁
㊸ 予見可能性の意義(1)／森永ドライミルク事件――高松高判昭和41年3月31日高刑集一九巻二号一三六頁
㊹ 予見可能性の意義(2)／北大電気メス事件――札幌高判昭和51年3月18日高刑集二九巻一号七八頁
㊺ 予見可能性の意義(3)／荷台乗車事件――最2決平成1年3月14日刑集四三巻三号二六二頁
㊻ 予見可能性の意義(4)／近鉄生駒トンネル火災事件――最2決平成12年12月20日刑集五四巻九号一〇九五頁
㊼ 予見可能性の意義(5)／明石砂浜陥没事件――最2決平成21年12月7日刑集六三巻一一号二六四一頁
㊽ 信頼の原則(1)――最2判昭和42年10月13日刑集二一巻八号一〇九七頁
㊾ 信頼の原則(2)――最3決平成16年7月13日刑集五八巻五号三六〇頁
㊿ 注意義務の存否・内容(1)／薬害エイズ帝京大ルート事件――東京地判平成13年3月28日判時一七六三号一七頁
(51) 注意義務の存否・内容(2)／薬害エイズ厚生省ルート事件――最2決平成20年3月3日刑集六二巻四号五六七頁
(52) 注意義務の存否・内容(3)／埼玉医大抗がん剤過剰投与事件――最1決平成17年11月15日刑集五九巻九号一五五八頁
(53) 結果回避可能性と過失／黄色点滅信号事件――最2判平成15年1月24日判時一八〇六号一五七頁

⑭ 不作為と過失／三菱自工製トラック車輪脱落事件――最3決平成24年2月8日刑集六六巻四号二〇〇頁
⑮ 過失の競合(1)／横浜市大患者取違え事件――最2決平成19年3月26日刑集六一巻二号一三一頁
⑯ 過失の競合(2)／明石歩道橋事件――最1決平成22年5月31日刑集六四巻四号四四七頁
⑰ 管理・監督過失(1)／大洋デパート事件――最1判平成3年11月14日刑集四五巻八号二二一頁
⑱ 管理・監督過失(2)／ホテルニュージャパン事件――最2決平成5年11月25日刑集四七巻九号二四二頁
⑲ 業務上過失における業務の意義――最1決昭和60年10月21日刑集三九巻六号三六二頁
⑳ 結果的加重犯と過失の要否――最3判昭和32年2月26日刑集一一巻二号九〇六頁
㉑ 危険の引受け／ダートトライアル事件――千葉地判平成7年12月13日判時一五六五号一四四頁

●第三章／違法性●

I 実質的違法性――川崎友巳 85

㉒ 実質的違法性の判断基準／久留米駅事件――最大判昭和48年4月25日刑集二七巻三号四一八頁
㉓ 被害軽微の場合の可罰的違法性(1)／一厘事件――大判明治43年10月11日刑録一六輯一六二〇頁
㉔ 被害軽微の場合の可罰的違法性(2)／マジックホン事件――最1決昭和61年6月24日刑集四〇巻四号二九二頁
㉕ 争議行為／全農林警職法事件――最大判昭和48年4月25日刑集二七巻四号五四七頁
㉖ 取材活動の限界／外務省秘密漏えい事件――最1決昭和53年5月31日刑集三二巻三号四五七頁
㉗ ビラ配布目的での邸宅への立入り／自衛隊立川宿舎事件――最2判平成20年4月11日刑集六二巻五号一二一七頁
㉘ 自救行為――最2判昭和30年11月11日刑集九巻一二号二四三八頁
㉙ 安楽死／東海大安楽死事件――横浜地判平成7年3月28日判時一五三〇号二八頁

⑳ 治療行為の中止／川崎協同病院事件――最3決平成21年12月7日刑集六三巻一一号一八九九頁
㉑ 被害者の同意(1)――最2決昭和55年11月13日刑集三四巻六号三九六頁
㉒ 被害者の同意(2)――東京高判平成9年8月4日高刑集五〇巻二号一三〇頁

Ⅱ 正当防衛――橋爪 隆 96

㉓ 急迫不正の侵害(1)――最3判昭和46年11月16日刑集二五巻八号九九六頁
㉔ 急迫不正の侵害(2)――最1決昭和52年7月21日刑集三一巻四号七四七頁
㉕ 侵害の終了時期――最2判平成9年6月16日刑集五一巻五号四三五頁
㉖ 財産的利益の防衛――最1判平成21年7月16日刑集六三巻六号七一一頁
㉗ 防衛の意思――最3判昭和50年11月28日刑集二九巻一〇号九八三頁
㉘ 防衛行為の相当性(1)――最1判昭和44年12月4日刑集二三巻一二号一五七三頁
㉙ 防衛行為の相当性(2)――最2判平成1年11月13日刑集四三巻一〇号八二三頁
㉚ 対物防衛――大判昭和12年11月6日裁判例(一一)刑八六頁
㉛ 自招侵害――最2決平成20年5月20日刑集六二巻六号一七八六頁
㉜ 過剰防衛の成否(1)――最1決平成20年6月25日刑集六二巻六号一八五九頁
㉝ 過剰防衛の成否(2)――最1決平成21年2月24日刑集六三巻二号一頁
㉞ 誤想防衛と過剰防衛――最3判昭和24年4月5日刑集三巻四号四二一頁
㉟ 防衛行為と第三者――大阪高判平成14年9月4日判タ一一一四号二九三頁
㊱ 誤想過剰防衛／勘違い騎士道事件――最1決昭和62年3月26日刑集四一巻二号一八二頁
㊲ 盗犯等防止法一条一項の「相当性」――最2決平成6年6月30日刑集四八巻四号二一頁

Ⅲ　緊急避難――井上宜裕　111
⑧⑧　現在の危難――最1判昭和35年2月4日刑集一四巻一号六一頁
⑧⑨　強要による緊急避難／オウム真理教集団リンチ事件――東京地判平成8年6月26日判時一五七八号三九頁
⑨⓪　避難行為の相当性――東京高判昭和57年11月29日刑月一四巻一一＝一二号八〇四頁
⑨①　自招危難――大判大正13年12月12日刑集三巻八六七頁
⑨②　誤想過剰避難――大阪簡判昭和60年12月11日判時一二〇四号一六一頁
⑨③　特別義務者と緊急避難――大判昭和7年3月7日刑集一一巻二七七頁

●第四章／責任●

Ⅰ　責任能力――箭野章五郎　117
⑨④　責任能力の判断基準(1)――最2判昭和53年3月24日刑集三二巻二号四〇八頁
⑨⑤　責任能力の判断基準(2)――最3決昭和59年7月3日刑集三八巻八号二七八三頁
⑨⑥　責任能力の判断基準(3)――最2判平成20年4月25日刑集六二巻五号一五五九頁
⑨⑦　責任能力の判断基準(4)――最1決平成21年12月8日刑集六三巻一一号二八二九頁
⑨⑧　実行行為と責任能力――長崎地判平成4年1月14日判時一四一五号一四二頁
⑨⑨　故意犯と原因において自由な行為――大阪地判昭和51年3月4日判時八二二号一〇九頁
⑩⓪　過失犯と原因において自由な行為――最大判昭和26年1月17日刑集五巻一号二〇頁
⑩①　限定責任能力と原因において自由な行為――最3決昭和43年2月27日刑集二二巻二号六七頁

Ⅱ　違法性の意識の可能性――箭野章五郎　125

(102) 違法性の意識(1)／黒い雪事件――東京高判昭和44年9月17日高刑集二二巻四号五九五頁
(103) 違法性の意識(2)／百円紙幣模造事件――最1決昭和62年7月16日刑集四一巻五号二三七頁
(104) 刑法三八条三項ただし書の意義――最2判昭和32年10月18日刑集一一巻一〇号二六六三頁

Ⅲ　期待可能性――箭野章五郎　128

(105) 失業保険料不納付と期待可能性――最1判昭和33年7月10日刑集一二巻一一号二四七一頁

●第五章／未遂●

Ⅰ　実行の着手――佐藤拓磨　129

(106) 窃盗罪における実行の着手／煙草売場事件――最2決昭和40年3月9日刑集一九巻二号六九頁
(107) 強姦罪における実行の着手――最3決昭和45年7月28日刑集二四巻七号五八五頁
(108) 放火罪における実行の着手――横浜地判昭和58年7月20日判時一一〇八号一三八頁
(109) 覚せい剤輸入罪における実行の着手――最3判平成20年3月4日刑集六二巻三号一二三頁
(110) 早すぎた結果の発生／クロロホルム事件――最1決平成16年3月22日刑集五八巻三号一八七頁
(111) 間接正犯における実行の着手――大判大正7年11月16日刑録二四輯一三五二頁

Ⅱ　中止犯 ―――― 佐藤拓磨 135

⑫ 中止犯における任意性(1)――最3決昭和32年9月10日刑集一一巻九号二二〇二頁
⑬ 中止犯における任意性(2)――福岡高判昭和61年3月6日高刑集三九巻一号一頁
⑭ 中止犯における任意性(3)――札幌高判平成13年5月10日判タ一〇八九号二九八頁
⑮ 実行未遂と着手未遂――東京高判昭和62年7月16日判時一二四七号一四〇頁
⑯ 不作為による中止――福岡高判平成11年9月7日判時一六九一号一五六頁
⑰ 結果防止行為の真摯性(1)――大阪高判昭和44年10月17日判タ二四四号二九〇頁
⑱ 結果防止行為の真摯性(2)――東京高判平成13年4月9日高刑速三一三二号五〇頁
⑲ 予備の中止――最大判昭和29年1月20日刑集八巻一号四一頁

Ⅲ　不能犯 ―――― 佐藤拓磨 143

⑳ 方法の不能(1)／硫黄事件――大判大正6年9月10日刑録二三輯九九九頁
㉑ 方法の不能(2)／空ピストル事件――福岡高判昭和28年11月10日判特二六号五八頁
㉒ 方法の不能(3)／空気注射事件――最2判昭和37年3月23日刑集一六巻三号三〇五頁
㉓ 方法の不能(4)／天然ガス漏出事件――岐阜地判昭和62年10月15日判タ六五四号二六一頁
㉔ 客体の不能／死体殺人事件――広島高判昭和36年7月10日高刑集一四巻五号三一〇頁

●第六章／共犯●

Ⅰ　間接正犯 ―――― 豊田兼彦　148

125　刑事未成年者の利用(1)／四国巡礼事件――最1決昭和58年9月21日刑集三七巻七号一〇七〇頁
126　刑事未成年者の利用(2)／スナック強盗事件――最1決平成13年10月25日刑集五五巻六号五一九頁
127　被害者を利用した殺人――最3決平成16年1月20日刑集五八巻一号一頁
128　コントロールド・デリバリー――最1決平成9年10月30日刑集五一巻九号八一六頁
129　故意ある幇助道具――横浜地川崎支判昭和51年11月25日判時八四二号一二七頁
130　他人の適法行為の利用――大判大正10年5月7日刑録二七輯二五七頁

Ⅱ　共同正犯 ―――― 豊田兼彦　154

131　共謀共同正犯(1)／練馬事件――最大判昭和33年5月28日刑集一二巻八号一七一八頁
132　共謀共同正犯(2)／スワット事件――最1決平成15年5月1日刑集五七巻五号五〇七頁
133　未必の故意による共謀共同正犯――最3決平成19年11月14日刑集六一巻八号七五七頁
134　共同正犯と幇助犯の区別(1)／大麻密輸入事件――最1決昭和57年7月16日刑集三六巻六号六九五頁
135　共同正犯と幇助犯の区別(2)――福岡地判昭和59年8月30日判時一一五二号一八二頁
136　見張りと共同正犯――最3判昭和23年3月16日刑集二巻三号二二〇頁
137　犯罪の不阻止と共同正犯――東京高判平成20年10月6日判タ一三〇九号二九二頁

⑱ 殺人予備罪の共同正犯――最1決昭和37年11月8日刑集一六巻一一号一五二二頁
⑲ 過失犯の共同正犯(1)／メタノール事件――最2判昭和28年1月23日刑集七巻一号三〇頁
⑳ 過失犯の共同正犯(2)／喫煙失火事件――秋田地判昭和40年3月31日下刑集七巻三号五三六頁
⑳ 過失の共同正犯(3)／世田谷ケーブル事件――東京地判平成4年1月23日判時一四一九号一三三頁
⑫ 結果的加重犯の共同正犯――最3判昭和26年3月27日刑集五巻四号六八六頁
⑬ 承継的共犯(1)――横浜地判昭和56年7月17日判時一〇一一号一四二頁
⑭ 承継的共犯(2)――最2決平成24年11月6日刑集六六巻一一号一二八一頁
⑮ 承継的共犯(3)――大阪地判平成9年8月20日判タ九九五号二八六頁

Ⅲ 教唆犯――松澤 伸 169

⑯ 教唆の方法――最1判昭和26年12月6日刑集五巻一三号二四八五頁
⑰ 教唆行為の意義――最3決平成18年11月21日刑集六〇巻九号七七〇頁
⑱ 未遂の教唆／おとり捜査――最1決昭和28年3月5日刑集七巻三号四八二頁
⑲ 再間接教唆――大判大正11年3月1日刑集一巻九九頁
⑳ 過失犯に対する教唆の成否――東京高判昭和26年11月7日判特二五号三一頁

Ⅳ 幇助犯――松澤 伸 174

⑮ 幇助行為の意義／鳥打帽子事件――大判大正4年8月25日刑録二一巻一二四九頁
⑮ 助言による幇助――最大判昭和25年7月19日刑集四巻八号一四六三頁

⑮③ 不作為による幇助(1)／釧路せっかん死事件――札幌高判平成12年3月16日判時一七一一号一七〇頁
⑮④ 不作為による幇助(2)――東京高判平成11年1月29日判時一六八三号一五三頁
⑮⑤ 同乗者と危険運転致死傷幇助罪――最3決平成25年4月15日刑集六七巻四号四三七頁
⑮⑥ 幇助の因果関係／宝石商殺害事件――東京高判平成2年2月21日判タ七三三号二三二頁
⑮⑦ 中立的行為と幇助／ウィニー事件――最3決平成23年12月19日刑集六五巻九号一三八〇頁
⑮⑧ 間接幇助――最1決昭和44年7月17日刑集二三巻八号一〇六一頁
⑮⑨ 片面的幇助――東京地判昭和63年7月27日判時一三〇〇号一五三頁

V 共犯の諸問題――照沼亮介 183

⑯⓪ 共同正犯と過剰防衛／フィリピンパブ事件――最2決平成4年6月5日刑集四六巻四号二四五頁
⑯① 教唆犯と錯誤／ゴットン師事件――最3判昭和25年7月11日刑集四巻七号一二六一頁
⑯② 共同正犯と錯誤――最1決昭和54年4月13日刑集三三巻三号一七九頁
⑯③ 共謀の射程――東京地判平成7年10月9日判時一五九八号一五五頁
⑯④ 関与形式間の錯誤――仙台高判昭和27年2月29日判特二二号一〇六頁
⑯⑤ 身分の意義(1)――最3決昭和40年3月30日刑集一九巻二号一二五頁
⑯⑥ 身分の意義(2)――最3判昭和42年3月7日刑集二一巻二号四一七頁
⑯⑦ 共犯と身分(1)――最3判昭和32年11月19日刑集一一巻一二号三〇七三頁
⑯⑧ 共犯と身分(2)――大阪高判昭和62年7月17日判時一二五三号一四一頁
⑯⑨ 共犯と身分(3)――大判大正12年2月22日刑集二巻一〇七頁
⑰⓪ 共犯関係の解消(1)／おれ帰る事件――最1決平成1年6月26日刑集四三巻六号五六七頁

⑰ 共犯関係の解消(2)――名古屋高判平成14年8月29日判時一八三一号一五八頁
⑰ 共犯関係の解消(3)――最3決平成21年6月30日刑集六三巻五号四七五頁
⑰ 共同正犯と量的過剰防衛――最3判平成6年12月6日刑集四八巻八号五〇九頁
⑰ 共犯の中止犯――最2判昭和24年12月27日刑集三巻一二号二〇二八頁
⑰ 他の共犯者に対する中止犯の効果――大判大正2年11月18日刑録一九輯一二一二頁
⑰ 必要的共犯／弁護士法違反事件――最3判昭和43年12月24日刑集二二巻一三号一六二五頁

●第七章／罪数●

Ⅰ 包括一罪――小池信太郎 200
⑰ 接続犯――最2判昭和24年7月23日刑集三巻八号一三七三頁
⑰ 包括一罪か併合罪か(1)――最2決昭和62年2月23日刑集四一巻一号一頁
⑰ 包括一罪か併合罪か(2)――最2決平成22年3月17日刑集六四巻二号一一一頁
⑱ 包括一罪か併合罪か(3)――最1決平成26年3月17日刑集六八巻三号三六八頁
⑱ 児童ポルノと罪数――最2決平成21年7月7日刑集六三巻六号五〇七頁
⑱ 混合的包括一罪――最1決昭和61年11月18日刑集四〇巻七号五二三頁
Ⅱ 牽連犯――小池信太郎 206
⑱ 牽連犯か併合罪か(1)――最3決昭和58年9月27日刑集三七巻七号一〇七八頁

⑱④ 牽連犯か併合罪か(2)——最1判平成17年4月14日刑集五九巻三号二八三頁
⑱⑤ いわゆる「かすがい」理論——最1決昭和29年5月27日刑集八巻五号七四一頁

Ⅲ 観念的競合——小池信太郎 209

⑱⑥ 「その最も重い刑により処断する」の意義——最3判昭和28年4月14日刑集七巻四号八五〇頁
⑱⑦ 観念的競合か併合罪か——最大判昭和49年5月29日刑集二八巻四号一一四頁

Ⅳ 併合罪——小池信太郎 211

⑱⑧ 刑法四七条の法意／新潟女性監禁事件——最1判平成15年7月10日刑集五七巻七号九〇三頁

Ⅴ 罪数に関する諸問題——小池信太郎 212

⑱⑨ 不作為犯の罪数——最大判昭和51年9月22日刑集三〇巻八号一六四〇頁
⑲⓪ 共犯と罪数——最1決昭和57年2月17日刑集三六巻二号二〇六頁

●第八章 刑罰論●——髙橋直哉 214

⑲① 死刑の合憲性——最大判昭和23年3月12日刑集二巻三号一九一頁
⑲② 絞首刑の執行方法の法的根拠——最大判昭和36年7月19日刑集一五巻七号一一〇六頁

193 死刑選択の基準(1)／永山事件――最2判昭和58年7月8日刑集三七巻六号六〇九頁
194 死刑選択の基準(2)／光市事件――最3判平成18年6月20日判時一九四一号三八頁
195 無期懲役の合憲性――最大判昭和24年12月21日刑集三巻一二号二〇四八頁
196 第三者没収――最大判昭和37年11月28日刑集一六巻一一号一五九三頁
197 追徴額の算定基準――最大判昭和43年9月25日刑集二二巻九号八七一頁
198 没収・追徴――最3決平成16年11月8日刑集五八巻八号九〇五頁
199 刑法四二条一項の「捜査機関に発覚する前」の意義――最2判昭和24年5月14日刑集三巻六号七二一頁
200 虚偽申告と自首――最3決平成13年2月9日刑集五五巻一号七六頁

●第九章　刑法の効力●――髙橋直哉　224

201 刑の変更と廃止――最1判平成8年11月28日刑集五〇巻一〇号八二八頁
202 国外犯と共犯――最1決平成6年12月9日刑集四八巻八号五七六頁
203 執行猶予基準の変更――最3判昭和23年6月22日刑集二巻七号六九四頁

凡　例――19
判例索引――227

凡　例

▽判例の引用方法

・「最大判昭和50・9・10刑集二九巻八号四八九頁」とあるのは、「昭和五〇年九月一〇日最高裁判所大法廷判決、最高裁判所刑事判例集昭和五〇年度二九巻八号四八九頁（通し頁）」を指す。なお、例えば「最決」の「決」は決定の略である。また、大法廷判決（決定）は「最大判（決）」、小法廷判決（決定）は「最1判（決）」のように表記した。

・その他、東京地判→東京地方裁判所判決、大阪高決→大阪高等裁判所決定、札幌地小樽支判→札幌地方裁判所小樽支部判決のごとくである。

▽登載判例集は、次のように略記した。

刑（民）集＝最高裁判所刑事（民事）判例集
高刑（民）集＝高等裁判所刑事（民事）判例集
下刑（民）集＝下級裁判所刑事（民事）判例集
集刑（民）＝最高裁判所裁判集刑事（民事）
高刑速＝高等裁判所刑事裁判速報集
刑集＝大審院刑事判例集
刑録＝大審院刑事判決録
裁判例＝大審院裁判例（法律新聞別冊）
刑月＝刑事裁判月報
家月＝家庭裁判月報
判時＝判例時報
判タ＝判例タイムズ
判特＝高等裁判所刑事判決特報

商事＝商事法務
金判＝金融・商事判例
速判解＝速報判例解説

・なお、解説本文において、例えば（67判決）とあるのは、本書掲載判例のうち裁判例番号67のものを指す。

▽文献（雑誌・単行本等）

百選Ⅰ、Ⅱ	刑法判例百選Ⅰ、Ⅱ（第七版） ＊末尾の数字は、掲載判例の項目番号を指す。また、現段階で最新版の「第七版」については、特にこれを表記せず、第一版～六版については、例えば「百選Ⅰ（六版）」と表記した。
行百Ⅰ	行政法判例百選Ⅰ（第六版）
警研	警察研究
警論	警察学論集
最判解○年度	最高裁判所判例解説
昭和（平成）○年重判	昭和（平成）○年度重要判例解説（ジュリ臨増） ＊末尾の（　）内は、掲載判例の法分野名、項目番号を指す。
ジュリ	ジュリスト
論ジュリ	論究ジュリスト
曹時	法曹時報
判セ	判例セレクト
法教	法学教室
判プラ	『判例プラクティス・刑法Ⅰ総論』（信山社、二〇一〇年）
新実例総論	池田修・杉田宗久編『新実例刑法　総論』（青林書院、二〇一四年）
大コンメ	『大コンメンタール刑法』（青林書院）
小林＝佐藤古稀	『小林充先生・佐藤文哉先生古稀祝賀刑事裁判論集』（判例タイムズ社、二〇〇六年）

▽法令等

・本文において、例えば「四五条」などとして、法律名が省略されているものは、刑法の条文を指す。

・刑法以外の法令等で略記をしたものは次の通りである。

海水油濁防止	船舶の油による海水の汚濁の防止に関する法律
外為	外国為替及び外国貿易法
関税	関税法
刑訴	刑事訴訟法
軽犯罪	軽犯罪法
憲	憲法
国公	国家公務員法
児ポ	児童買春、児童ポルノに係る行為等の処罰及び児童の保護等に関する法律
失業保険	失業保険法
消防	消防法
少年	少年法
道交	道路交通法
盗犯防止	盗犯等ノ防止及処分ニ関スル法律
弁護士	弁護士法
暴力行為	暴力行為等処罰ニ関スル法律
労組	労働組合法

新・判例ハンドブック　刑法総論

刑罰法規の明確性……徳島市公安条例事件

1 最大判昭和50・9・10刑集二九巻八号四八九頁

関連条文 憲法三一条

刑罰規定が、あいまい不明確ゆえに憲法三一条違反となるのはどのような場合か。

事実 徳島市条例（昭和二七年徳島市条例三号）三条は、公安委員会が集団行進を許可するに際して「交通秩序維持に関する事項」（同条三号）に関し「必要な条件をつけることができる」と規定し、その条件に違反した集団行進の煽動者等に対する罰則（五条）を設けている。被告人甲は、集団示威行進に参加し、徳島市内の車道上をだ行進中、集団行進者にだ行進をさせるような刺激を与え、せん動したとして、五条の罪で起訴された。第一審は、三条三号の「交通秩序を維持すること」は、五条によって処罰されるべき犯罪の構成要件としては「不明確」であり、「憲法三一条の趣旨に反する」として甲の罪責を否定した。控訴審もこの判断を支持したため、検察官が、控訴審の憲法三一条の解釈適用の誤りを主張して上告した。

裁判所の見解 破棄自判。刑罰規定が「あいまい不明確のゆえに憲法三一条に違反する」かどうかは、「通常の判断能力を有する一般人の理解において、具体的場合に当該行為がその適用を受けるものかどうかの判断を可能ならしめるような基準が読みとれるかどうかによつてこれを決定すべきである。」本条例三条三号の「交通秩序を維持すること」は、「集団行進等が一般的に秩序正しく平穏に行われる場合にこれに随伴する交通秩序阻害の程度を超えた、殊更な交通秩序の阻害をもたらすような行為を避止すべきこと」を命じていると解され、「通常の判断能力を有する一般人が、具体的場合において、自己がしようとする行為が右条項による禁止に触れるものであるかどうかを判断するにあたつては、……通常その判断にさほどの困難を感じることはない」。したがって、三条三号の規定は憲法三一条に違反しない。

解説 本判決の意義は、刑罰規定が「あいまい不明確」ゆえに憲法三一条に違反するかは「通常の判断能力を有する一般人の理解において、具体的場合に当該行為がその適用を受けるものかどうかの判断を可能ならしめるような基準が読みとれるかどうか」で決まる、という判断基準を示した点にある。多数意見は、あいまい不明確な刑罰規定が憲法三一条違反となる理由を、①通常の判断能力を有する一般人に対して処罰範囲が告知されないおそれと、②法適用機関の恣意的な運用のおそれに求めており、上記の判断基準はこの両方の観点（特に①）を具体化したものといえる。

▼**評釈**——小田健司・最判解昭和50年度

刑罰法規の明確性・広汎性……福岡県青少年保護育成条例事件

2 最大判昭和60・10・23刑集三九巻六号四一三頁

刑罰規定の処罰範囲が過度に広汎である、または不明確であるとして憲法三一条違反となるのはどのような場合か。

事　実　福岡県青少年保護育成条例（昭和三二年福岡県条例第三二号）一〇条一項は、「青少年に対し、淫行……をしてはならない。」と規定し、その違反につき、同一六条一項に罰則が設けられていた。被告人甲は、一六歳の少女と性交をしたとして本罪で起訴され、原審で有罪判決を受けたため、上記規定は、(1)青少年との性行為を（自由意思に基づく真摯なものも含めて）全て規制する点で処罰範囲が不当に広汎に過ぎる、(2)「淫行」の範囲が不明確である、として、憲法違反を主張して上告した。

裁判所の見解　上告棄却。本条例にいう「淫行」は、その趣旨等からすると「広く青少年に対する性行為一般をいうものと解すべきではなく、〔①〕青少年を誘惑し、威迫し、欺罔し又は困惑させる等その心身の未成熟に乗じた不当な手段により行う性交又は性交類似行為のほか、〔②〕青少年を単に自己の性的欲望を満足させるための対象として扱っているとしか認められないような性交又は性交類似行為をいうものと解するのが相当である。」「このような解釈は通常の判断能力を有する一般人の理解にも適うものであり、『淫行』の意義を右のように解釈するときは、同規定につき処罰の範囲が不当に広過ぎるとも不明確であるともいえないから、本件各規定が憲法三一条の規定に違反するものとはいえ」ない。そして、本件行為は②に該当する。

関連条文　憲法三一条

解　説　本判決の多数意見は、「淫行」について、(1)「青少年に対する性行為一般」とする解釈は、「婚約中の青少年又はこれに準ずる真摯な交際関係にある青少年との間で行われる性行為等」も含むことになり「広きに失する」し、また、(2)「単に反倫理的あるいは不純な性行為」とする解釈は「不明確」であるとして、これらの解釈を否定したうえで、上記①・②の二つの形態の性行為をもって「淫行」とする解釈を示した。そして、このような解釈に基づく処罰範囲は「不当に広過ぎる」とはいえず、かつ、このような解釈は「通常の判断能力を有する一般人の理解にも適う」ものであるから「不明確」でもない、との判断を示している。刑罰規定が「不明確」ゆえに憲法三一条に違反するか、という点に関するこの判断基準は、1判決が示したのと同じものである。なお伊藤裁判官の反対意見は、上記①だけが処罰に値すると解したうえで、「淫行」から①のような行為のみを指す解釈を導くことは「通常の判断能力を有する一般人の理解の及びえない」、と述べている。

▼評釈――高橋省吾・最判解昭和60年度、佐伯仁志・百選Ⅰ2

刑罰法規の委任……猿払事件

3 最大判昭和49・11・6刑集二八巻九号三九三頁

国家公務員法一〇二条一項が、刑罰の対象となる政治的行為の規定を人事院規則に委任したことは、いわゆる白紙委任として憲法違反に当たるか。

事　実　国家公務員法（以下「国公法」）一〇二条一項は、国家公務員が「政党又は政治的目的のために……人事院規則で定める政治的行為をしてはならない。」と規定し、この委任に基づき、人事院規則一七-四（政治的行為）が禁止対象となる政治的行為を規定している。被告人甲（郵便局勤務の郵政事務官）は、衆議院議員選挙に際し、日本社会党公認候補者の選挙用ポスターを掲示・配布した。この行為が、人事院規則五項三号、六項一三号が禁止する、特定の政党を支持する目的で、政治的目的を有する文書の掲示・配布する行為に当たるとして、甲は国公法違反の罪（同法一一〇条一項一九号）で起訴された。第一審は、「非管理職である現業公務員」である甲が「勤務時間外に、国の施設を利用することなく、かつ職務を利用し、若しくはその公正を害する意図なしで行った」行為にまで適用される限りで、国公法一一〇条一項一九号は「合理的にして必要最小限の域を超えた」制裁であり、憲法二一条、三一条に違反するとして甲を無罪とした。控訴審も第一審の判断を支持したので、検察官が上告した。

関連条文　国公一〇二条一項、人事院規則一四-七

裁判所の見解　破棄自判。「政治的行為の定めを人事院規則に委任する国公法一〇二条一項が、公務員の政治的中立性を損うおそれのある行動類型に属する政治的行為を具体的に定めることを委任するものであることは、同条項の合理的な解釈により理解しうる」。そして、そのような政治的行為は、「公務員組織の内部秩序を維持する見地から課される懲戒処分を根拠づけるに足りるものであるとともに、国民全体の共同利益を擁護する見地から科される刑罰を根拠づける違法性を帯びるもの」だから、「右条項は、それが同法八二条による懲戒処分及び同法一一〇条一項一九号による刑罰の対象となる政治的行為の定めを一様に委任するものであっても、憲法の許容する委任の限度を超えない」。

解　説　本件では、国公法一〇二条一項が刑罰の対象となる行為の規定を人事院規則に委任していることが、いわゆる白紙委任として憲法違反に当たるかが問われた。上述の多数意見に対し、反対意見は、「刑罰」の対象となる政治的行為は「直接、国家的又は社会的利益に重大な侵害をもたら」すものに限られ、単に「懲戒処分」の対象となるべき場合とは異なるから、両者の要件を区別しない「無差別一体的な立法の委任は……刑罰の対象となる禁止行為の規定の委任に関するかぎり」憲法に違反し無効であるとした。

▼**評釈**――香城敏麿・最判解昭和49年度

医業類似行為を業とすることの禁止の合憲性

4　最大判昭和35・1・27刑集一四巻一号三三頁

関連条文　憲法二二条

医業類似行為を業とすることの禁止は、憲法二二条（職業選択の自由）に違反しているか。

事　実　あん摩師、はり師、きゅう師及び柔道整復師法（以下、「あん摩師法」）一二条は「第一条に掲げるものを除く外、医業類似行為を業としてはならない。」と規定し、その違反につき同一四条一号に罰則がある。被告人甲は、「HS式無熱高周波治療法」という療法を業として施したとしてこの罪で起訴され、原審で有罪判決を受けたが、同法の規定は職業選択の自由を定めた憲法二二条に違反するとして上告した。

裁判所の見解　破棄差戻。「医業類似行為を業とすることが公共の福祉に反するのは、かかる業務行為が人の健康に害を及ぼす虞があるからである。」それゆえ、あん摩師法が「医業類似行為を業とすることを禁止処罰するのも人の健康に害を及ぼす虞のある業務行為に限局する趣旨と解しなければならないのであつて、このような禁止処罰は公共の福祉上必要であるから」、あん摩師法「一二条、一四条は憲法二二条に反するものではない」。しかし、原判決が、HS式無熱高周波療法が「人の健康に害を及ぼす虞があるか否か」について何ら判示せず、「ただ被告人が本件HS式無熱高周波療法を業として行つた事実だけで前記法律一二条に違反したものと即断」している点は違法である。

解　説　本判決の多数意見は、あん摩師法の定める「医業類似行為を業とすること」の禁止は、禁止対象とされる業務行為が「人の健康に害を及ぼす虞がある」ものである限りにおいて「公共の福祉上必要」な規制であり、憲法二二条に違反しないと解した。したがって、あん摩師法一二条の禁止に当たる業務行為は、「人の健康に害を及ぼす虞がある」ものに「限局」されることになる。しかし、控訴審は、本件療法が「疾病治癒の目的」で行われ、疾病治癒の目的を持つ「HS式高周波器」を使用し、使用者の間では「疾病治療に著大の効果ありと信ぜられている」、という理由だけを示し、本件行為が「人の健康に害を及ぼす虞がある」かについて判断を示していなかったため、多数意見はこれを破棄したのである。

差戻後の控訴審は、本件行為が「人の健康に害を及ぼす虞がある」ことを認定し、有罪としたので、被告人は更に、あん摩師法一二条の「医業類似行為」の内容が明確でないとして憲法三一条違反を主張して上告した。これに対して、最1決昭和39・5・7刑集一八巻四号一四四頁は、あん摩師法一条が掲げるあん摩、はり、きゅう、柔道整復が医業類似行為の例示となり、「何が同法一二条の医業類似行為であるかを定める場合の基準となる」ので、明確性を欠くとは認められないとした。

▼**評釈**——田原義衛・最判解昭和35年度

条例と罰則

5 最大判昭和37・5・30刑集一六巻五号五七七頁

条例に罰則を設けることを（ある程度まで一般的に）認めた地方自治法一四条は、憲法三一条に違反するか。

事実 被告人甲は、売春目的で通行人を誘ったとして、大阪市の「街路等における売春勧誘行為等の取締条例」（昭和二五年・大阪市条例六八号）で起訴され、原審で有罪判決を受けた。そこで甲は、条例に罰則を設ける根拠となる地方自治法一四条一項・五項は、地方公共団体が「第二条第二項の事務に関し」条例を制定でき、一定の罰則を設けることができる旨を規定しているが、二条二項には「事務」を具体的に特定する定めがないため、一四条は罰則制定権の白地委任を認めたものであり、憲法三一条に違反すると主張した。

裁判所の見解 上告棄却。憲法三一条は、刑罰を全て「法律」で定めることを要請するものでなく、「法律の授権」があれば法律以下の法令でもこれを定めることができる。それは、憲法七三条六号但書からも明らかである。しかし、「法律の授権」は、「不特定な一般的の白紙委任的なものであつてはならない」。「地方自治法二条に規定された事項のうちで、本件に関係のあるのは三項七号及び一号に挙げられた事項であるが、これらの事項は相当に具体的な内容のものである」。「しかも、条例は、法律以下の法令といつても……公選の議員をもつて組織する地方公共団体の議会の議決を経て制定される自治立法であつて、行政府の制定する命令等とは性質を異にし」するから、条例によつて刑罰を定める場合には、法律の授権が相当な程度に具体的であり、限定されておればたりる」。そうすると、地方自治法が「二条三項七号及び一号のように相当に具体的な内容の事項につき、同法一四条五項のように限定された刑罰の範囲内において、条例をもつて罰則を定めることができる」とするのは、憲法三一条に違反しない。

関連条文 憲法三一条、憲法七三条六号ただし書・九四条

解説 本判決の多数意見は、条例の罰則制定権は「法律の授権」によるとの前提に立った上で、議会によって制定されるという条例の本質から、法律による授権内容の具体性・限定性も「相当な程度」のものであれば足りるとする。そして、地方自治法（当時）が二条三項において定めていた「…風俗…を汚す行為の制限その他の保健衛生、風俗のじゅん化に関する事項を処理すること。」（七号）、「地方公共の秩序を維持……すること。」（一号）といった事務内容は「相当に具体的な内容」であり、このような事項に関する条例への罰則制定の委任は憲法三一条に違反しない、とした。しかし、現行の地方自治法では、上記の事務内容の例示規定が削除されており、多数意見の論理をそのまま援用することは困難である。

▼**評釈**——脇田忠・最判解昭和37年度、前田徹生・上智法学論集五二巻一・二号

判例の変更と遡及処罰の禁止……岩教組同盟罷業事件

6 最2判平成8・11・18刑集五〇巻一〇号七四五頁

関連条文 憲法三九条

行為者の行為後に、同種事例に関する最高裁の判例が不利益に変更された場合、その新たな判例に従って判断を下すことは、憲法三九条の遡及処罰の禁止に反しないか。

事実 地方公務員の争議行為をあおる行為は、地方公務員法三七条一項で禁止され、同六一条四号に罰則が存在する。また、国家公務員の争議行為をあおる行為についても、国家公務員法九八条に禁止規定、同一一〇条一項一七号に罰則が存在する。最高裁は、①最大判昭和44・4・2刑集二三巻五号三〇五頁（都教組事件）において、地方公務員法のあおり罪につき、争議行為の違法性が強く、かつ、それをあおる行為の違法性も強い場合に処罰範囲を限定する、いわゆる「二重の絞り」論を採用した。同日の②最大判昭和44・4・2刑集二三巻五号六八五頁（全司法仙台事件）も、国家公務員法のあおり罪につき「二重の絞り」論を採用した。しかしその後、③最大判昭和48・4・25刑集二七巻四号五四七頁（全農林警職法事件）は、国家公務員法のあおり罪に関して②を「変更」し、いわゆる「原動力」論を採用して処罰範囲の二重の絞りを否定した。そして、④最大判昭和51・5・21刑集三〇巻五号一一七八頁（岩教組学力調査事件）も、地方公務員法のあおり罪に関して①を「変更」し、処罰範囲の二重の絞りを否定した。

被告人甲（岩教組中央執行委員長）は、③と④の判決の間の昭和四九年三月、四月に争議行為をあおった行為につき、地方公務員法のあおり罪で起訴されたが、第一審、控訴審は甲を無罪としたため検察官が上告を申立て、最高裁（第一次上告審・最1判平成元・12・18刑集四三巻一三号一二二三頁）は事実誤認等を理由に控訴審判決を破棄し、仙台高裁に差し戻した。第二次控訴審が有罪判決を下したため、甲は、行為後に判例を変更した④判決の法解釈を適用することは、憲法三九条の遡及処罰の禁止に違反する、などと主張して上告した。

裁判所の見解 「行為当時の最高裁判所の判例の示す法解釈に従えば無罪となるべき行為を処罰することが憲法三九条に違反する旨をいう点は、そのような行為であっても、これを処罰することが憲法の右規定に違反しないことは、当裁判所の判例……の趣旨に徴して明らかであ」る。

解説 本判決は、最高裁の判例変更によって示された処罰範囲を拡大する新解釈を、その判例変更の前になされた行為に対して適用することは、憲法三九条違反に当たらない、という結論を確認したものである。最高裁判例に法律と同等の法源性を認める見解からは、このような適用は遡及処罰の禁止に抵触すると考える余地もあるが、本判決はそのような見解をとっていない。

▼**評釈**――今崎幸彦・最判解平成8年度

類推処罰の禁止(1)……ガソリンカー事件

7 大判昭和15・8・22刑集一九巻五四〇頁

刑法一二九条の「汽車」にガソリンカーが含まれるという解釈は、刑法上許されない「類推解釈」か。

事実 被告人甲（鉄道会社の乗務機関手）は、ガソリンカーを運転中、制限速度を超えた速度でカーブにさしかかり、ガソリンカーを転覆させたとして、過失往来危険罪（一二九条）などで起訴され、原審で有罪判決を受けた。そこで被告人が、ガソリンカーは、一二九条の規定する「汽車」、「電車」のいずれにも該当しない、と主張して上告した。

裁判所の見解 上告棄却。刑法一二九条の「汽車」は、蒸気機関車で列車を牽引する汽車は勿論、「本件の如き汽車代用の『ガソリンカー』をも包含する趣旨なりと解するを相当とす」。刑法一二九条の立法趣旨は、「交通機関に依る交通往来の安全を維持するが為め、之が防害と為るべき行為を禁じ、以て危害の発生を防止せんとするに在ること勿論なれば、汽車のみを該犯罪の客体と為し汽車代用の『ガソリンカー』を除外する理由なきのみならず、右両者は単に其の動力の種類を異にする点に於て重なる差異あるに過ぎずして、共に鉄道線路上を運転し多数の貨客を迅速安全且つ容易に運輸する陸上交通機関なる点に於て全然其の揆を一にし」ている。また、「航空機及自動車の如く、前記法条所定の目的物に包含するものと解するを得ざるものに付ては、夫々特別法を設け……刑法第百二十九条と同趣旨の罰則を定め居る事実に徴するも、前記解釈の相当なることを了知するを得べければなり」。

関連条文　一二九条

解説 本判決は、ガソリンカー（ガソリンを動力とする列車）が刑法一二九条にいう「汽車」に含まれる、との解釈を示したものである。ある文言「A」の「可能な語義」の範囲に入っていない事実bについて、「事実bは、文言Aに明らかに該当する事実aとの間に共通性を持っている」ということを理由に、事実bも文言Aに当たる、とする解釈は、刑法上、罪刑法定主義に反する「類推解釈」として許されない。本件では、ガソリンカーが「汽車」という文言の「可能な語義」に入っているのかが問題となるが、本判決は、「蒸気機関車が牽引する列車」という点は「汽車」の語義にとって必ずしも不可欠の要素ではなく、「鉄道線路上を運転し多数の貨客を……運輸する陸上交通機関」こそが「汽車」の「可能な語義」（言葉の意味から許容される最大限の集合）であって、その動力がガソリンであるか石炭であるかの違いは重要でないと解して、上のような解釈を基礎づけている。もっとも、ガソリンカーにつき、航空機や自動車の場合のような特別法の規定がない、という点は、ガソリンカーが汽車に含まれることを積極的に基礎づける理由にはならないというべきだろう。

▼評釈――永井善之・判プラＩ6

類推処罰の禁止(2)

8 最3判昭和30・3・1刑集九巻三号三八一頁

関連条文　人事院規則一四-七第五項一号

人事院規則一四-七第五項一号の「特定の候補者」に「立候補しようとする特定人」を含める解釈は、刑法上許されない「類推解釈」か。

事　実　国家公務員法一〇二条は、「職員は、……政治的目的のために、……選挙権の行使を除く外、人事院規則で定める政治的行為をしてはならない。」とし、その違反につき一一〇条一項一九号に罰則を設けている。そして、これをうけた人事院規則一四-七（政治的行為）の第五項は、国家公務員法一〇二条にいう「政治的目的」として、「……公選による公職の選挙において、特定の候補者を支持し又はこれに反対すること」（一号）を挙げる。被告人甲（国家公務員）は、Aが衆議院議員選挙に立候補することを期待し、告示前に人を集め、Aへの投票を依頼する趣旨で供応接待をしたとして、公職選挙法違反の罪、および、上記の国家公務員法違反の罪で起訴された。原審が、本罪規定が公務員の中立性の維持を立法趣旨とする以上、「特定の候補者」には「立候補しようとする特定人」も含まれるとしたので、甲が、「特定の候補者」という文言についてそのような解釈は許されないと主張して上告した。

裁判所の見解　破棄自判。「人事院規則一四-七『政治的行為』五項一号にいう『特定の候補者』とは……『法令の規定に基く立候補届出または推薦届出により、候補者としての地位を有するに至つた特定人』を指すものと解すべきであつて、原判決が、『立候補しようとする特定人』もこれに含まれるものと解したのは、あやまりである」。「『特定の候補者』というのが、『立候補しようとする特定人』を含むものと解することは、用語の普通の意義からいつて無理であり、同規則の他の条項ないし他の法令との関係で、ぜひそのように解さなければならないような特段の根拠があるわけでもないのに、『国家公務員法一〇二条の精神に背反する』というような理由から、刑罰法令につき類推拡張解釈をとることは、あきらかに不当」である。

解　説　本判決は、人事院規則のいう「特定の候補者」が「法令の規定に基く立候補届出または推薦届出により、候補者としての地位を有するに至つた特定人」を意味し、そこに「立候補しようとする特定人」は含まれない、という判断を示した。本件の問題は、国家公務員法一〇二条の精神を援用して、同規則のいう「特定の候補者」にこれから候補者になろうとする者も含まれるとする解釈の是非であり、本判決は、このような解釈は「可能な語義」を超え、許されない類推解釈であるという立場を明らかにしている。

▼**評釈**――伊達秋雄・最判解昭和30年度

刑罰法規の解釈(1)……鳥獣保護事件

9　最1判平成8・2・8刑集五〇巻二号二二一頁

(旧)鳥獣保護及狩猟ニ関スル法律一条ノ四第三項の「捕獲」には、捕獲目的で矢を射かけたが外れた場合も含まれる、とする解釈は刑法上許されるか。

事実　被告人甲は、法定の除外事由がないのに、食用にする目的でクロスボウでカモめがけて四本の矢を発射したとして、(旧)鳥獣保護及狩猟ニ関スル法律一条ノ四第三項の「捕獲」の罪で起訴された。第一審、控訴審は、この規定、およびこれを受けた昭和五三年環境庁告示第四三号三号リ(「三　狩猟鳥獣は、次の両方を用いて捕獲してはならない。リ　弓矢を使用する方法」)の趣旨は、鳥獣の保護繁殖を阻害する行為の規制にあるから、現実に仕留めて自己の支配内に置いた場合だけでなく、捕らえる目的で矢を射かける行為もそこにいう「捕獲」に含まれる、として甲を有罪とした。そこで被告人は、矢の発射は「捕獲」に当たらないと主張して上告した。

裁判所の見解　「なお、食用とする目的で狩猟鳥獣であるマガモ又はカルガモをねらい洋弓銃(クロスボウ)で矢を射かけた行為について、矢が外れたため鳥獣を自己の実力支配内に入れられず、かつ、殺傷するに至らなくても、鳥獣保護及狩猟ニ関スル法律一条の四第三項を受けた同告示三号リが禁止する弓矢を使用する方法による捕獲に当たるとした原判断は、正当である」。

関連条文　(旧)鳥獣保護及狩猟ニ関スル法律一条ノ四第三項

解説　(旧)鳥獣保護及狩猟ニ関スル法律の「捕獲」に当たるには、鳥獣を現実に仕留めて自己の支配内に置いたという結果を要するか(現実捕獲説)、鳥獣を捕らえる目的をもって矢を射かける行為がなされれば足りるか(捕獲行為説)、という点をめぐっては従来争いがあったが、本判決は捕獲行為説の立場を明らかにした。なお同法には、明らかに現実捕獲説の意味で「捕獲」という文言を用いている場合もある(例えば、「捕獲」した鳥獣の「譲渡」等を犯罪構成要件とする同二〇条など)。したがって、捕獲行為説に立つ「捕獲」の解釈は、あくまで一条ノ四第三項にいう「捕獲」との関係で、その立法趣旨に照らした目的論的解釈として採用されたに止まり、本判決が捕獲行為説を示した先例として引用する二つの判例(最3決昭和53・2・3刑集三二巻一号二三頁、最3決昭和54・7・31刑集三三巻五号四九四頁)も、それぞれ同法一一条、一五条(いずれも「捕獲」それ自体を構成要件とする規定)に関する目的論的解釈を示したものである。もっとも、捕獲行為説に立つ目的論的解釈が許容されるには、現実捕獲に至らない捕獲行為も「捕獲」の「可能な語義」に含まれている必要があり、この点には疑問も提起されている。

▼**評釈**——中谷雄二郎・最判解平成8年度、浅田和茂・百選Ⅰ1

刑罰法規の解釈(2)……広島市暴走族追放条例事件

10 最3判平成19・9・18刑集六一巻六号六〇一頁

関連条文　憲法二一条・三一条

文言の形式的解釈からは過度に広範な（または不明確な）規制対象が帰結しうる条例の規定につき、条例の目的規定や施行規則などを参照して合憲限定解釈を行うことができるか。

事実　広島市暴走族追放条例（平成一四年広島市条例三九号。以下「条例」）は、一六条一項一号で「公共の場所において……公衆に不安又は恐怖を覚えさせるようない集又は集会を行うこと」を禁止し、同一七条は、その行為が「……特異な服装をし、顔面の全部若しくは一部を覆い隠し、円陣を組み、又は旗を立てる等威勢を示すことにより行われたとき」は、市長が中止又は退去を命ずることができるとし、この命令違反に対する罰則が同一九条にある。被告人甲は、暴走族構成員約四〇人と共謀の上、特攻服を着用し、顔面を覆い隠し、円陣を組み、旗を立てる等威勢を示して集会を行い、中止・退去を命じられたのに従わなかったとして、同罪で起訴された。第一審、控訴審が有罪としたので、甲は、条例一六条一項一号の規定から具体的事例が規制対象となるかを判断する基準が読みとれない、などと主張して上告した。

裁判所の見解　上告棄却。本条例は規定の仕方が適切ではなく、文言通りに適用されると規制対象が広範囲に及び、憲法二一条・三一条との関係で問題がある。しかし、条例一条（目的規定）は本条例の対象として「暴走族」を想定し、本条例施行規則三条も、「暴走族であることを強調するような」文言等を刺しゅう・印刷した服装等（一号）、旗等（四号）、大声の掛合い等（五号）を条例一七条の中止命令の判断基準に挙げる。「このような本条例の全体から読み取ることができる趣旨、さらには本条例施行規則の規定等を総合すれば、本条例が規制の対象としている『暴走族』は、……暴走行為を目的として結成された集団である本来的な意味における暴走族の外には、服装、旗、言動などにおいてこのような暴走族に類似し社会通念上これと同視することができる集団に限られ」る。このように限定的に解釈すれば、「本条例の規制は憲法二一条一項、三一条に違反するとまではいえない」。

解説　本件は、社会通念上の暴走族以外の集団も含まれるような「暴走族」の定義規定（二条七号）を置き、かつ、その一六条一項一号、一七条に見られるように、文言を形式的に理解すれば、過度に広範な種類の「集会」が禁止及び中止・退去命令（ひいては刑罰）の対象となるおそれがある条例の規定について、憲法（二一条、三一条）違反が争われた事件である。多数意見は、条例における他の規定（一条の目的規定など）、更には条例の施行規則を参照して、上記のような合憲限定解釈を試みている。

▼評釈——前田巌・最判解平成19年度

行為性

11 大阪地判昭和37・7・24下刑集四巻七=八号六九六頁

関連条文 一九九条

刑法上の評価対象としての行為とは何か。

事実　被告人甲は、交通事故による骨折の治療等に関して懊悩《おうのう》し、不眠がちな毎日を送るうちに、以前罹患していた覚せい剤慢性中毒の後遺症としての妄想性曲解や妄想性被害念慮に捉われ心的混乱を招き、過度な心的緊張のため事態を正視することが困難な状態に陥っていた。ある晩、甲は、自宅で妻Aとともに就寝したものの、心的緊張のため浅眠状態にあったところ、室内に侵入してきた三人ほどの男に殺されそうになる夢を見た。甲は、極度の恐怖感に襲われ、殺されるのを防ぐため先制攻撃を加えるつもりで、この男の首を両手で強く絞めつけたが、それは実は甲の側で寝ていたAであり、Aを窒息死させた。なお、その際、甲は、夢から覚醒していたものの、意識は通常の状態にまで回復しないまま運動機能のみ完全に回復し、強度の恐怖観念を伴った不完全な意識状態であり、半ば無意識的に行動していたことが認められた。

裁判所の見解　無罪。「行為者のある外部的挙動がその者の行為と評価され得るのは、その挙動が行為者の意思によって支配せられているから」である。行為者が自ら意識的自覚的になそうとする行動については、規範意識によってこれを統制し得る可能性を有しているが、「任意の意思に支配されていない非自覚的な行動については、その規範意識も活動の余地がなく、これを統制し得る機会も持たない」。したがって、「任意の意思を欠く行動は、行為者についてその責任能力の有無を論ずるまでもなく、刑罰法規の対象たる行為そのものに該当しないと解すべきである」。

解説　従来、「(人の)行為」だけが犯罪として処罰の対象となると理解されており、「行為でなければ犯罪ではない」という意味で、行為は犯罪と非犯罪とを画する機能を有してきた。そして、動物の行動や自然現象は犯罪とならないことや、人の思想・心情そのものは処罰の対象とならないことが、一般に認められてきた。本判決はさらに、この刑法上の評価対象となる「行為」について、意識的自覚的になそうとする行動であることを要件とした。自己の行動に対する自覚的な意識がない場合には、任意の意思に基づいて自己の行動を統制・支配する余地がないと解したからである。もっとも、本件の控訴審（大阪高判昭和39・9・29公刊物未登載）は、行為性が欠如するのではなく、責任無能力の行為であるとしている。なお、大阪高判昭和40・7・31下刑集七巻七号一三五九頁も、寝ぼけや夢中遊行中の行為について、仮定的判断としてではあるが、弁別能力が害されることから責任がある程度否定されるであろうと、責任の問題として論じている。

▼**評釈**――成瀬幸典・判プラⅠ30

両罰規定の事業主処罰の根拠

12 最大判昭和32・11・27刑集一一巻一二号三一一三頁

関連条文　旧入場税法一七条の三など

両罰規定において、事業主はどのような根拠に基づいて処罰されるのか。

事実　被告人甲はキャバレーを経営し、客から入場料を徴収することを業としていた者であるが、同キャバレーの支配人乙は経理部長丙らと共謀して、本帳簿のほかに、実際に徴収した毎月の入場料金の約三分の一を記載した税務帳簿を作成し、これに基づいて所轄税務署に入場税について虚偽の申告をし、七四万円余りを逋脱《ほだつ》し、また五万円余りを逋脱しようとした。第一審および第二審は、乙らの行為が入場税逋脱罪の共同正犯に該当するとしたうえで、甲に当時の入場税法一七条の三（両罰規定）と同一六条を適用して罰金刑に処した。これに対して、被告人側は、乙らの違法行為に関与していない甲は、違法行為をしたとはいえず、入場税法一七条の三は、自己の意思に基づく違法行為の処罰のみを認める憲法三九条に違反するなどと主張して上告した。

裁判所の見解　上告棄却。入場税法一七条の三は「事業主たる、人の『代理人、使用人其ノ他ノ従業者』が入場税を逋脱しまたは逋脱せんとした行為に対し、事業主として右行為者らの選任、監督その他違反行為を防止するために必要な注意を尽さなかった過失の存在を推定した規定と解すべく、したがって事業主において右に関する注意を尽したことの証明がなされない限り、事業主もまた刑責を免れ得ないとする法意」であり、「両罰規定は故意過失もなき事業主をして他人の行為に対し刑責を負わしめたものであるとの前提に立脚」する所論は、「その前提を欠くものであって理由がない」。

解説　両罰規定とは、従業者等が業務等に関して違法行為をしたときに、その行為者のほかに、事業主をも処罰する旨の規定のことである。この両罰規定における事業主の処罰根拠に関して、かつての判例は、行政取締の目的ゆえに、事業主の故意・過失の有無を問わず、従業者等の責任を転嫁して常に刑事責任を負わせる無過失責任であると解していた（大判昭和17・9・16刑集二一巻四一七頁など）。しかし、こうした理解は、責任主義と正面から衝突することになる。そこで、両罰規定の中には、従業者等の違法行為の防止に関して事業主の過失がない場合には免責する旨の規定をおくものも現れ始めた。だが、こうした明文規定がない場合には、事業主は無過失でも処罰されると解することもできた。この点、本判決で、両罰規定における事業主の処罰根拠は、従業者等の選任・監督上の過失にあり、そこでの過失は推定されるという立場（過失推定説）が採用され、判例はその後も繰り返しこの立場を判示している（最2判昭和33・2・7刑集一二巻二号一一七頁など）。

▼**評釈**――樋口亮介・行百Ⅰ118

両罰規定と法人の過失

13 最2判昭和40・3・26刑集一九巻二号八三頁

事業主が法人である場合に、その事業主はどのような根拠に基づいて処罰されるのか。

事　実　被告人甲株式会社は、貿易を業とする「居住者」であるが、その従業者（平取締役乙ら）が会社業務に関して、法定の除外事由なく、非居住者のためにする支払いとして金員を受領し、また、居住者と非居住者の間の債権発生の当事者となるなど、当時の外為法二七条一項三号後段、同三〇条三号（義務規定）に違反する行為をした。第一審および第二審は、これらの行為に対して、同七〇条八号、同一一号（罰則本条）、同七三条（両罰規定）を適用して、甲に罰金刑を言い渡した。これに対して、被告人側は、過失の推定自体、刑法における責任主義に反しており、また、無過失の立証は事実上不可能であって、結局のところ事業主に無過失責任を問うに等しいから、憲法三一条に違反するなどと主張して上告した。

裁判所の見解　上告棄却。「事業主が人である場合の両罰規定については、その代理人、使用人その他の従業者の違反行為に対し、事業主に右行為者らの選任、監督その他違反行為を防止するために必要な注意を尽さなかった過失の存在を推定したものであって、事業主において右に関する注意を尽したことの証明がなされない限り、事業主もまた刑責を免れ得ないとする法意と解するを相当とすることは、すでに当裁判所屡次の判例……の説示するところであり、右法意は、本件のように事業主が法人（株式会社）で、行為者が、その代表者でない、従業者である場合にも、当然推及されるべきであるから、この点の論旨は、違憲の主張としての前提を欠き理由がない。」

解　説　両罰規定の法意に関して、事業主が個人（自然人）である場合については、12判決がすでに過失推定説の立場を採用することを明示していた。本判決は、事業主が法人である場合にまで、この法理が推及されるべきことを明らかにしたものである。ただし、この場合には、実際の違反行為者が①法人事業主の代表者であるケースと、②代表者ではなく従業者等であるケースがありうるが、本判決は、あくまで②のみを対象として、法人の過失責任を問題とする態度を示している（①のケースに関するものとして、最2決平成7・7・19刑集四九巻七号八一三頁など）。もっとも、本判決が法人の犯罪能力を認めたものとまでいえるかについては、議論の余地があった。法人の代表者（自然人）の選任・監督過失の効果が法人に帰属されているにすぎないとの構成も可能だったからである。だが、その後の判断の集積から、判例は法人の犯罪能力を肯定する立場を採るようになったと評価されてきている。

関連条文　旧外為法七三条など

▼**評釈**――田中利幸・百選Ⅰ3

不作為による殺人(1)……シャクティパット事件

14 最2決平成17・7・4刑集五九巻六号四〇三頁

不真正不作為犯である、不作為による殺人罪において、保障人的地位（作為義務）は、どのような場合に認められるか。

事　実　被告人甲は、「シャクティパット」と称する独自の治療（シャクティ治療）を施す能力を持つなどとして信奉者を集めていた。甲の信奉者であるAは、脳内出血により入院しており、意識障害のため痰の除去等の医療措置を要する状態にあり、生命に危険はないものの、数週間の治療を要し、回復後も後遺症が見込まれていた。やはり甲の信奉者である、Aの息子乙は、後遺症を残さずに回復できることを期待して、Aに対するシャクティ治療を甲に依頼した。甲は、この依頼を受け、乙らに指示してAを病院から他県のホテルに運び込ませた。甲は、Aの容態を見て、そのままでは死亡する危険があることを認識したが、Aに対してシャクティ治療を施すだけで放置し、痰による気道閉塞に基づき窒息死させた。第一審は、Aを病院からホテルに運び込み、その生存に必要な措置を講じないという、作為と不作為の複合した一連の行為を実行行為として捉え、殺人罪の成立を認めた。だが、第二審は、Aがホテルに運び込まれ、甲がAの様子を自ら認識した時点以降においてのみ、甲の殺人の故意を肯定して、不作為による殺人罪を認めた。これに対して、被告人側が上告した。

関連条文　一九九条

裁判所の見解　上告棄却。「被告人は、自己の責めに帰すべき事由により患者の生命に具体的な危険を生じさせた上、患者が運び込まれたホテルにおいて、被告人を信奉する患者の親族から、重篤な患者に対する手当てを全面的にゆだねられた立場にあったものと認められる。その際、被告人は、患者の重篤な状態を認識し、これを自らが救命できるとする根拠はなかったのであるから、直ちに患者の生命を維持するために必要な医療措置を受けさせる義務を負っていたものというべきである。それにもかかわらず、未必的な殺意をもって、上記医療措置を受けさせないまま放置して患者を死亡させた被告人には、不作為による殺人罪が成立［する］」。

解　説　不真正不作為犯は、保障人的地位に基づく作為義務を負いながら、その義務を果たさなかった者にのみ成立する。問題はこの保障人的地位がどのような者に認められるかであるが、この点について判例は、その根拠を一元的に理解しているわけではない。具体的には、法令、契約等の形式的な要素や、排他的支配等の実質的な要素に言及するものがみられる。本決定は、甲が、Aを病院から運び出させて、その生命に具体的な危険を生じさせた点（危険を創出する先行行為）や、乙から治療を全面的に委ねられた点（保護の引受け・依存関係）に着目して、保障人的地位を認めたと解されている。

▼**評釈**——鎮目征樹・百選Ⅰ6

不作為による殺人(2)……児童虐待事件

15 大阪高判平成13・6・21判タ一〇八五号二九二頁

不作為により犯罪に関与した事例において、殺人罪の共同正犯は、どのような場合に認められるか。

事実　被告人乙は一歳二か月の三女Aが泣き止まないことに腹を立て、Aに対して暴行を加えたが、夫である甲が制止しようとしないため、こたつの前でAを自分の右肩付近まで持ち上げて甲の方を振り返り、「止めへんかったらどうなっても知らんから」と申し向けた。しかし、甲は、乙の実行しようとしていることに気付きながら、Aを乙に殺害させる意図で、黙ったまま顔をそむけた。それを見た乙は、Aをこたつの天板に叩きつけて殺害した。第一審は、甲と乙の共謀を否定して、乙の単独犯として殺人罪の成立を認めた。これに対して、検察官・被告人側の双方から控訴の申し立てがなされた。

裁判所の見解　破棄自判。乙は、こたつの前で甲に警告的な言葉を発した際に、甲が「自分を制止しようとしない態度を示したことを確認したこと、その際、被告人自身に、甲に制止して欲しいという気持ちがあり、仮に、この時、甲が制止していれば、Aをこたつの天板に投げるのを止めた可能性が高かったこと、しかるに、甲が制止することなく、前記のような態度を示したことによって、Aを……殺害することを容認したものと理解したということができる」。他方、甲も、Aの「保護者たる実父であり、……その場には、乳幼児らを除くと、被告人の本件犯行を制止することができる立場にあったのは、自分ただ一人であったものである」ところ、乙の行おうとすること等を十分に理解しつつ、乙から目を逸らし、「あえて被告人を制止しないという行動に出ることによって、被告人がAをこたつの天板に叩きつけて殺害することを容認したといえる」。以上によれば、この時点において、A殺害に関する暗黙の共謀が成立したと認めるのが相当というべきである。

関連条文　六〇条・一九九条

解説　本判決は、乙を被告人として、甲との共同正犯を肯定したものである(甲を被告人とするのは大阪高判平成13・9・21裁判所ウェブサイトである)。本判決では、甲の犯罪事実として「乙を制止しない」という不作為が示されており(なお、本件の甲の態度は作為的な関与であるとの評価もある)、その保障人的地位を基礎づける事情として、甲がAの実父である点や、乙の犯行を制止できた者が他にいない点に着目していると解される。本件では、乙と甲がそれぞれ、作為と不作為の態度をとることによりAを殺害する点について、両者の間に暗黙のうちに共謀(意思連絡)が成立し、それが実行されたと評価されている。さらに、甲の態度次第で乙がA殺害を止めた可能性が高いという事情は、甲の不作為関与が幇助犯にはとどまらない重要性をもつ点を表すものとも考えうる。

▼**評釈**――前田雅英・警論六四巻四号

不作為による放火

16 最3判昭和33・9・9刑集一二巻一三号二八八二頁

関連条文 一〇八条

不作為による放火罪の成立要件として、行為者に特別な主観的要件は必要か。

事　実　被告人甲は、ある晩に残業中、宿直室で仮眠する際に、事務室で暖房用に使用していた火鉢の火気の始末を怠った。そのため、炭火の過熱から火鉢に近接したボール箱入り原符に引火し、甲が仮眠から覚めて事務室に戻った時には自席の木机に延焼していた。この状態を目撃した甲は、当時火勢はさほど強烈ではなく、自ら又は宿直員を起こして協力を得れば、容易に消火できる状態にあったにもかかわらず、自己の失策が発覚するのを恐れて、そのまま放置すれば営業所建造物その他を焼損（焼燬）することを認識しながら逃げ出したため、営業所等を全焼させた。第一審は、法律上の消火義務があるのにこれに違背したとして、不作為による放火罪（現住建造物等放火罪）の成立を認め、第二審もこの結論を支持した。被告人側は、積極的に火勢を利用して営業所等を焼損しようという意思を有しなかったにもかかわらず、放火罪の成立を認めたのは大審院の判例に違反するなどとして、上告した。

裁判所の見解　上告棄却。「被告人は自己の過失により右原符、木机等の物件が焼燬されつつあるのを現場において目撃しながら、その既発の火力により右建物が焼燬せられるべきことを認容する意思をもってあえて被告人の義務である必要かつ容易な消火措置をとらない不作為により建物についての放火行為をなし、よってこれを焼燬したものである」。

解　説　かつて大審院は、消火する作為義務が認められ、かつこれを容易になしうる地位にある者に、「既発の火力を利用する意思」（大判大正7・12・18刑録二四輯一五五八頁）や「危険を利用する意思」（大判昭和13・3・11刑集一七巻二三七頁）という特別な主観的要素が認められるケースで、不作為による放火罪の成立を認めていた。学説では、こうした特別な主観的要件を設けることに好意的な見解もあるが、内心の動機で不真正不作為犯の成立を限定しようとすることには批判が強い。前述の大審院判例に対して、本判決は、作為犯と同様に、主観的要素として焼損の（未必の）故意があるにすぎないケースで、不作為による放火罪の成立を認めた。もっとも、本判決は「大審院判例の趣旨も本判決の趣旨と相容れないものではなく」と判示する。この点、そもそも大審院の判例が前記の主観的要素を不真正不作為犯に特別な主観的要件としていたかも明らかでないとの指摘もみられる。というのも、このような意思がないことを理由として不真正不作為犯の成立を否定した大審院の判例はなく、また、不作為による殺人罪の場合にはこうした主観的要件に言及していないからである。

▼**評釈**——吉田敏雄・百選Ⅰ5

不作為の因果関係

17 最3決平成1・12・15刑集四三巻一三号八七九頁

関連条文　二一八条・二一九条

不作為と侵害結果との間の因果関係は、どのように判断されるのか。

事　実　被告人甲は、某日午後一一時ころ、A女（当時一三歳）をホテルの一室に連れ込み、Aの左腕部に覚せい剤を含有する水溶液を注射したところ、まもなくAが頭痛等の症状を訴えはじめ、次第にその訴えが強くなり、覚せい剤による錯乱状態に陥って正常な起居の動作ができない程に重篤な心身の状態に陥った。しかし、甲は、覚せい剤使用等の事実が発覚することをおそれ、Aを放置して午前二時一五分ころホテルを立ち去った。その結果、Aは午前四時ころまでの間に急性心不全のため死亡した。第一審は、Aの異常な言動が発生した後に医師の診察・治療が始められたとしても死亡したのではないかとの合理的な疑いが残るなどとして、不作為と死亡結果との因果関係を否定し、保護責任者遺棄罪の成立にとどめた。これに対して、第二審は、Aが錯乱状態に陥ったと認められる時点で医療機関に連絡して、救急医療の措置を受けさせていれば、救命が十分可能だったとして因果関係を肯定し、保護責任者遺棄致死罪の成立を認めた。そこで、被告人側が上告した。

裁判所の見解　上告棄却。「被害者の女性が被告人らによって注射された覚せい剤により錯乱状態に陥った午前零時半ころの時点において、直ちに被告人が救急医療を要請していれば、同女が年若く（当時一三年）、生命力が旺盛で、特段の疾病がなかったことなどから、十中八九同女の救命が可能であったというのである。そうすると、同女の救命は合理的な疑いを超える程度に確実であったと認められるから、被告人がこのような措置をとることなく漫然同女をホテル客室に放置した行為と……同女が同室で覚せい剤による急性心不全のため死亡した結果との間には、刑法上の因果関係があると認めるのが相当である。」

解　説　「なお」書による職権判断ではあるが、本決定は、不作為と結果との間の因果関係について最高裁が初めて言及したものである。本決定は、甲が救急医療を要請していれば（すなわちAの放置という不作為がなければ）、救命が可能であったとして因果関係を肯定しており、「あれなければこれなし」という条件関係公式を不作為犯の場合にも用いていると解される。もっとも、不作為犯の場合、作為を付け加えたときに事態がどのように推移するのか、どの程度救命が可能だったのかが、作為犯以上に問題となる。この程度問題について、本決定は、「十中八九」という基準を示している。これは、ほぼ確実に救命できたという趣旨であって、一〇〇％中の八〇ないし九〇％という確率の意味ではないとされている。

▼**評釈**――岩間康夫・百選Ⅰ4

被害者の行為の介在と因果関係(1)……柔道整復師事件

18 最1決昭和63・5・11刑集四二巻五号八〇七頁

関連条文 二一一条前段

医師の診察治療を受けることなく、被告人だけに依存した被害者側の落ち度が介在したとしても、被告人の行為と被害者の死亡との間の因果関係は認められるか。

事実　県知事から柔道整復師の免許を受けた被告人甲が、風邪の症状を訴えるAに対し、布団蒸しにして体温を上げる愉気と称する温熱法等による解熱のための治療行為を行い、その容態を悪化させ、Aを死亡させた。第一審は過失ないし因果関係を否定して甲に無罪を言い渡したが、控訴審はこれを破棄して業務上過失致死罪の成立を認めた。そこで、甲側は因果関係の不存在等を主張して上告した。

裁判所の見解　上告棄却。「被告人の行為は、それ自体が被害者の病状を悪化させ、ひいては死亡の結果をも引き起こしかねない危険性を有していたものであるから、医師の診察治療を受けることなく被告人だけに依存した被害者側にも落度があつたことは否定できないとしても、被告人の行為と被害者の死亡との間には因果関係があるというべきであり、これと同旨の見解のもとに、被告人につき業務上過失致死罪の成立を肯定した原判断は、正当である」。

解説　本決定は因果関係を肯定するにあたり、被告人の行為が被害者の死亡結果発生の危険性を有していたことを強調している。そして、このことと、被害者側の落ち度が明示的に認定されていることがあいまって、本決定は、行為のもつ構成要件的結果発生の危険性（広義の相当性）だけで因果関係を肯定したものと理解されている節もある。だからこそ、このことに対し、因果経過の通常性（狭義の相当性）をも要求すべきであるとの批判がなされているのである。もっとも、厳密に考えると、本件における被告人の行為は、被害者を刀で切りつけるとか鈍器で殴打するなどといった、直接的に物理的な危険を設定するような性質のものではない。そうではなく、もっぱら被害者自身の不適切な処置を経由して、その死亡結果を引き起こしうるにとどまる。そして、そうであるとすれば、本決定が介在事情を無視して因果関係を認めたという解釈には疑問が残る。むしろ、被害者側の対応の異常性を直截に承認したうえで、しかし、被告人の行為がこれを誘発しているところから、異常性が相対的に軽減されている点に着目した判断なのではなかろうか。こうして、本決定は異常な介在事情に関する他の判例群から逸脱した判断を示したものではなく、行為のもつ危険性の現実化を標準とする、一般的な判例理論と十分に整合しうるように思われる。ただし、危険の現実化を与えるのは誘発関係に限られず、この点については19〜29判例をも参照されたい。

▼**評釈**――永井敏雄・最判解昭和63年度

被害者の行為の介在と因果関係(2)……抜管事件

19 最2決平成16・2・17刑集五八巻二号一六九頁

関連条文 二〇五条

被害者が無断退院しようとして治療用の管を抜くなどして暴れ、容態が急変して死亡した場合でも、当初の暴行による傷害と死亡結果との間の因果関係は認められるか。

事実

被告人甲が共犯者らと共謀のうえ、Aに対し、その頭部をビール瓶で殴打するなどの暴行を加えて傷害を負わせた。その後、病院に搬送されて治療を受けたAが、無断退院しようとして治療用の管を抜くなどして暴れ、容態が急変して死亡した。第一審は傷害致死罪の成立を認め、控訴審も、傷害の被害者が死亡に至る経緯として通常予想しうる事態であるとして、この判断を是認した。そこで、甲側は因果関係の存在を争って上告した。

裁判所の見解

上告棄却。「被告人らの行為により被害者の受けた前記の傷害は、それ自体死亡の結果をもたらし得る身体の損傷であって、仮に被害者の死亡の結果発生までの間に、上記のように被害者が医師の指示に従わず安静に努めなかったために治療の効果が上がらなかったという事情が介在していたとしても、被告人らの暴行による傷害と被害者の死亡との間には因果関係があるというべきであり、本件において傷害致死罪の成立を認めた原判断は、正当である」。

解説

本決定は、被告人らが当初、被害者に加えた傷害が致命的なものであったことを指摘し、被害者が暴れて抜管するなどしたという事情は因果関係を阻却しないと解している。問題はその理由である。このような被害者の行動は、一般的にみれば、きわめて異常なものといいうるであろう。人は自己保存本能をもつから、重傷を負っているにもかかわらず、その治療をみずから妨害するというのは考えにくい事態である。また、そのような異常な行動を、被告人らの当初の行為が誘発したという関係も存在しない。もっとも、本件において特徴的なのは、被害者のそのような行動が、当初の暴行によって生じた直接的な死因に基づく死を、そのまま推し進めたにすぎないとも評価しうる点である。このように、行為によって設定された物理的な危険がそのまま実現したものと解しうる場合には、介在事情の性質を問題にすることなく因果関係を肯定することが可能であろう。本決定もおそらくはこのような発想を基礎においているのであり、この意味で、のちに見る23決定などと本質的に共通していると思われる。なお、被害者による治療拒否が、その帰結を十分に認識しながら、宗教的信仰等に基づき自由な意思で行われた場合には、因果関係を問題とする以前に、被害者の同意によって不法が欠落するものと解する余地があるが、この点については69～72判例を参照されたい。

▼**評釈**――前田巖・最判解平成16年度

被害者の行為の介在と因果関係(3)……高速道路進入事件

20 最2決平成15・7・16刑集五七巻七号九五〇頁

関連条文 二〇五条

暴行の被害者が現場からの逃走途中に高速道路に進入するという、きわめて危険な行動をとったために交通事故に遭遇して死亡したとしても、暴行と死亡結果との間の因果関係が認められるか。

事　実　被告人甲らから、公園内およびマンション居室内で暴行を受けたAが、すきをみて逃走し、被告人らによる追跡を逃れるためにマンション付近の高速道路に進入し、疾走してきた自動車に追突され、後続の自動車にれき過されて死亡した。第一審は、そのようなAの行動が予期しうる範囲外の事態であるとして因果関係を否定し、傷害罪の成立を認めるにとどめた。これに対して控訴審は、これを通常人の目からも異常なものとは評価しえないとして因果関係を肯定し、傷害致死罪とした。そこで、甲側が因果関係を争う等して上告した。

裁判所の見解　上告棄却。「被害者が逃走しようとして高速道路に進入したことは、それ自体極めて危険な行為であるというほかないが、被害者は、被告人らから長時間激しくかつ執ような暴行を受け、被告人らに対し極度の恐怖感を抱き、必死に逃走を図る過程で、とっさにそのような行動を選択したものと認められ、その行動が、被告人らの暴行から逃れる方法として、著しく不自然、不相当であったとはいえない。そうすると、被害者が高速道路に進入して死亡したのは、被告人らの暴行に起因するものと評価することができるから、被告人らの暴行と被害者の死亡との間の因果関係を肯定した原判決は、正当として是認することができる」。

解　説　本決定は、被害者の危険な逃走行為を介して死亡結果が発生した場合であっても、当初の暴行との因果関係は否定されないと判断している。問題はその理由であり、そのような逃走行為が不相当とはいえないことがあげられているが、これは単に弁護人の主張に応えたものととらえるのが自然であろう。むしろ、因果関係を支えるより実質的な考慮のほうに目を向ける必要がある。そもそも、かりにより安全で確実な逃走経路が存在するにもかかわらず、被害者がその危険を十分に認識しつつ、あえて本件逃走行為に出たのであれば、因果関係を否定する余地も十分にある。しかし、本件においては、被害者が捕まって凄惨なリンチを継続されるか、それとも、一か八かの危険な逃避行に出るかの二者択一状況に、被告人自身によって追い込まれているのである。そして、そうであるとすれば、このような誘発関係を根拠に、介在事情の異常性が相対的に軽減されているものと評価し、因果関係を肯定すべきであろう。本決定の背後にも、実質的にはこのような価値判断が潜んでいるように思われる。

▼**評釈**——山口雅高・最判解平成15年度

行為者の行為の介在と因果関係……熊撃ち事件

21 最1決昭和53・3・22刑集三二巻二号三八一頁

関連条文 一九九条・二一一条前段

過失行為ののちに自身の故意行為が介在した場合でも因果関係が認められるか。また、当初の過失犯と爾後の故意犯との罪数関係はどうなるか。

事実 被告人甲がAとともに熊の狩猟に従事するに際し、対象が熊であることを確認のうえ銃弾を発射すべき業務上の注意義務を怠り、Aを熊と間違えて同人目がけて銃弾を発射した過失により同人に銃創を負わせ、さらに、前記銃創により苦悶していたAを確認するや、その至近距離から銃弾を発射して同人を死亡させた。第一審は、第二行為によって因果の進行が断絶されたとし、業務上過失傷害罪と殺人罪の併合罪を認めた。控訴審もまた同様に併合罪としたため、甲側が上告した。

裁判所の見解 上告棄却。「本件業務上過失傷害罪と殺人罪とは責任条件を異にする関係上併合罪の関係にあるものと解すべきである、とした原審の罪数判断は、その理由に首肯しえないところがあるが、結論においては正当である（当裁判所昭和四七年（あ）第一八九六号同四九年五月二九日大法廷判決・刑集二八巻四号一一四頁、昭和五〇年（あ）第一五号同五一年九月二二日大法廷判決・刑集三〇巻八号一六四〇頁参照）」。

解説 本決定は伝統的に、被告人の第一行為と被害者の死亡結果との間の因果関係を否定したものと整理されてきた。しかし、本決定は因果関係の存否については何も述べておらず、もっぱら罪数に関する先例を参照しているだけであるから、このような整理の仕方が適切なものであったかにはやや疑問がある。そこで、因果関係に関する近時の判例に照らして本件で因果関係が認められるかを検討すると、おそらく、これを肯定する余地も存在するものと思われる。すなわち、19決定や23決定においては、当初の行為が被害者の直接的な死因を形成していることが、因果関係を肯定するうえで決定的な重要性を与えられている。そして、そうであるとすれば、本件でも重要臓器の損傷というレベルでは、第一行為によって死因が形成されているのであるから、同様に、因果関係を肯定する可能性が開かれるのである。こうして、本決定が業務上過失致死まで認めなかったのは、因果関係が欠けるからではなく、むしろ、ひとつの死の結果について二重に責任を問うことがためらわれたからだと推測される。さらに、業務上過失傷害と殺人はその動機がまったく異なり、連続性を欠くから、前者が後者に吸収されるのではなく、併合罪とされたのだと思われる。もっとも、そうだとすると、本決定が観念的競合に関する先例を参照させるのは、ややミスリーディングであろう。

▼**評釈**――樋口亮介・百選Ⅰ（六版）10、仲道祐樹・百選Ⅰ14

第三者の行為の介在と因果関係(1)……米兵ひき逃げ事件

22 最3決昭和42・10・24刑集二一巻八号一一一六頁

関連条文　二一一条前段

第三者の異常な行為を介して結果が発生しており、かつ、当該行為が被害者の直接的な死因を形成した可能性がある場合には、因果関係が認められるか。

事実　被告人甲が無免許で普通乗用自動車を運転中に、過失によりA運転の自転車に衝突し、Aを自車の屋根に跳ね上げたまま運転を継続していていたところ、Aの存在に気づいた同乗者がこれを引きずり降ろして路上に転落させ、同人を死亡させた。第一審は当初の過失行為とAの死亡結果との間の因果関係を認め、業務上過失致死罪の成立を肯定した。控訴審も因果関係を認めて控訴を棄却したため、甲側が因果関係等を争って上告した。

裁判所の見解　上告棄却。「同乗者が進行中の自動車の屋根の上から被害者をさかさまに引きずり降ろし、アスファルト舗装道路上に転落させるというがごときことは、経験上、普通、予想しえられるところではなく、ことに、本件においては、被害者の死因となつた頭部の傷害が最初の被告人の自動車との衝突の際に生じたものか、同乗者が被害者を自動車の屋根から引きずり降ろし路上に転落させた際に生じたものか確定しがたいというのであつて、このような場合に被告人の前記過失行為から被害者の前記死の結果の発生することが、われわれの経験則上当然予想しえられるところであるとは到底いえない。したがつて、原判決が右のような判断のもとに被告人の業務上過失致死の罪責を肯定したのは、刑法上の因果関係の判断をあやまつた結果、法令の適用をあやまつたものというべきである」。

解説　本決定は、最高裁がはじめて相当因果関係説を明示的に展開し、因果関係を否定したものとしてよく知られている。もっとも、近時においては、このような解釈はナイーブにすぎるととらえられている。というのも、本決定は因果関係を否定するにあたり、被害者の直接的な死因が同乗者の行為によって形成された可能性があることを前提にしているからである。もし、本決定が因果経過の経験的通常性のみを標準とする相当因果関係説をそのままのかたちで採用しているとすれば、このような前提をおくことは不要であろう。こうして、本決定には、介在事情の通常・異常を問わず、当初の行為が被害者の直接的な死因を形成していることを因果関係の根拠とする、19決定や23決定の萌芽ともいうべき発想を看取しうるのである。学界においては一時、本決定の考え方が23決定により否定されたとして、相当因果関係説の危機がさかんに論じられたこともあった。しかし、すでに述べたところからも明らかなように、このような「危機」もまた仮象にすぎないであろう。

▼**評釈**――海老原震一・最判解昭和42年度、林陽一・百選Ⅰ9

第三者の行為の介在と因果関係(2)……大阪南港事件

23 最3決平成2・11・20刑集四四巻八号八三七頁

関連条文 二〇五条

第三者の故意行為が介在して結果が発生した場合でも因果関係が認められるか。当該行為が新たな死因を形成するものでないことは、どのような意味を有するか。

事実

被告人甲は自己の営む三重県所在の飯場において、洗面器の底や皮バンドでAの頭部等を多数回殴打するなどの暴行を加えた結果、恐怖心による心理的圧迫等によってAの血圧を上昇させ、内因性高血圧性橋脳出血を発生させて意識消失状態に陥らせたのち、同人を大阪市住之江区南港所在の建材会社の資材置場まで自動車で運搬し、同所に放置して立ち去ったところ、Aは翌日未明、内因性高血圧性橋脳出血により死亡するに至った。ところで、資材置場においてうつ伏せの状態で倒れていたAは、その生存中、何者かによって角材でその頭頂部を数回殴打されているが、その暴行は、すでに発生していた内因性高血圧性橋脳出血を拡大させ、いく分か死期を早める影響を与えるものであった。第一審は傷害致死罪の成立を認め、控訴審も、第二暴行がAの死と因果関係を有しないなどとして同様の結論に至ったため、甲側が因果関係を争うなどして上告した。

裁判所の見解

上告棄却。「犯人の暴行により被害者の死因となった傷害が形成された場合には、仮にその後第三者により加えられた暴行によって死期が早められたとしても、犯人の暴行と被害者の死亡との間の因果関係を肯定することができ、本件において傷害致死罪の成立を認めた原判断は、正当である」。

解説

かつて、学界においては、因果経過が経験的にみて通常であることを要求する相当因果関係説が支配的とされ、22決定も、これを正面から採用するものと理解されていた。ところが、本決定は、第三者の有責な故意行為という典型的な異常事態が介在した場合においても、因果関係を肯定する余地を示した。そして、本決定の調査官解説がこれを支持するとともに、むしろ相当因果関係説のほうを激しく批判したことから、学界では相当因果関係説の危機が叫ばれるようになったのである。もっとも、22決定は介在事情のほうが直接的な死因を形成した可能性が排除しえない事案であり、そもそも相当因果関係説を採用したものであったかには重大な疑問がある。そして、本決定が明示的に述べているように、当初の暴行によって形成された直接的な死因に基づく被害者の死亡を介在事情がわずかに促進したにすぎない場合には、やはり因果関係を肯定するほうが妥当であろう。こうして、相当因果関係説は通説の地位から陥落し、代わって、危険の現実化という判断枠組みが有力化することになる。

▼**評釈**——大谷直人・最判解平成2年度、山中敬一・百選Ⅰ10

第三者の行為の介在と因果関係(3)……夜間潜水事件

24　最1決平成4・12・17刑集四六巻九号六八三頁

関連条文　二一一条前段

第三者および被害者の不適切な行動が介在して死亡の結果が発生した場合であっても因果関係を肯定してよいか。また、当初の行為が当該行動を誘発したことはどのような意味をもつか。

事実　潜水指導者である被告人甲が夜間の潜水指導中に、受講生らの動静を注視することなく不用意に移動を開始して受講生のそばを離れ、同人らを見失ったため、折からのうねりや指導補助者の不適切な指導等が重なり、受講生Aを溺死させた。第一審は因果関係を認めて業務上過失致死罪の成立を肯定し、控訴審も因果関係を認めて控訴を棄却したため、甲側が因果関係を争うなどして上告した。

裁判所の見解　上告棄却。「被告人が、夜間潜水の講習指導中、受講生らの動向に注意することなく不用意に移動して受講生らのそばから離れ、同人らを見失うに至った行為は、それ自体が、指導者らの適切な指示、誘導がなければ事態に適応した措置を講ずることができないおそれがあった被害者をして、海中で空気を使い果たし、ひいては適切な措置を講ずることもできないままに、でき死させる結果を引き起こしかねない危険性を持つものであり、被告人を見失った後の指導補助者及び被害者に適切を欠く行動があったことは否定できないが、それは被告人の右行為から誘発されたものであって、被告人の行為と被害者の死亡との間の因果関係を肯定するに妨げないというべきである」。

解説　本決定は、指導補助者という第三者とともに、被害者の不適切な行動が介在してその死亡結果が発生した場合においても、なお因果関係を肯定したものである。その説示内容に関してとくに注目すべきなのは、第一に、当初の行為がそれ自体として被害者のでき死を生じさせる危険性を有していた旨、指摘されていること、第二に、前記、不適切な行動が当初の行為によって誘発されたことが認定されていること、である。もっとも、厳密に考えると、第一の点はさほど本質的なものとは思われない。というのも、当初の行為が被害者のでき死を引き起こすためには、いずれにせよ指導補助者ないし被害者の不適切行動が介在する必要があるのであって、それが因果関係を遮断しないかは、もっぱら第二の点によって決せられるからである。そこで、第二の点が問題となるが、たしかに、本件不適切行動が一般的にみて異常なものであることは否定しえないであろう。しかし、それが当初の行為によって誘発されている場合には、その異常性が相対的に低減させられているわけであるから、最終的な結果もまた当初の行為の産物と評価してよいように思われる。

▼**評釈**――井上弘通・最判解平成4年度、葛原力三・百選Ⅰ12

第三者の行為の介在と因果関係(4)……高速道路追突事件

25 最3決平成16・10・19刑集五八巻七号六四五頁

関連条文 二一一条前段

第三者の過失が介在して結果が発生した場合であっても因果関係を肯定してよいか。当該過失が当初の行為によって誘発されたことはどのような意味をもつか。

事実　被告人甲は乙の運転態度に立腹し、高速道路上で自車および乙車を停止させ、乙の顔面を手けんで殴打するなどの暴行を加えた。その後、甲は自車で走り去ったものの、乙はポケット内にある車のキーを紛失したものと誤信し、自車を高速道路上に停止させ続けた。このため、乙車に普通乗用自動車が衝突し、同車の運転者および同乗者三名が死亡するとともに、同乗者一名が重傷を負うという本件事故が発生した。第一審は甲の過失を認めて業務上過失致死傷罪の成立を肯定し、控訴審も（新たな争点である）因果関係を認めて控訴を棄却したため、甲側がこれを争うなどして上告した。

裁判所の見解　上告棄却。「乙に文句を言い謝罪させるため、夜明け前の暗い高速道路の第三通行帯上に自車及び乙車を停止させたという被告人の本件過失行為は、それ自体において後続車の追突等による人身事故につながる重大な危険性を有していたというべきである。そして、本件事故は、被告人の上記過失行為の後、乙が、自らエンジンキーをズボンのポケットに入れたことを失念し周囲を捜すなどして、被告人車が本件現場を走り去ってから七、八分後まで、危険な本件現場に自車を停止させ続けたことなど、少なからぬ他人の行動等が介在して発生したものであるが、それらは被告人の上記過失行為及びこれと密接に関連してされた一連の暴行等に誘発されたものであったといえる。そうすると、被告人の過失行為と被害者らの死傷との間には因果関係があるというべきであるから、これと同旨の原判断は正当である」。

解説　本決定は、第三者の行動が介在して結果が発生した場合に因果関係を肯定した一例であるが、その特徴は次の三点にまとめられる。第一に、当初の行為がそれ自体として人身事故につながる重大な危険性を有する旨、指摘されていること、第二に、当該行動が甲の一連の行為から誘発されたものであることが強調されていること、第三に、乙に対する暴行が介在事情のひとつととらえられていること、である。このうち、第一の点はさほど重要ではなかろう。本件において、実際には乙の異常ともいえる行動を介して事故が発生している以上、当初の行為が他の経路をたどって事故を惹起しうることは、仮定の話にすぎないからである。他方、第三の点も、検察官の訴因記述に従った判断にすぎず、必然的なものではなかろう。こうして、第二の点が因果関係にとって本質的であることになる。

▼**評釈**——上田哲・最判解平成16年度

第三者の行為の介在と因果関係(5)……トランク事件

26 最1決平成18・3・27刑集六〇巻三号三八二頁

関連条文 二二一条

第三者の甚だしい過失行為が介在して結果が発生した場合であっても因果関係が認められるか。被害者が車のトランクに監禁されていたことは、追突事故により生じた死亡結果との因果関係にどのような意味をもつか。

事実　被告人甲が二名と共謀のうえ、普通乗用自動車後部のトランク内にAを押し込み、路上で停車していたところ、後方から走行してきた普通乗用自動車の運転者が前方不注視のために、停車中の上記車両に追突し、これによってAが傷害を負い、まもなく死亡した。第一審は因果関係を認めて逮捕監禁致死罪の成立を肯定し、控訴審も原判決を一部破棄して刑を減軽したものの、因果関係自体は肯定したため、甲側が因果関係を争うなどして上告した。

裁判所の見解　上告棄却。「被害者の死亡原因が直接的には追突事故を起こした第三者の甚だしい過失行為にあるとしても、道路上で停車中の普通乗用自動車後部のトランク内に被害者を監禁した本件監禁行為と被害者の死亡との間の因果関係を肯定することができる。したがって、本件において逮捕監禁致死罪の成立を認めた原判決は、正当である」。

解説　本決定は明示的に、第三者の甚だしい過失行為が介在しても因果関係が肯定されうることを承認した点で、非常に注目されている。すなわち、従来は、当初の行為が被害者の直接的な死因を形成した場合を除き、なんらかの意味で介在事情の非「異常性」を要求するのが一般的であった。これに対して本決定は、死因を第三者が形成し、かつ、その過失行為を当初の行為がなんら誘発していないにもかかわらず、因果関係を肯定したのである。もっとも、本決定が無限定に、甚だしい過失の介入が因果関係を遮断しない旨、言明したものととらえるのは行き過ぎであろう。そのような解釈は、かつて克服されたはずの条件説へと先祖返りをもたらすものだからである。むしろ、本件においては、被害者がトランク内という、追突事故に対して非常に脆弱な状態におかれていたことが決定的ではなかろうか。すなわち、たしかに、本件のような追突事故そのものはまれであるかもしれないが、まれではあれ発生しうるそのような事故をこそ想定しつつ、法は危険であるとしてトランクへの乗車を禁じているのである。そして、そうであるとすれば、そのような危険がまさに現実化したものと評価しうる本件追突事故は、規範的にみて因果関係を遮断するものではないと解されることになる。このような発想は以前からも、いわゆる二重れき過事故などに関し、下級審裁判例において採用されてきたところであろう。

▼**評釈**――多和田隆史・最判解平成18年度、木村光江・百選Ⅰ11

結果的加重犯と因果関係

27 最1判昭和46・6・17刑集二五巻四号五六七頁

関連条文　二四〇条後段

被害者の隠れた素因があってはじめて致死の結果を生ずる場合であっても因果関係を肯定してよいか。また、因果関係があればただちに結果的加重犯は成立しうるか。

事実　被告人甲が金員に窮し、前家主の妻Aに対し支払済みの賃料の返還を要求して拒絶されるや、強いてでも金員を差し出させようと決意し、Aをあおむけに倒して左手で頸部を絞めつけ、右手で口部を押さえ、さらにその顔面を夏布団でおおい、鼻口部を圧迫するなどして同女の反抗を抑圧したうえ、同女所有の現金等を強取し、その際、前記暴行により同女を死に至らしめた。第一審は強盗致死罪の成立を認めたものの、控訴審は折衷的相当因果関係説を採用し、Aの心臓の病的素因は認識不可能であるとして因果関係を否定し、同罪の成立を否定した。そこで、両当事者は上告した。

裁判所の見解　破棄差戻。「致死の原因たる暴行は、必らずしもそれが死亡の唯一の原因または直接の原因であることを要するものではなく、たまたま被害者の身体に高度の病変があつたため、これとあいまつて死亡の結果を生じた場合であつても、右暴行による致死の罪の成立を妨げないと解すべきことは所論引用の当裁判所判例……の示すところであるから、たとい、原判示のように、被告人の本件暴行が、被害者の重篤な心臓疾患という特殊の事情さえなかつたならば致死の結果を生じなかつたであろうと認められ、しかも、被告人が行為当時その特殊事情のあることを知らず、また、致死の結果を予見することもできなかつたものとしても、その暴行がその特殊事情とあいまつて致死の結果を生ぜしめたものと認められる以上、その暴行と致死の結果との間に因果関係を認める余地があるといわなければならない」。

解説　本判決は、外部から認識しえない被害者の特殊な素因があって、はじめて致死の結果を生ずる場合であっても因果関係が肯定されうることを示したものである。その構造は、まず事実的な因果関係を確認したうえで、そのような素因が競合しても因果関係は否定されないとするものであって、原判決との対比でいえば、客観的相当因果関係説に親和的なものと評価することができよう。それは、いわば法益主体の側から不法を確定しようとするものであり、相応の説得力がある。もっとも、たとえ因果関係を肯定しえたとしても、そのことだけで、ただちに加重結果についての罪責を問いうるわけではない。責任主義の観点からは、当該結果につき少なくとも予見可能性を要求すべきだからである。ただし、本判決は必ずしもこれを要求しないようであり、むしろその点が激しく批判されているのである。

▼**評釈**——川崎友巳・百選Ⅰ8

因果関係の錯誤……砂末吸引事件

28　大判大正12・4・30刑集二巻三七八頁

関連条文　一九九条

行為者が第一行為により被害者の死亡結果を生じさせたものと誤信したが、実際には第二行為によりこれが生じていた場合、行為者にどのような犯罪が成立するか。

事実　被告人甲が、Aを殺す目的をもって麻縄をその頸部に結び、絞扼したところ、Aが微動だにしなくなったのを見て、すでに死亡したものと誤信した。さらに、甲は犯罪の発覚を防ごうと考え、縄を解かないまま、Aを屋内から海辺に移して砂上に放置した結果、Aは砂末を吸引して死亡した。このような事案において、原判決が甲に殺人罪の成立を認めたため、甲側が、殺人未遂と過失致死の併合罪にとどまるなどとして上告した。

裁判所の見解　上告棄却。「本來前示の如き殺人の目的を以て爲したる行爲なきに於ては犯行發覺を防ぐ目的を以てする砂上の放置行爲も亦發生せざりしことは勿論にして之を社會生活上の普通觀念に照し被告の殺害の目的を以て爲したる行爲とAの死との間に原因結果の關係あることを認むるを正當とすべく被告の誤認に因り死體遺棄の目的に出でたる行爲は毫も前記の因果關係を遮斷するものに非ざるを以て被告の行爲は刑法第百九九條の殺人罪を構成するものと謂うべく此の場合には殺人未遂罪と過失致死罪の併存を認むべきものに非ず」。

解説　本判決は、行為者が第二行為により死の結果を生じさせたものの、第一行為からそれが発生したものと誤信した場合において、第一行為と死の結果との間には因果関係があるとして、殺人既遂罪の成立を認めたものである。このように、現実にたどられた因果経過と行為者の認識した因果経過とが齟齬する場合を因果関係の錯誤とよぶ（ヴェーバーの概括的故意の事例ともいう）。そして、通説は本判決と同様、現実にたどられた因果経過が刑法上の因果関係の要件をみたす限り、故意既遂犯が成立しうるものと解している。ただし、厳密にいうと、それは第一行為を殺人罪で処罰しうるというだけであり、第二行為の擬律については何も述べていない。そして、ひとつの死の結果につき二回以上、罪責を問うことが許されないとすれば、第二行為につき成立すべき過失致死罪は、前記、殺人罪に吸収されると解するのが適切であろう。他方、学説には、本件を因果関係の問題ではなく、第一行為と第二行為を包括してひとつの殺人行為ととらえられるか、という行為把握の問題に位置づけるものもある。たしかに、ひとつの行為と評価しうる場合もあろうが、かりにそれが不可能であったとしても、第二行為を因果経過のひとこまととらえ、第一行為のみをとらえて処罰する余地は認められるべきだと思われる。

▼**評釈**――伊東研祐・百選Ⅰ15

過失犯の因果関係……日航機ニアミス事件

29 最1決平成22・10・26刑集六四巻七号一〇一九頁

関連条文　二一一条前段

航空管制官の誤った降下指示に従い、機長が航空機の降下を継続した結果、ニアミスによる乗客等の傷害結果が生じた場合において、降下指示と傷害結果との間の因果関係は認められるか。

事　実　航空管制官である被告人甲が便名の言い間違いにより航空機に降下の管制指示を出してしまい、機長が上昇RAではなくこの誤った降下指示に従った結果、ニアミスにより乗客らに傷害が生じた（被告人乙は甲の実地訓練の指導監督者）。第一審は甲の降下指示と傷害の結果との間の相当因果関係を否定し、無罪を言い渡したが、控訴審はこれを破棄して業務上過失傷害罪の成立を認めた。そこで、これに対して甲（・乙）側が上告した。

裁判所の見解　上告棄却。「907便の機長が上昇RAに従うことなく降下操作を継続したという事情が介在したことは認められるものの……管制指示とRAが相反した場合に関する規定内容や……降下操作継続の理由にかんがみると、同機長が上昇RAに従わなかったことが異常な操作などとはいえず、むしろ同機長が降下操作を継続したのは、被告人甲から本件降下指示を受けたことに大きく影響されたものであったといえるから、同機長が上昇RAに従うことなく907便の降下を継続したことが本件降下指示と本件ニアミスとの間の因果関係を否定する事情になるとは解されない。そうすると、本件ニアミスは、言い間違いによる本件降下指示の危険性が現実化したものであり、同指示と本件ニアミスとの間には因果関係があるというべきである」。

解　説　本決定は、危険の現実化という因果関係の判断枠組みを、最高裁としてはじめて明言した点で注目されている。もっとも、しばしば指摘されるように、このような判断枠組みは実質的には古くから判例において採用されてきたため、危険の現実化ということば遣いそれ自体にはあまり意味がない。むしろ、より重要なのは、最高裁が因果関係を肯定するにあたって着目した具体的な諸事情のほうであろう。そして、本決定においては、機長の行動が異常とはいえず、むしろ、甲から降下指示を受けたことに大きく影響されていることが、注目すべきポイントとして掲げられている。このような、介在事情の経験的通常性や当初の行為により誘発されたという関係が、因果関係を基礎づけうることはひろく承認されているものと思われる。他方、本決定は、本件言い間違いの有する傷害結果発生の危険性を、因果関係ではなく過失行為の要件として位置づけている。もっとも、それは弁護人の主張に応えたものであって、特段の体系的な含意はないとみるべきであろう。

▼**評釈**——西野吾一・最判解平成22年度

故意の内容(1)……チャタレー事件

30 最大判昭和32・3・13刑集一一巻三号九九七頁

関連条文　一七五条・三八条一項

いわゆる規範的構成要件要素について、故意を認めるためにはどのような認識が必要となるか。

事　実　出版社社長である被告人甲の依頼を受けて、被告人乙がD・H・ロレンス『チャタレー夫人の恋人』を翻訳し、甲がこの訳本を出版して販売したとして、甲及び乙は、わいせつ文書販売罪（刑法一七五条）で起訴された。第一審は、本件訳書は、一定の環境下ではわいせつ文書と認められるとし、甲についてはかかる環境下で本件訳書を販売したとして有罪としつつ、乙については、かかる環境を利用したとは言えず無罪であるとした。これに対して第二審は、わいせつ文書であるか否かは文書自体の記載を基準として判断すべきとした。そして、本罪の犯意については、「当該文書の内容たる記載のあることを認識し、且つこれを販売することの認識あるをもつて足」ると判示して、甲のみならず乙についても有罪とした。これに対して、弁護人は上告した。

裁判所の見解　上告棄却。「刑法一七五条の罪における犯意の成立については問題となる記載の存在の認識とこれを頒布販売することの認識があれば足り、かかる記載のある文書が同条所定の猥褻性を具備するかどうかの認識まで必要としているものでない。かりに主観的には刑法一七五条の猥褻文書にあたらないものと信じてある文書を販売しても、それが客観的に猥褻性を有するならば、法律の錯誤として犯意を阻却しないものといわなければならない。猥褻性に関し完全な認識があつたか、未必の認識があつたのにとどまつていたか、または全く認識がなかつたかは刑法三八条三項但書の情状の問題にすぎず、犯意の成立には関係がない。」

解　説　本判決は、文書のわいせつ性につき、事実判断ではなく、法的価値判断（法解釈）であるとの前提のもと、一七五条の故意については、わいせつ性それ自体の認識までは必要ではなく、問題となる記載が存在することの認識で足りるとした。かかる解釈は、法解釈を伴う、いわゆる規範的構成要件要素につき、その認識を不要としたものと理解できる。

本判決は、本件訳書がわいせつか否かにつき、その「当てはめ」を被告人が正しく行っていなくとも、なお故意の成立を認めたものであり、いわゆる「当てはめの錯誤」は故意を阻却しないとしたものと言える。しかし、それを超えて、およそ本件訳書の持つわいせつ性の意味の認識までも不要としたものであるかは、なお明らかではない。なお、下級審裁判例の中には、「露骨で詳細な性描写」の内容の認識を認定することで、実質的には意味の認識を要求していると見られるものがある（東京地判平成16・1・13判時一八五三号一五一頁）。

▼**評釈**——松原久利・百選Ⅰ47

故意の内容(2)

31 最2決平成2・2・9判時一三四一号一五七頁

関連条文　三八条一項、覚せい剤取締法四一条一項

覚せい剤輸入罪の故意を認めるためには、覚せい剤であることについて具体的に特定化された認識は必要か。

事　実　被告人甲は、台湾でアメリカ人の男から、日本に持ち込みができない「化粧品」の運搬役となることを依頼されてこれに応じた。甲は、台湾の空港で、男から「化粧品」が隠匿されたベストを着用して航空機に乗り込むように指示されたが、トイレの中で着替える際に、ベストの中に粉末状のものが詰まっていることを外側から触って認識した。甲は、覚せい剤輸入罪で起訴され、第一審は、甲は「日本に持ち込むことを禁止されている違法な薬物である、との認識まで持った」として、本罪の成立を認めた。第二審も、概括的故意の観点から、「法規制の対象となっている違法有害な薬物として、覚せい剤を含む数種の薬物を認識予見したが、具体的には、その中のいずれの一種であるか不確定で、特定した薬物として認識することなく、確定すべきその対象物につき概括的認識予見を有するにとどまるものであっても足り」るとし、「認識予見対象から覚せい剤が除外されていなかった」以上は本罪が成立するとした。これに対して、弁護人は上告した。

裁判所の見解　上告棄却。「被告人は、本件物件を密輸入して所持した際、覚せい剤を含む身体に有害で違法な薬物類であるとの認識があったというのであるから、覚せい剤かもしれないし、その他の身体に有害で違法な薬物かもしれないとの認識はあった」ので、覚せい剤輸入罪の故意に欠けるところはない。

解　説　本決定は、覚せい剤輸入罪の故意につき、覚せい剤であるとの明確な認識がなくとも、覚せい剤を含む何らかの身体に有害で違法な薬物であるとの認識があれば足りるとしている。これは、第二審の判断、すなわち、覚せい剤ではないとして除外していない限り、違法有害な薬物との認識で足りるとするものと言えよう。

こうした理解は、「他の薬物ではなく覚せい剤である」との具体的な認識がなくとも、違法有害な薬物という「類の認識」で足りるとするものであるが、他方で、「覚せい剤ではなく他の違法有害な薬物である」との認識では覚せい剤の故意を肯定しない点で、なお覚せい剤という構成要件要素についての認識を要求しているものと評価できる。

なお、覚せい剤輸入罪を巡る近時の判例も、「覚せい剤等の違法薬物が隠匿されているかもしれないことを認識していた」として故意を肯定している（最1決平成25・10・21刑集六七巻七号七五五頁）。

▼**評釈**——岡上雅美・百選Ⅰ40

故意の内容(3)

32 最3決平成18・2・27刑集六〇巻二号二五三頁

普通自動車免許で大型自動車を運転できると誤信した場合に、無免許運転罪の故意は認められるか。

事実　被告人甲の勤務する会社では、もともとは一五人乗りであった自動車が、後部の六人分の座席が取り外されて使用されていたが、本件車両の自動車検査証には、乗車定員が一五人であると記載されていた。甲は、本件車両に人を乗せなければ普通自動車免許で運転ができる旨会社の上司から聞き、また、本件車両の自動車検査証の自動車種別欄に「普通」とあったことから、本件車両を普通自動車免許で運転できると思い込み、本件自動車の運転に及んだ。甲は、無免許運転罪で起訴された。第二審は、「被告人に本件車両が大型乗用自動車であることとの客観的事実の認識に欠けるところはなく、大型乗用自動車であるとの認識を持ち得たことも明らか」としつつ、甲が本件車両を普通自動車免許で運転できると信じたことに相当な理由があるかを問題とし、結局は本罪の成立を肯定した。これに対して、弁護人は上告した。

裁判所の見解　上告棄却。本件車両は大型自動車であるとしつつ、本件事実関係の下では、「本件車両の席の状況を認識しながらこれを普通自動車免許で運転した被告人には、無免許運転の故意を認めることができるというべきである。そうすると、被告人に無免許運転罪の成立を認めた原判断は、結論において正当である。」と判示した。

関連条文　三八条一項・三号、道交六四条

解説　本件第二審は、被告人が本件車両を大型自動車と認識しつつ普通自動車免許で運転できると誤信したことにつき、「相当な理由」があるかを問い、違法性の意識の可能性がない場合には、犯罪成立を否定する立場に立っている。こうした見解は、従来の下級審裁判例でも採用されている。

これに対して、本決定は、本件車両が後部座席を取り外されているものであることを認識している以上、大型自動車であるとの認識があり、本罪の故意としてはそれで足りるとしているように見える。違法性の意識の可能性を問題とする第二審判決に対して、「結論において正当」としていることからも、第二審の採用する法的解釈自体を是認しているわけではないと言えよう。こうした立場は、従来の判例でも採用されており、判例は違法性の意識の可能性を故意あるいは犯罪成立要件とすることを正面からは肯定していない。

なお、本決定は、「本件車両の席の状況」の認識を要求しており、この点は、普通自動車とは異なり大型自動車が有する運転上の危険性という、本罪が問題としている「意味の認識」を求めるものとも言えよう。

▼**評釈**――東雪見・ジュリ一三六九号

条件付故意

33 最3判昭和59・3・6刑集三八巻五号一九六一頁

謀議の内容において被害者の殺害を一定の事態の発生にかからせている場合に、共謀共同正犯者としての殺人の故意を認めることができるか。

事実　被告人甲は、暴力団X組の舎弟頭であったが、X組による金銭の貸付けを巡ってトラブルになっていたAともう一度話し合い、明確な回答がない場合には暴力を用いてでも連行しようと考えていたが、X組の舎弟である被告人乙らが状況によっては一気にAを強制的に連行しようとし、これに対するAの抵抗如何によってはAの殺害という事態も生じかねないがそれもまたやむなしと意を決し、乙らと共謀の上、自動車でAを連行しようとし、それを拒否するAの左胸部などを包丁でめった刺しにするなどして、Aを殺害した。第一審は甲の殺人の故意を否定して傷害致死罪の限度で共同正犯の成立を認めたが、第二審は、被告人の未必の故意を肯定して、殺人罪の共同正犯の成立を認めた。これに対して弁護人は上告し、先例（最1決昭和56・12・21刑集三五巻九号九一一頁）からは、本件のように殺害計画を遂行しようとする意思が確定的であるとは言えない場合には、故意を否定すべきである旨主張した。

裁判所の見解　上告棄却。「共謀共同正犯者につき、謀議の内容においては被害者の殺害を一定の事態の発生にかからせており、犯意自体が未必的なものであったとしても、実行行為の意思が確定的であったときは、殺人の故意の成立に欠けるところはないものとする趣旨と解すべきである」としつつ、「乙らによって実行行為を遂行させようという被告人の意思そのものは確定していたとして、被告人につき殺人の未必の故意を肯定した」原判決を是認した。

関連条文　三八条一項・一九九条

解説　本決定は、被告人において殺害結果自体は一定の条件にかからせており、なお不確定であるものの、実行行為の意思は確定している場合には、未必の故意があるものとして殺人の故意を肯定している。講学上、こうした故意を条件付故意という。結果発生自体を確定的に認識、意欲などしていない点で、条件付故意は未必の故意の一つと言える。

これに対して、実行行為の意思自体が確定していない場合には、条件付故意は存在しない。本決定が述べるように、「被告人は、本件殺人の共謀時においても、将来、被害者といま一度話し合う余地があるとの意思を有して」いると認定された場合には、実行行為の意思自体が一定の条件にかかっており、確定的ではないことになる。このような場合には、そもそも行為意思自体が不確定であるとして、故意の成立が否定される。本件では、甲は既に「事態の進展を乙らの行動に委ねた」以上、甲の実行行為の意思は既に確定しているものと言えよう。

▼**評釈**――安達光治・百選Ⅰ（五版）37

未必の故意

34 最3判昭和23・3・16刑集二巻三号二二七頁

関連条文　三八条一項・二五六条二項

盗品等有償譲受け罪は、犯人が、盗品であるかも知れないと思いながら、これを買受ける場合にも成立するか。

事　実　被告人甲は、A方などから盗まれた衣類約七五点を、Xから有償で譲り受けた。原審は、甲に贓物故買罪（現在の盗品等有償譲受け罪）の成立を認めた。これに対して、弁護人は上告し、Xが本件衣類の処分を急いでいたことや、各地で衣類の盗難が相次いでいるといったことからは、本件衣類が盗品であることにつき、甲に知情性を認めることはできないと主張した。

裁判所の見解　上告棄却。「贓物故買罪は贓物であることを知りながらこれを買受けることによつて成立するものであるがその故意が成立する為めには必ずしも買受くべき物が贓物であることを確定的に知つて居ることを必要としない或は贓物であるかも知れないと思いながらしかも敢てこれを買受ける意思（いわゆる未必の故意）があれば足りるものと解すべきである故にたとえ買受人が売渡人から贓物であることを明に告げられた事実が無くても苟くも買受物品の性質、数量、売渡人の属性、態度等諸般の事情から『或は贓物ではないか』との疑を持ちながらこれを買受けた事実が認められれば贓物故買罪が成立するものと見て差支ない」として、甲に本罪の未必の故意を肯定した。

解　説　本判決は、盗品等有償譲受け罪の構成要件である「盗品性」につき確定的に認識していなくとも、「あるいは盗品ではないか」といった認識があれば故意の存在を肯定できるとしており、いわゆる未必の故意を認めたものである。未必の故意は、故意と過失との分水嶺をなすものとして、実務上も理論的にも極めて重要な意義を有する。

いかなる場合に未必の故意を認めることができるかについては、本判決は、「敢えて」買い受ける意思に言及している。これは、故意とは構成要件該当事実の認識のみならず認容という意思的態度が必要だとする見解（認容説）に親和的にも見える。他方、本判決は、「あるいは盗品ではないか」との疑いを持ちながら買い受ける意思があれば足りるとしており、これは、故意を構成要件該当事実の認識とする見解（認識説）に立つものとも言える。要するに、判例の立場は、いずれの見解からも（あるいは近時有力に主張されている動機説の立場からも）説明が可能である。

これに対して、近時のいわゆるWinnyを巡る最高裁判例（157決定）は、幇助の故意を認めるに当たって、認識のみならず認容についても明示的に言及しており、認容説を採用するものと言えよう。

▼**評釈**――玄守道・百選Ⅰ41

未必の故意……びょう打銃事件

35 最3判昭和53・7・28刑集三二巻五号一〇六八頁

殺意を持って狙った相手方の他に第三者に対しても負傷させた場合に、第三者に対する殺人未遂罪は成立するか。成立する場合に、いかなる罪数判断がなされるか。

事実　被告人甲は、警ら中の巡査Aからけん銃を強取しようと決意し、たまたま周囲に人影が見えなくなったとみて、Aに対する殺意を有して、建設用びょう打銃を改造してびょう一本を装てんした手製装薬銃で、Aの背後約一mからAの右肩部を狙ってびょうを発射させたが、Aに右側胸部貫通銃創を負わせ、かつAの身体を貫通したびょうをたまたまAの約三〇m右前方の歩道上を通行中のBの背部に命中させ、Bに腹部貫通銃創を負わせた。第一審は、甲のA・Bに対する殺人の故意を否定し、強盗傷人罪の観念的競合としたが、第二審は、甲のA・Bに対する殺意を肯定し、強盗殺人未遂罪の観念的競合とした。これに対して、弁護人は上告し、Bに対する強盗殺人未遂罪は成立しない旨主張した。

裁判所の見解　上告棄却。「犯罪の故意があるとするには、罪となるべき事実の認識を必要とするものであるが、犯人が認識した罪となるべき事実と現実に発生した事実とが必ずしも具体的に一致することを要するものではなく、両者が法定の範囲内において一致することをもつて足りるものと解すべきである（中略）から、人を殺す意思のもとに殺害行為に出た以上、犯人の認識しなかつた人に対してその結果が発生した場合にも、右の結果について殺人の故意がある」。

関連条文　三八条一項・二四〇条・二四三条

解説　本判決は、ある人Aを殺害する認識で、別人であるBを殺害した場合には、「法定の範囲」すなわち、殺人罪の構成要件要素である「人」の範囲では一致するため、Bに対する殺人の故意も存在し、殺人罪が成立する旨判示している。この立場からは、A・Bに対する殺人罪が二罪成立し、観念的競合の関係に立つことになる。これは、いわゆる法定的符合説（あるいは抽象的法定符合説）かつ数故意犯説の見解に立つものと言える。

これに対して、学説では、あくまでも故意は狙った相手方についてしか存在せず、それ以外の第三者との関係では故意犯は成立しないとする見解（具体的符合説あるいは具体的法定符合説）も主張されているが、判例は一貫してこうした立場には立っていない。

なお、法定的符合説かつ数故意犯説に立つ場合でも、量刑判断においてまで、A・Bを狙って両者を殺害した場合と同一に扱われるわけではなく、一つの殺意に対応する量刑責任しか肯定されない（東京高判平成14・12・25判タ一一六八号三〇六頁）。その限りでは、最終的な結論の妥当性は担保されている。

▼**評釈**――専田泰孝・百選Ⅰ42、長井長信・百選Ⅰ（五版）39

抽象的事実の錯誤(1)

36 最1決昭和54・3・27刑集三三巻二号一四〇頁

覚せい剤であると誤認して麻薬であるジアセチルモルヒネを輸入した場合に、麻薬輸入罪の故意は認められるか。

関連条文　三八条一項、麻薬取締法六四条二項・一二条一項

事　実　被告人甲は、営利の目的で、覚せい剤を本邦に輸入しようと企て、タイ国内で購入した麻薬であるジアセチルモルヒネの塩類である粉末約九〇グラムを携帯して航空機に搭乗し、これを本邦内に持ち込み、もつて右麻薬を輸入した。第一審は、甲が覚せい剤と誤信していても麻薬輸入罪の故意は肯定されるとしつつ、三八条二項により、犯情の軽い覚せい剤輸入罪の刑で処断するとし、第二審もこの判断を是認した。これに対して弁護人は上告した。

裁判所の見解　上告棄却。麻薬取締法と覚せい剤取締法とは「その取締の目的において同一であり、かつ、取締の方式が極めて近似していて、輸入、輸出、製造、譲渡、譲受、所持等同じ態様の行為を犯罪としているうえ、それらが取締の対象とする麻薬と覚せい剤とは、ともに、その濫用によつてこれに対する精神的ないし身体的依存（いわゆる慢性中毒）の状態を形成し、個人及び社会に対し重大な害悪をもたらすおそれのある薬物であつて、外観上も類似したものが多いことなどにかんがみると、麻薬と覚せい剤との間には、実質的には同一の法律による規制に服しているとみうるような類似性がある」との判断を前提に、覚せい剤輸入罪と麻薬輸入罪は、「その目的物が覚せい剤か麻薬かの差異があるだけで、その余の犯罪構成要件要素は同一であり、その法定刑も全く同一であるところ、前記のような麻薬と覚せい剤との類似性にかんがみると、この場合、両罪の構成要件は実質的に全く重なり合つているものとみるのが相当であるから、麻薬を覚せい剤と誤認した錯誤は、生じた結果である麻薬輸入の罪についての故意を阻却するものではない」とし、麻薬輸入罪の成立を認め、刑についても同罪によるものとした。

解　説　本決定は、覚せい剤と誤認して麻薬を輸入した場合でも、両罪の構成要件が実質的に全く重なり合っていることを理由に、麻薬輸入罪の故意を肯定している。これは、異なる構成要件間の錯誤（抽象的事実の錯誤）において、行為者の故意を認定するに当たり、構成要件の実質的な重なり合いという基準を示したものである。

本決定が、両罪の構成要件の実質的な重なり合いを肯定するために挙げている要素は、①行為態様の共通性と②取締目的あるいは保護法益の共通性である。また、本件では、③法定刑も同一であるため、両罪は実質的に「全く」重なり合っているとして、客観的に実現した麻薬輸入罪に対応する故意を肯定し、麻薬輸入罪の成立及び同罪の刑による処断を肯定している。

▼**評釈**――川端博・百選Ⅰ（二版）50

抽象的事実の錯誤(2)

37 最1決昭和61・6・9刑集四〇巻四号二六九頁

関連条文 三八条二項、麻薬取締法六六条一項・二八条一項

麻薬であるコカインと誤認して覚せい剤を所持した場合に麻薬所持罪は成立するか。

事実 被告人甲は、麻薬であるコカインであると誤認して、覚せい剤を所持した。第一審は、甲には麻薬所持罪が成立するとしつつ、覚せい剤取締法四一条の六（現四一条の八）により本件覚せい剤を没収した。弁護人は量刑不当を理由に控訴したが、第二審は第一審の判断を是認した。弁護人は上告し、麻薬取締法上の麻薬所持罪が成立するとし、覚せい剤取締法による覚せい剤の没収を認めた第一審を論難した。

裁判所の見解 上告棄却。「本件において、被告人は、覚せい剤であるフェニルメチルアミノプロパン塩酸塩を含有する粉末を麻薬であるコカインと誤認して所持したというのであるから、麻薬取締法六六条一項、二八条一項の麻薬所持罪を犯す意思で、覚せい剤取締法四一条の二第一項一号、一四条一項の覚せい剤所持罪に当たる事実を実現したことになるが、両罪は、その目的物が麻薬か覚せい剤かの差異があり、後者につき前者に比し重い刑が定められているだけで、その余の犯罪構成要件要素は同一であるところ、麻薬と覚せい剤との類似性にかんがみると、この場合、両罪の構成要件は、軽い前者の罪の限度において、実質的に重なり合つているものと解するのが相当である。被告人には、所持にかかる薬物が覚せい剤であるという重い罪となるべき事実の認識がないから、覚せい剤所持罪の故意を欠くものとして同罪の成立は認められないが、両罪の構成要件が実質的に重なり合う限度で軽い麻薬所持罪の故意が成立し同罪が成立するものと解すべきである」。

解説 本決定は、36決定を引用しつつ、麻薬と誤認して覚せい剤を所持した場合にも、両罪の構成要件は、軽い麻薬所持罪の限度で実質的に重なり合っていることを理由に、軽い麻薬所持罪が成立するとしている。但し、36決定の事案とは異なり、被告人の主観に対応した軽い麻薬所持罪が成立するとしており、三八条二項の解釈が問題となっている。

客観的には覚せい剤を所持しているにも拘らず、麻薬所持罪が成立するということは、客観的構成要件の解釈として、覚せい剤所持には麻薬所持が含まれるものとして（すなわち、覚せい剤には麻薬も含まれるものとして）解釈することに他ならない。本件覚せい剤の没収自体は覚せい剤取締法による点をも考え合わせると、36決定の事案のような、故意の重なり合いという判断に比べても、一見すると違和感がある。しかし、判例はあくまでも構成要件の解釈として重なり合いを判断する以上、故意の重なり合いが認められるのと同様、客観的な犯罪事実についても重なり合いが認められることになる。

▼**評釈**――長井長信・百選Ⅰ43

抽象的事実の錯誤(3)

38 札幌高判平成25・7・11高刑速平成二五年二五三頁

関連条文 二〇二条後段・二〇五条

被害者は真摯に自己の殺害を嘱託したものの、これを傷害の嘱託であると誤信して被害者を殺害した場合に、嘱託殺人罪は成立するか。

事　実　被告人甲は、被害者Aから、Aの頸部をバスローブの帯で絞め付けた上、その顔面を、口や鼻から気泡が出なくなるまで浴槽の水の中に沈めるよう嘱託された。Aは、嘱託した行為によって自らが死亡することを認識し、死んでも構わないと考えていた。甲は、その嘱託を傷害の嘱託であると理解し、Aが死亡することはないと誤信して、Aの嘱託に従った暴行を加え、Aを死亡させた。第一審は、甲が傷害の故意しか有していないために傷害致死罪（三年以上の懲役）が成立するとすれば、甲が殺意を有していた場合には嘱託殺人罪（六月以上七年以下の懲役又は禁錮）が成立することと比べて法定刑が不均衡である旨指摘し、嘱託殺人罪は本件のような嘱託傷害致死類型をも包摂するものと解すべきであるとして、甲に嘱託殺人罪の成立を肯定した。これに対して、検察官は、傷害致死罪が成立する旨主張して控訴した。

裁判所の見解　破棄自判。「刑法は、『第二十六章　殺人の罪』に殺人罪と並んで嘱託殺人罪を規定し、同じ『人を殺した』との文言を用いており、他方、傷害致死罪については、『第二十七章　傷害の罪』の中に規定し、『人を死亡させた』との文言を用いているのであって、このような各規定の体系的位置や文言（刑法は、殺意がなく人を死亡させた場合については『人を死亡させた』（刑法二〇五条、二一〇条など）との文言を用い、刑法一九九条及び同法二〇二条後段所定の『人を殺した』との文言と明確に区別している）からみても、刑法二〇二条後段の『人を殺した』との文言は、同法一九九条と同じく、殺意のない場合を含まない」。

解　説　本判決は、嘱託殺人罪は殺意がない場合を含まない以上、たとえ被害者の殺害の嘱託が客観的には存在するとしても、本罪は成立せず、傷害致死罪が成立する旨判示している。客観的には嘱託殺人の構成要件が充足されているにも拘らず、主観的には殺意がないとして、傷害致死罪が成立しているという点で、抽象的事実の錯誤の事案と言える。

本判決の理解からは、第一審が述べるような法定刑の不均衡が生じる。傷害致死罪の法定刑の下限は三年であり、酌量減軽をしても（一年六月）、嘱託殺人罪のそれ（六月）よりも重い。したがって、本件のように、Aの真摯な殺害の嘱託を甲が認識していない場合には、およそ処断刑が一年六月を下回ることはないと解するべきであり、本判決も、嘱託殺人罪において処断刑が一年六月を下回ることは例外的である旨述べている。

▼**評釈**――安達光治・平成26年重判（刑法5）

事実の錯誤と法律の錯誤(1)……たぬき・むじな事件

39 大判大正14・6・9刑集四巻三七八頁

関連条文　三八条一項

狸（たぬき）の狩猟期間外に、十文字狢（むじな）であると考えて狸を捕獲した場合に、狩猟法の禁止する狸を捕獲する故意は認められるか。

事実　被告人甲は、狩猟期間内である二月二九日に、十文字狢だと誤信して狸を追跡し、狸が岩窟に隠れたところを、入り口を石塊で塞いで帰宅し、狩猟期間外の三月三日に石塊を外して村田銃を発射し、最終的に狸を猟犬に噛み殺させた。大審院は、狩猟期間内の二月二九日に捕獲がなされたと認定したが、仮に狩猟期間外の三月三日に捕獲がなされたと仮定しても、以下に述べるように故意を欠くとした。

裁判所の見解　破棄自判。「狸と狢とは全然種類を異にし（中略）本件の獣類は十文字の斑點を有し披告人の地方に於て通俗十文字狢と称するものにして狩獵禁止の目的たる狸に非ずと確言し之を捕獲したるものなることは（中略）疑を容るるの餘地なし然らば被告人の狩獵法に於て捕獲を禁ずる狸中に俚俗に所謂狢をも包含することを意識せず從て十文字狢は禁止獸たる狸と別物なりとの信念の下に之を捕獲したるものなれば狩獵法の禁止せる狸を捕獲するの認識を缺如したるや明かなり蓋し學問上の見地よりするときは狢は狸と同一物なりとするも斯の如きは動物學上の知識を有する者にして甫めて之を知ることを得べく却て狸、狢の名称は古來竝存し我國の習俗亦此の二者を區別し毫も怪まざる所なるを以て狩獵法中に於て狸なる名称中には狢をも包含することを明にし國民をして適歸する所を知らしむるの注意を取るを當然とすべく單に狸なる名称を掲げて其の内に當然狢を包含せしめ我國古來の習俗上の觀念に從ひ狢を以て狸と別物なりと思惟し之を捕獲したる者に對し刑罰の制裁を以て之を臨むが如きは決して其の當を得たるものと謂ふを得ず故に本件の場合に於ては法律に捕獲を禁ずる狸なるの認識を欠缺したる被告に對しては犯意を阻却す」。

解説　本判決は、狸に関する当てはめの錯誤（法律の錯誤）ではなく、狸とは別の動物である貉と誤信していたとして、事実の錯誤を認め、故意を否定した。しかし、大審院は、もま・むささび事件（大判大正13・4・25刑集三巻三六四頁）では、もまと誤信してむささびを捕獲した被告人につき、故意を肯定している。この両者の関係が問題となる。

本判決は、被告人の地方では、貉は狸とは別個の動物として認識されており、かつ、古来からの習俗もこの二者を区別して扱ってきた点を指摘して、被告人はおよそ狸を捕獲する認識を有していないと認定している。その点で、およそ別の動物であるとの認識が一般化されていないもま・むささびとは判断を異にしたと言える。

▼**評釈**——内田博文・百選Ⅰ45

事実の錯誤と法律の錯誤(2)……無鑑札犬撲殺事件

40 最2判昭和26・8・17刑集五巻九号一七八九頁

関連条文 三八条一項・二三五条・二六一条

無鑑札犬を無主犬と誤信して撲殺した場合に、物の他人性についての故意は認められるか。

事実 被告人甲は、野犬による被害を防ぐために自宅内の養兎小屋の前に罠を仕掛けていたところ、Aの犬が罠に掛かっていたが、鑑札が付いていなかったため、無主犬と見做されると誤信して、本件犬を撲殺し、その皮を剥いでなめした。第二審は、甲に毀棄罪(二六一条)及び窃盗罪(二三五条)の併合罪を肯定した。これに対して、弁護人は上告し、毀棄・窃盗の犯意は存在しないと主張した。

裁判所の見解 破棄差戻。「被告人は本件犯行当時判示の犬が首環はつけていたが鑑札をつけていなかつたところからそれが他人の飼犬ではあつても無主の犬と看做されるものであると信じてこれを撲殺するにいたつた旨弁解していることが窺知できる。そして明治三四年五月一四日大分県令第二七号飼犬取締規則第一条には飼犬証票なく且つ飼主分明ならざる犬は無主犬と看做す旨の規定があるが同条は同令第七条の警察官吏又は町村長は獣疫其の他危害予防の為必要の時期に於て無主犬の撲殺を行ふ旨の規定との関係上設けられたに過ぎないものであつて同規則においても私人が擅に前記無主犬と看做される犬を撲殺することを容認していたものではないが被告人の前記供述によれば同人は右警察規則等を誤解した結果鑑札をつけていない犬はたとい他人の飼犬であつても直ちに無主犬と看做されるものと誤信していたというのであるから、本件は被告人において右錯誤の結果判示の犬が他人所有に属する事実について認識を欠いていたものと認むべき場合であつたかも知れない。」とした。

解説 本判決は、他人の飼い犬を無主犬であると誤信した被告人につき、物の「他人性」に関する認識を欠く(すなわち事実の錯誤である)可能性があるとしたものである。そこで、単に法規の理解を誤り、犬を撲殺することが許されると誤信した(法律の錯誤)場合との違いが問題となる。

物の他人性のような、一定の法的評価を前提とする構成要件要素を規範的構成要件要素と言う(30判決参照)。そして、単なる当てはめの錯誤では故意は阻却されない以上、物の他人性を基礎づける事情(本件では犬に首環が付いていることなど)につき認識していれば、故意が阻却されないようにも思われる。

これに対して、本判決は、法規を誤解した結果、他人性自体について誤信が生じた場合にも、なお故意を否定する余地を認めるものであり、その後の41判決にも繋がる判断を示したものを言える。法規の誤解により、事実認識について変容が生じているのだと説明することも可能であろう。

▼**評釈**——石井徹哉・百選Ⅰ44

事実の錯誤と法律の錯誤(3)……公衆浴場無許可営業事件

41 最3判平成1・7・18刑集四三巻七号七五二頁

関連条文　三八条一項、公衆浴場法八条一項・二条一項

新たに営業許可の申請をしないで変更届を提出することで引続き公衆浴場を経営した場合に、無許可営業罪の故意は認められるか。

事実　被告人甲は、県知事の許可を受けないままで、被告会社乙の代表取締役として、昭和四一年六月六日から昭和五六年四月二六日までの間、特殊公衆浴場で、所定の料金を徴収して、多数の公衆を入浴させるなどし、もつて、業として公衆浴場を経営したとして起訴された。弁護人は、甲の実父Xが県知事から営業許可を取得した後、昭和四七年一二月一二日に被告人が公衆浴場許可申請事項変更届を提出し、県に受理された以上、それ以降の営業は不可罰である旨主張したが、第一審では無許可営業罪の成立が肯定された。また、第二審でも、①県知事の許可は許可を受けた者にのみ及び、それ以外の者には及ばないこと、②営業を承継する場合には、承継者が新たに営業許可を取得する必要があり、変更届では足りないこと、③甲には公衆浴場法二条一項の営業許可を受けていないことの認識があるため、本罪の故意として十分であることなどから、本罪の成立が肯定された。これに対して、弁護人が上告した。

裁判所の見解　破棄自判。「被告人が変更届受理によつて被告会社に対する営業許可があつたと認識し、以後はその認識のもとに本件浴場の経営を担当していたことは、明らか」であり、「本件公訴事実中変更届受理後の昭和四七年一二月一二日から昭和五六年四月二六日までの本件浴場の営業については、被告人には『無許可』営業の故意が認められないことになり、被告人及び被告会社につき、公衆浴場法上の無許可営業罪は成立しない。」

解説　本判決は、変更届の受理によって営業許可があったものと誤信した被告人につき、無許可営業罪の故意を否定した。しかし、第二審のように、行政法の解釈として、変更届の受理はおよそ無効であり、新たな営業許可の申請が必要とすれば、新たな営業許可を申請していないことを認識している甲は、単に法規の当てはめを誤った(法律の錯誤)に過ぎず、本罪の故意を認めるべきではないかが問題となる。

営業許可のような、一定の法的評価を前提とする構成要件要素を規範的構成要件要素と言う(30判決参照)。そして、40判決で述べたように、判例は、法規を誤解した結果、構成要件要素自体について誤信が生じた場合にも、なお故意を否定する余地を認めており、本判決もこの延長線上にある。但し、本判決は、法規を誤解してもやむを得ない事情(県の担当者から予め変更届の作成に関する便宜を受けていることなど)を列挙しており、違法性の意識(の可能性)との区別はより困難である。

▼**評釈**――重井輝忠・百選Ⅰ46

過失犯の処罰と明文の要否……旧・海水油濁防止法事件

42 最3決昭和57・4・2刑集三六巻四号五〇三頁

旧・海水油濁防止法にあった「船舶……は、次の海域において油を排出してはならない」とする「規定の違反となるような行為をした者」を罰する規定は、過失犯も罰する趣旨か。

関連条文　三八条一項、海水油濁防止（当時）五条一項・三六条

事　実　被告人甲は、船舶乗組員として船務に従事中、同船が燃料油補給を受けるに当たって必要な注意を怠った過失により、同船の燃料油タンクから燃料油を流出させ、もって海水油濁防止法所定の海域において油を排出した事実が、同法五条一項・三六条の罪を構成するとして起訴された。当初第一審は、同法三六条は過失犯の処罰を定めていないと解されることから、公訴事実が罪となるべき事実を包含していないとして、刑訴法三三九条一項二号に基づく公訴棄却の決定をしたが、検察官の即時抗告を受けた抗告審は、原決定の判断の前提となる解釈が争いのある非一義的なものであることから、公訴棄却の決定をするべき場合に当たらないとして、取消差戻の決定をした。差戻後の第一審は、同法五条一項の「排出」は過失による場合も含むとして、有罪判決を言い渡した。甲の控訴を受けた控訴審は、①同法五条一項の「排出」は原因如何を問わない概念であり、故意行為による場合に限るべき理由がないこと、②同法三六条は、立法経緯・立法者意思・禁止の実効性等の観点からして過失犯も罰する趣旨の「特別の規定」（刑法三八条一項但書）に当たると解されることなどから、原判決の法律判断を正当とし、控訴棄却の判決をした。被告人が上告。

裁判所の見解　上告棄却。海水油濁防止法「三六条、五条一項は過失犯をも処罰する趣旨であると解した原審の判断は正当である」。

解　説　刑法三八条一項は、故意犯処罰の原則を定めており、過失犯処罰を「特別の規定がある場合」に限っている。だが、こと行政法上の罰則については、明文の過失犯処罰規定がなくても、過失犯も罰する趣旨の規定と解されれば、それが「特別の規定」に当たることが、つとに判例上承認されている。ただし、かかる解釈を支えるべき一般論は示されておらず、本件もまた、個別的な積極判断のみ示されている。原判決が挙げた理由づけのうち、前記②の諸観点は、たしかに過失犯処罰の必要性を指し示すが、法解釈の根拠とするには不足の憾みがある。むしろ、前記①に現れた、海水油濁防止法五条の「排出」行為を故意・過失の区別に関わらない概念と見る考え方こそ、その処罰規定が過失犯も包含する旨の解釈を基礎づける。それは、同法七条一項が排出禁止の適用除外を「やむを得ない原因による油の排出」（二号）に限っていることとも、平仄が合う理解である。されど、同法三六条の「違反」行為は故意行為に限られるのではないかという疑問は残されている。

▼評釈——古田佑紀・警研五七巻一二号

予見可能性の意義(1)……森永ドライミルク事件

43　高松高判昭和41・3・31高刑集一九巻二号一三六頁

関連条文　二一一条前段

ドライミルク製造に当たって添加使用された薬剤に砒素が含有されていたせいで多数の乳児が死傷した場合、その製造者の過失責任を認めるにはどのような予見可能性を要するか。

事実　森永乳業徳島工場では、同工場が薬種商（協和産業）から購入した薬剤（第二燐酸ソーダ）を安定剤として添加使用してドライミルクを製造していたが、納入された薬剤の一部が松野製薬の再製した非第二燐酸ソーダ（松野製剤）であり、同製剤に砒素が含有されていたため、それを添加使用して製造販売されたドライミルクを飲用した多数の乳児が死傷するに至った。同工場の工場長であった甲と、製造課長であった乙が、業務上過失致死傷罪で起訴された。第一審は、①製造当時、第二燐酸ソーダは工業用といえども人体に傷害を及ぼす程度の砒素を含有したものが出回る可能性はなかったので、その発注に際して砒素含有率に注意を払うべき義務は認められないし、②松野製剤納入当時、それが過去に納入された正常な第二燐酸ソーダと異質な品であることを疑わせる事情はなかったので、それを返品したり化学的に検査したりするべき義務も認められないとして、無罪を言い渡した。検察官が控訴。

裁判所の見解　破棄差戻。工業用第二燐酸ソーダについては、その発注に対して非第二燐酸ソーダが納入される危険があり、被告人らは、かかる危険を予見しえたので、規格品を発注・購入して使用するか、さもなければ納入された品ごとに適切な化学的検査を実施するべき義務がある。

解説　本判決と原判決の判断の分岐点は、第二燐酸ソーダの発注に対して非第二燐酸ソーダが納入される危険の予見可能性の肯否にある。原判決は、薬種商の従前の取引実績等に基づき、いわゆる信頼の原則の考え方を適用したが、本判決は、工業用薬品という特殊性等を踏まえ、異質な品が納入される危険の予見可能性を肯定した。食品に性質・成分の不明な異質品が添加使用されれば、それが人体に傷害を与え、最悪の場合は死を招きかねないことは当然に予見可能であるから、本判決の認定を前提とする限り、伝統的な過失犯論からしても過失責任は優に肯認できる。ところが、本判決に対する被告人の上告が棄却された後の差戻審は、非規格品に対する不安感・危惧感を重視し、それを払拭するに足る程度の措置として、食品製造者は規格品の発注・使用または個別的な化学的検査をするべき義務を負うという論を採った。そして、乙には部下従業員をしてかかる義務を果たさせるべき職責を怠った監督上の過失責任があるが、甲には直接的にも監督上も義務違反が認められないとした（確定）。同判決の依拠した過失犯論についても、甲のみ無罪とした点についても、学説上評価が分かれている。

▼**評釈**――藤木英雄・ジュリ四二一号

予見可能性の意義(2)……北大電気メス事件

44 札幌高判昭和51・3・18高刑集二九巻一号七八頁

関連条文 二一一条前段

電気メス手術の際に、そのケーブルが誤接続されており、患者の身体に、当初は理化学的原因の不明な熱傷が生じた場合、過失責任を認めるにはどのような予見可能性を要するか。

事実 北大医学部付属病院で行われた患者Aに対する電気メスを用いた手術の際に、Aの身体に重度の熱傷が生じた。電気メスのケーブル接続・ダイヤル調整を行った看護婦甲と、執刀を行った医師乙が、業務上過失傷害罪で起訴された。第一審は、①甲が電気メスのケーブルを交互誤接続させたまま使用に供したこと、②熱傷発生の原因が、①に加えてヒューズ等の安全装置がない心電計がAに装着されており、かつ電気メスと心電計に接地アースが取り付けられていたなどの条件が揃うことによって形成された特殊な電気回路への高周波電流の分流にあったことを認定したうえで、甲の過失責任を肯定し(罰金五万円)、乙のそれを否定した。甲および検察官が控訴。

裁判所の見解 控訴棄却。過失犯が成立するためには結果発生が予見できる必要があり、「右にいう結果発生の予見とは、内容の特定しない一般的・抽象的な危惧感ないし不安感を抱く程度では足りず、特定の構成要件的結果及びその結果の発生に至る因果関係の基本的部分の予見を意味」しており、甲は、電気メスのケーブル誤接続の可能性を認識しており、誤接続したまま電気メスを作動させれば患者の身体に流入する電流の状態に異常を来して傷害を負わせかねないことを予見できたので、結果発生を予見できたものと認められる。乙は、誤接続の可能性を認識しておらず、それに起因する傷害発生の予見可能性が高度ではなかったし、接続の正否を点検しなかったのも無理からぬことだったので、過失は認められない。

解説 本判決は、内容の特定されない危惧感・不安感によって過失責任を基礎づけることはできないということを明言した点で、学説にいわゆる危惧感説、判例では43判決の差戻審に現れた考え方と、一線を画している。そのうえで、因果関係の基本的部分の予見可能性を必要条件とする論を立てているが、これについては、下級審ではそれに倣う例が散見されるものの、最高裁の立場は定まっていない(46決定・47決定参照)。また、具体的な当てはめについても、たしかに傷害の種類・態様まで特定して予見できる必要はないものの、身体に傷害を与えるような電流異常は、ケーブル誤接続だけでは生じえない以上、そうした電流異常の理化学的原因を全く予見できなかったにもかかわらず、はたして甲が結果発生を予見できたといえるのか、疑問が向けられている。さらに、乙の過失責任を否定する判断においては、いわゆる信頼の原則の考え方が適用されているが、その当否についても評価が分かれている。

▼**評釈**――大塚裕史・百選Ⅰ51

予見可能性の意義(3)……荷台乗車事件

45　最2決平成1・3・14刑集四三巻三号二六二頁

関連条文　二一一条前段（当時）

自動車の運転を過って信号柱に激突させた者は、その衝撃によって後部荷台の同乗者が死亡した場合、その同乗者の存在を認識していなくても、業務上過失致死罪の責めを負うか。

事実　被告人甲は、普通貨物自動車を運転中、制限最高速度の二倍を超える高速度で進行し、対向してきた車両を認めて狼狽し、ハンドル操作を誤って道路左側の信号柱に自車左側後部荷台を激突させた。その衝撃により、同車助手席に同乗していたAが負傷し、後部荷台に同乗していたB・Cが死亡した。第一審は、甲がB・Cの同乗の事実を認識していたとは認定できないとしつつ、Aに関する業務上過失傷害罪はもとより、B・Cに関する業務上過失致死罪の成立も肯定できるとした。控訴審も、そもそも自動車を暴走させた甲は「自車の同乗者更には歩行者、他の車両の運転者及びその同乗者等に対する死傷の結果を惹起せしめる危険のあることは自動車運転者として当然認識しうべかりしところである」とし、なおかっこ書きで、甲に「右両名が後部荷台に乗車していることの認識可能性があったと認められる」とし、控訴を棄却した。甲が上告。

裁判所の見解　上告棄却。甲は自己が「無謀ともいうべき自動車運転をすれば人の死傷を伴ういかなる事故を惹起するかもしれないことは、当然認識しえたものというべきであるから」、B・Cの荷台乗車の事実を認識していなくても、両名に関する業務上過失致死罪の成立は妨げられない。

解説　本決定は、行為者の認識していない客体（人）に生じた侵害結果（死傷）に関する過失責任を問うことができるかという点について、行為者が「人の死傷」の惹起を認識できたと認められる限り、積極に解するという立場を明らかにした。本決定前には、被告人が乗車の事実を予見できなければ、同人に当該同乗者の死亡結果を負責できない旨を判示した裁判例があり（福岡高宮崎支判昭和33・9・9裁特五巻九号三九三頁）、原判決のかっこ書きによる説示も、同裁判例に配慮したものと推される。しかし、本決定は、そうした配慮を不要とする旨を含意している。むしろ、最高裁によれば、本件についていえば、甲が自車の荷台に人が乗っていることを認識できなかったとしても、誰か一人について「人の死傷」という構成要件的結果の発生を予見できたならば、過失犯の成立にとって必要な結果予見可能性は備わっている。かかる考え方は、いわゆる方法の錯誤における、35判決に現れた考え方（法定的符合説）と、軌を一にするものと理解されており、それゆえ、同判例に対する学説上の評価が、本決定に対するそれと連動する。認識した客体に関してのみ故意犯が成立すると解する学説は、認識可能な客体に関してのみ過失犯が成立すると解する。

▼**評釈**――山口厚・法教一〇七号

予見可能性の意義(4)……近鉄生駒トンネル火災事件

46　最2決平成12・12・20刑集五四巻九号一〇九五頁

電力ケーブルの接続工事に当たって誘起電流の接地銅板を取り付けなかった者には、当時未知の現象を介して火災が発生した場合にも、火災発生の予見可能性があったといえるか。

事実　甲は、近鉄生駒トンネル内の電力ケーブルの接続工事に従事した際に、誘起電流の接地銅板の一部を取り付けずに作業を終了した。約一年半後に、ケーブルが炎上して火災が発生し、トンネル内にいた電車の乗客らが死傷した。甲は、業務上失火罪・業務上過失致死傷罪で起訴された。第一審は、本件火災の発生機序につき、行き場を失った誘起電流が接続器本体表面の半導電層部を通ることによって炭化導電路が形成され、その部分に誘起電流が集中して流れることによって発熱・炭化するという過程が、長期間にわたって繰り返された結果、ついには接続器本体・カバーが燃焼するに至ったものと認定したが、甲には炭化導電路の形成という「因果経路の基本部分」が予見できなかった以上、火災発生の予見可能性がなかったとして、無罪を言い渡した。検察官の控訴を受けた控訴審は、甲は接続器が発熱・発火に至ることを「大筋において」予見できたとして、破棄自判し、有罪を言い渡した。甲が上告。

裁判所の見解　上告棄却。甲は、炭化導電路の形成を具体的に予見することはできなくても、誘起電流が「本来流れるべきでない部分に長期間にわたり流れ続けることによって火災の発生に至る可能性があること」を予見できたから、本件火災発生の予見可能性を認めた原判断は相当である。

関連条文　一一七条の二・二一一条前段

解説　44判決によれば、行為から結果発生に至る因果経過の一部が予見不可能でも、「因果関係の基本的部分」が予見可能なら、過失責任を基礎づけるに足るべき結果予見可能性がある。かかる考え方が現れた例は、下級審では少なくない。本件第一審と控訴審も基本的にそれに倣ったが、結論は違えた。本件火災が発生するまで全く未知であった、接続器の半導電層部における炭化導電路の形成という現象について、前者は可能的予見の対象となると解し、後者はならないと解した。けだし、接地銅板を取り付ける目的を、前者が「ケーブル」の発熱等の防止に求め、後者が「ケーブルと接続器」のそれに求めたことが、誘起電流の不接地（だけ）から接続器の発火まで（炭化導電路の形成を加味しなくても）予見できるかどうかの判断に差をもたらした。本決定は、後者の判断を是認したが、それは、実際の因果経過を、誘起電流が「本来流れるべきでない部分に長期間にわたり流れ続け」て火災発生に至るというものに抽象化する思考によって支えられており、因果関係の基本的部分の予見を必要とする趣旨か、何らかの相当因果関係の予見で十分とする趣旨か、定かではない（なお47決定も参照）。

▼評釈——島田聡一郎・ジュリ一二一九号

予見可能性の意義(5)……明石砂浜陥没事件

47 最2決平成21・12・7刑集六三巻一一号二六四一頁

関連条文　二一一条一項（当時）前段

人工砂浜の管理等の業務に従事し、砂浜南端付近の場所での陥没続発を認識していた者には、北寄りの場所で陥没が発生した場合にも、陥没発生の予見可能性があったといえるか。

事実　兵庫県南部の東播海岸内の大蔵海岸は、明石市が海浜公園として砂浜・突堤・護岸等を造成・築造したものであるが、その人工砂浜の東側突堤中央付近にいた女児Aの足下で陥没孔が発生し、Aが転落・埋没して死亡した。砂浜の管理等の業務に従事していた国交省職員甲・乙および明石市職員丙・丁が、業務上過失致死罪で起訴された。第一審は、①本件陥没が、砂層内に形成されていた大規模な空洞がAの重みで崩壊して生じたものと認定し、また、②本件事故以前から、砂浜東側の南端付近の場所で陥没が続発しており、その原因が防砂板の（耐用年数を大きく下回る期間での）破損によって砂が吸い出されたことにあり、被告人らがそれらの事実を認識していたことを肯定したが、③本件陥没の生じた北寄りの場所でも砂浜表面に異状が生じていた事実を認めず、その場所での陥没発生の予見可能性の証明がないとして、無罪を言い渡した。検察官の控訴を受けた控訴審は、③の事実は証拠上認めるべきだし、②の認識さえあれば砂浜東側の突堤沿いで「防砂板が破損して砂が吸い出され陥没が発生するという一連の因果経過」を予見できるから、陥没発生の予見可能性の存在を前提に審理するべきだとして、破棄差戻を言い渡した。被告人らが上告。

裁判所の見解　上告棄却。「本件事故現場を含む東側突堤沿いの砂浜」における「防砂板の破損による砂の吸い出し」による陥没発生は予見できた（反対意見あり）。

解説　本件事故の前記①の発生機序には、砂浜表面に（少なくとも顕著な）異常の見られないまま砂層内に空洞が発生・生長するという、当時は土木工学上も想定外であった現象が介在しているが、防砂板が破損して砂が吸い出されるというメカニズムは、かねてより続いていた砂浜東側の南端付近の陥没発生と共通している。では、予見可能なのは、南端付近の陥没発生か（第一審）、東側突堤沿い全域の陥没発生か（控訴審）。本決定は、後者を選んだ。それは、因果関係の基本的部分を抽出する思考というよりも、46決定と同じく実際の因果経過を抽象化し、前記②の認識からして既知であった陥没発生プロセスと重ね合わせる思考に基づく。さらに、前記③の事実が真実であれば、南端付近と全く同様に陥没が生じる可能性は優に予見できる（反対意見は、とくにこの点が判断に影響すると見て、控訴審の審理は第一審の認定を覆すのに足らないと難ずる）。なお、差戻後は甲のみ公判分離のうえ、第一審が四名全員に有罪を言い渡した（控訴棄却・上告棄却を経て確定）。

▼**評釈**——古川伸彦・論ジュリ八号

信頼の原則(1)

48 最2判昭和42・10・13刑集二一巻八号一〇九七頁

関連条文　二一一条前段（当時）

原動機付自転車の運転者は、右折を始める際に、右後方から接近する他車に対し、どのような注意を払う義務があるか。同人に交通法規違反があっても信頼の原則は適用されるか。

事実　甲は、第一種原動機付自転車を運転して見通しの良い道路（幅員約一〇m）を進行し、進路右側にある小路に入るためにセンターラインの若干左側から右折合図をしながら右折を始めたが（時速約二〇km）、折からAが第二種原動機付自転車を運転して甲車の後方（約一五～一七・五m）から接近してきており、Aは甲車を追い越すためにセンターラインの右側にはみ出して同車の右後方に迫り（時速約六〇～七〇km）、甲がセンターラインを越えて約二m進行した地点で両車が接触し、Aは転倒して死亡した。甲は、業務上過失致死罪で起訴された。第一審は、公訴事実どおりの、甲が「一応右後方を瞥見した丈で危険はないものと軽信し、右後方の確認不十分のまま漫然前記速度で右折を開始した過失」を認め、有罪を言い渡した（罰金三万円）。甲の控訴を受けた控訴審は、量刑についてのみ破棄自判して軽くした（罰金一万円）。甲が上告。

裁判所の見解　破棄自判・無罪。甲には、右折を始める際に、「あえて交通法規に違反して、高速度で、センターラインの右側にはみ出してまで自車を追越そうとする車両のありうることまでも予想して、右後方に対する安全を確認」するべき義務はなかった。右折方法に道交法違反があったが、それは「右注意義務の存否とは関係のないことである」。

解説　判例上、最3判昭和41・12・20刑集二〇巻一〇号一二一二頁が、自動車を運転して右折中の（車道中央付近で一旦エンストして再発進した）者に対していわゆる信頼の原則を適用し、特別の事情のない限り、「あえて交通法規に違反し、自車の前面を突破しようとする車両のありうることまでも予想して右側方に対する安全を確認」するべき義務はない旨を判示して以降、とくに交通関係業過事案における信頼の原則の適用問題がクローズアップされるに至った。本判決もまた、被害者の交通法規に違反したはみ出し・追越し（当時の道交法一七条四項・二八条三項・三四条四項参照）の可能性についてまで注意を払うべき義務はないという考え方を示した。ところが本件では、甲の右折も交通法規に違反していた（当時の道交法三四条三項参照）。甲車は第一種原動機付自転車であり、いわゆる二段階右折の方式を履むのが正しい。それでも本判決は、甲は見通しの良い道路で右折合図をして右折を始めた以上、後方車両に対する配慮としては足りていると解した。そもそも第二種原動機付自転車ならば二段階右折は不要であり、同方式の交通安全上の意義が大きくないことも理由であろう。

▼**評釈**――福田平・昭和41＝42年重判（刑法3）

信頼の原則(2)

49　最3決平成16・7・13刑集五八巻五号三六〇頁

関連条文　二一一条前段（当時）

自動車の運転者は、交差点の対面信号が赤に変わった直後に右折する際に、直進対向車に対し、どのような注意を払う義務があるか。全赤信号であると信頼することは許されるか。

事実　甲は、自動車を運転し、信号機の設置された交差点の停止線手前二九・七ｍの地点から右折ウインカーを出して進行し（時速約四〇㎞）、停止線手前二六・六ｍの地点で対面信号が青から黄に変わったことと対向車線の遠方から直進してくる複数の車があることを認めたが、そのまま右折しようとして減速し（時速約二〇～三〇㎞）、さらに停止線を前輪が越えた地点で対面信号が赤に変わったことと対向車線の前方五〇ｍ強の辺りから直進してくる車があることを認めたが、対向車線の対面信号も赤に変わっているから同車は停車すると思って進行し、右折を始めたところ、同車（運転者A）は、実際には時差式信号であって青のままだった（甲から見て対向車線の）対面信号に従って直進してきた。Aは、甲車を避けようとして転倒し、甲車に衝突して死亡した。甲は、業務上過失致死罪で起訴された。第一審は、A車が指定制限速度（時速四〇㎞）を大幅に超えており（時速約七〇～八〇㎞）、それは甲に予測できた速度（時速五〇～六〇㎞）も超えており、ゆえに甲はA車の交差点進入を予見できなかったとして、無罪を言い渡した。検察官の控訴を受けた控訴審は、A車の速度は予想可能であり、全赤信号だったとしてもA車の交差点進入は予見できたとして、破棄自判し、有罪を言い渡した。甲が上告。

裁判所の見解　上告棄却。A車の交差点進入は予見可能であり、甲はその動静に注意を払う義務がある。右折する際に、「自己の対面する信号機の表示を根拠として、対向車両の対面信号の表示を判断し、それに基づき対向車両の運転者がこれに従って運転すると信頼することは許されない」。

解説　第一審と控訴審は、甲が想定するべきA車の速度の最大値について認定を違え、それが結論に影響している面もあるが、本決定が取り上げた争点は、甲が全赤信号であると誤認していた事実が、右折する際に払うべき注意如何とどのように関係するかということである。第一審は、全赤信号によるクリアランス時間の意義を強調し、原則として対向直進車の停止を信頼できると解したが、控訴審は、それは一面的に過ぎ、かかる信頼は成り立たないと解した。本決定は、後者を正当とした。その根底には、運転者はあくまで自車の対面信号に従って行動するべきであり、対向車の対面信号を当てにするのは身勝手で危険な行為であるという発想がある。ただし、本件は、甲の見たA車の位置・速度からして進入が予見できた以上、あまり一般的な判示は事案にそぐわない嫌いも否めない。

▼**評釈**――古川伸彦・ジュリ一三四一号

注意義務の存否・内容(1)……薬害エイズ帝京大ルート事件

50 東京地判平成13・3・28判時一七六三号一七頁

関連条文 二一一条前段

血友病患者の治療方針を決定する立場にあった内科長は、非加熱製剤を投与された患者がHIVに感染・死亡した場合、投与を控えさせるべき注意義務に違反したと認められるか。

事実 帝京大学病院第一内科を受診した血友病患者Aは、昭和六十年五月から六月にかけて三回にわたり、同内科の医師により外国由来の非加熱製剤を投与されたが、同製剤はHIVに汚染されていた。そのためAはHIVに感染し、やがてエイズを発症して死亡した。同内科長で血友病研究グループのリーダーであった被告人甲が、同内科の医師をして血友病患者の出血が生命に対する切迫した危険のない場合には外国由来の非加熱製剤の投与を控えさせる措置を講じるべき業務上の注意義務を怠ったとして、業務上過失致死罪で起訴された。

裁判所の見解 無罪。①甲「には、エイズによる血友病患者の死亡という結果発生の予見可能性はあったが、その程度は低いものであったと認められる。このような予見可能性の程度を前提として、被告人に結果回避義務違反があったと評価されるか否かが本件の帰趨を決することになる。」②甲「の本件行為をもって『通常の血友病専門医が本件当時の被告人の立場に置かれれば、およそ非加熱製剤の投与を継続することは考えないはずであるのに、利益に比して危険の大きい治療行為を選択してしまったもの』であると認めることはできないといわざるを得ない。被告人が非加熱製剤の投与を原則的に中止しなかったことに結果回避義務違反があったと評価することはできない。」公訴事実記載の刑事責任は認められない。

解説 本判決の無罪判断は、①非加熱製剤の投与により血友病患者が「高い確率」でHIVに感染するということは客観的に認めがたく、HIVに感染すれば「その多く」がエイズを発症するということは（本件当時の医学的見地からすると）予見が不可能であり、それゆえ非加熱製剤投与→HIV感染→エイズ発症・死亡という事態の生じる危険について、甲は可能性の低いそれとしてしか予見できなかった、②それを前提とすると、血友病患者の通常の出血に対しても非加熱製剤を投与し続け、代替治療（クリオ製剤による治療等）に切り替えたり補充療法を取り止めたりしなかったことは、それが本件当時は現実的な選択肢ではなく、現に大多数の血友病専門医が非加熱製剤の投与を継続していたことからして、検察官の主張するような注意義務違反と評価されるべきものではない、という論理に立脚している。行為時の可能的予見の内容に応じて注意義務が定まるという考え方それ自体は、過失犯論上一般的なものであるが、本件当時の甲が血友病専門医の最高権威であった事実が、本判決に対する賛否の分かれる要因となっている。

▼**評釈**——北川佳世子・百選Ⅰ55

注意義務の存否・内容(2)……薬害エイズ厚生省ルート事件

51 最2決平成20・3・3刑集六二巻四号五六七頁

関連条文　二一一条前段

HIVに汚染された非加熱製剤を投与された患者が死亡した場合、厚生省で薬務行政を担当していた者は、同製剤の販売を中止させるなどの注意義務を負っていたと認められるか。

事　実　被告人甲は、昭和五九年七月から昭和六一年六月まで厚生省薬務局生物製剤課長の地位にあった者であるが、昭和六〇年五月から六月にかけて帝京大学病院でHIVに汚染された非加熱製剤を投与された血友病患者A（止血のための補充療法を受けた者）がHIVに感染して死亡した事実と（50判決参照）、昭和六一年四月に大阪医大病院でHIVに汚染された同製剤を投与された肝機能障害患者B（同障害に伴う食道静脈瘤の硬化術を受けた者）がHIVに感染して死亡した事実につき、前者に関しては、血友病患者の治療に当たる医師をしてその出血が生命に対する切迫した危険のない場合には同製剤の投与を控えさせる措置を講じるべき業務上の注意義務を怠り、後者に関しては、製薬会社等をして同製剤の販売中止・回収をさせ、さらに同製剤を使用しようとする医師をして不要不急の投与を控えさせる措置を講じるべき業務上の注意義務を怠ったとして、業務上過失致死罪で起訴された。第一審は、Bの死亡に対する過失責任のみ肯定した（一部無罪）。甲と検察官の双方が控訴したが、控訴審は各控訴を棄却した。甲が上告。

裁判所の見解　上告棄却。原則として、薬害発生の防止は、第一次的には製薬会社や医師の責任であり、国の監督権限は、第二次的・後見的なものにとどまる。だが、本件当時①広範に使用されていた非加熱製剤中にはHIVに汚染されたものが相当量存在し、これを使用するとHIVに感染してエイズを発症する者が現れ、多数の者が高度の蓋然性をもって死亡に至ることが予測されていた、しかし②同製剤の危険性についての認識が関係者に必ずしも共有されておらず、また医師や患者においてHIV汚染の有無を判断して感染を回避することは期待できなかった、しかも③同製剤は国が承認を与えたものであり、国が明確な方針を示さない限り（その取扱いを製薬会社等に委ねていると）安易な販売・使用が継続されるおそれがあった。かかる状況下で、厚生省における血液製剤に係るエイズ対策に関して中心的な立場にあった甲は、薬務行政上必要な措置を講じなかったことについて過失責任を免れない。

解　説　本件は、最高裁が、行政官の刑法上の不作為責任につき、事例判断ながら、例外的に肯定されるべき場合がある旨を明言した点に、大きな意義がある。Bの死亡は、甲が過失的に必要な措置を講じることなく、非加熱製剤の取扱いを製薬会社等に任せっぱなしにし、現にミドリ十字社が販売した同製剤が投与されてしまった結果に他ならないのである。

▼評釈――齊藤彰子・百選Ⅰ56

注意義務の存否・内容(3)……埼玉医大抗がん剤過剰投与事件

52　最1決平成17・11・15刑集五九巻九号一五五八頁

関連条文　二一一条前段

耳鼻咽喉科において、患者が抗がん剤を過剰投与されるなどして死亡した場合、主治医らを指導監督する立場にあった同科長は、どのような注意義務を負っていたと認められるか。

事実

埼玉医大病院の耳鼻咽喉科において、悪性腫瘍の摘出手術を受けた患者Aに対する化学療法（VAC療法）を実施するに当たり、主治医甲は文献を誤読して（本来週一回の間隔で投与するべき抗がん剤を連日投与する）過剰な投与計画を立て、その計画どおりに研修医らをしてAに抗がん剤を投与させた。投与五日目に、Aに高度な副作用が出始めた。投与七日目に、甲は翌日以降の投与を中止した。その四日後、Aは死亡した。甲、指導医乙、科長丙が、業務上過失致死罪で起訴された。検察官の主張する被告人らの過失は、①過剰投与に関するそれと②副作用に関するそれに大別され、①誤った投与計画を実行した過失（甲）、それを承認した過失（乙・丙）、②副作用に適切に対応しなかった過失（甲・乙）、投与二日目の回診の際にカルテ内容を確認しなかった過失（丙）であった。第一審は、全員を有罪とし、①の全員分と②の甲分の過失に関してはほぼ公訴事実どおりに認定したが、②の乙・丙分の過失に関しては副作用への対応について甲を事前に適切に指導しなかった過失を認定した。乙・丙および検察官が控訴し、控訴審は、検察官の主張を容れて破棄自判し、乙・丙の過失をほぼ訴因どおりに認定し直して量刑も引き上げた。丙のみ上告。

裁判所の見解

上告棄却。丙には、①VAC療法に関して自ら調査検討し、甲らの立てた抗がん剤投与計画に誤りがあれば是正するべき注意義務があり、②同療法の副作用とその対応に関しても自ら調査研究し、甲らが副作用に的確に対応できるよう事前指導し、副作用が現れた場合には直ちに丙に報告するよう具体的に指示するべき注意義務があった。

解説

第一審と控訴審で判断が分かれたのは、副作用への対応に関する乙・丙の注意義務如何である。控訴審は、彼らに、主治医と全く同一の立場で副作用の発現状況等を把握するべき義務があったと解した節がある。本決定は、上告した丙に限っての判断ではあるが、指導監督者としての科長の立場からすると、認められるのは（第一審が判示した）事前の指導義務と、それに加えて副作用発現時に直ちに報告させて適切に対処するべき義務であるということを明らかにしたものである。指導監督者といえども、①投与計画に関しても②副作用に関しても自ら調査し、是正なり指導・指示なりをする義務を負うべき理由は、Aの症例（右顎下滑膜肉腫）も甲の選択したVAC療法も同科で扱った経験がなく、甲ら同科の医師の水準も高くないことを、丙自身が認識していた事実に求められる。

▼評釈――小林憲太郎・ジュリ一三九九号

結果回避可能性と過失……黄色点滅信号事件

53 最2判平成15・1・24判時一八〇六号一五七頁

関連条文　二一一条前段（当時）

自動車の運転者が、交差点の対面信号が黄色点滅であるにもかかわらず徐行せずに進入し、交差道路を暴走してきた車両と衝突した場合、その衝突は回避可能であったといえるか。

事実　甲は、タクシーを運転して交差点を直進するに当たり、同交差点が左右の見通しが利かず、対面信号が黄色点滅を表示していたにもかかわらず、減速・徐行することなく、時速約三〇～四〇㎞で進入した。折から左方道路より、A運転の自動車が、同車の対面信号が赤色点滅を表示していたにもかかわらず、一時停止することなく、時速約七〇㎞で進入してきた（それぞれの道路の指定最高速度は時速三〇㎞）。Aは、酒気を帯びていたうえに、足元に落とした携帯電話を拾おうとして前方を注視していなかった。両車は衝突し、甲車に同乗していたBが死亡し、Cが負傷した。甲は、業務上過失致死傷罪に問われ、当初略式手続に異議がない旨を述べて略式命令を受けたが（罰金四〇万円）、その後正式裁判を請求した。第一審・控訴審とも、Aにも過失があるが、甲の、減速・徐行せず、交差道路から進行してくる車両に注意を払わないで進入した過失も否定できないとして、有罪を言い渡した。甲が上告。

裁判所の見解　破棄自判・無罪。実況見分調書によれば、甲が時速二〇㎞で走行していた場合には、衝突地点よりも手前の、急制動によって停止可能な地点でA車を視認することはできなかったし、甲が時速一五㎞～一〇㎞で走行していた場合には、そうした地点でA車を視認することはできたものの、甲がA車の速度を把握して衝突の危険を察知するには若干の時間を要するはずであり、急制動が遅れる可能性が否定できないため、衝突の回避可能性に合理的な疑いが残る。

解説　甲は、対面信号が黄色点滅の、見通しの利かない交差点に入ろうとしたのであるから、他の交通に注意して徐行するべき交通法規上の義務があった（道交法施行令二条一項、道交法四二条一号参照）。それに背いた走行は、人の死傷の危険を招く、刑法上も必要な注意を怠った行為と評価しうる。だが、本判決は、必要な注意を尽くしても結果を回避できなかった合理的疑いが残る場合には、過失犯が成立しないことを明言した。結果回避可能性という要件それ自体は、判例学説上一般に承認されるものであるが、その具体的な当てはめが示された例として、注目に値する。また、状況の類似した最3判昭和48・5・22刑集二七巻五号一〇七七頁と異なり、交差車両が赤色点滅信号に従って一時停止することを信頼してよい旨の判断をしなかった点も、本判決の特徴である。甲の徐行義務に反した走行の危険性や、自己の対面信号以外の信号を当てにすることの不相当性が理由と推される（なお49決定も参照）。

▼**評釈**――永井敏雄・小林＝佐藤古稀(上)三六五頁

不作為と過失……三菱自工製トラック車輪脱落事件

54 最3決平成24・2・8刑集六六巻四号二〇〇頁

関連条文 二一一条前段

トラックのハブの輪切り破損により生じた死傷事故につき、トラック製造会社で品質保証業務を担当していた者の過失責任を問う場合の、過失、不作為、因果関係の論定方法如何。

事実 走行中の三菱自工製トラックのハブ（Dハブ）が輪切り破損して車輪が脱落し、それが歩行者らに衝突して死傷させる事故が発生した。本件事故の約二年半前に同社製バスで起きたDハブの破断事故の事案処理の時点において、同社の品質保証部門の部長であった甲と、同部門のバスのボデー・シャシー担当グループ長であった乙が、業務上過失致死傷罪で起訴された。第一審は、検察官の主張に沿って、①Dハブに強度不足の欠陥があった、②バスの事案処理の時点で乙はDハブの強度不足のおそれを認識しており、甲は乙から報告を徴するなどすればDハブの強度不足のおそれを認識でき、いずれも本件事故の発生を予見できた、③甲・乙にはバスの事案処理に当たってリコール等を実施するための措置を講じるべき義務があった、④その義務を怠ったせいで本件事故が発生した、と認定して有罪を言い渡した。控訴審は、第一審と違ってDハブに強度不足の欠陥があった事実は認定できないが、強度不足の疑いのあるハブを義務に反して放置したせいで本件事故が起きたことは認定できるとして、控訴を棄却した。甲・乙が上告。

裁判所の見解 上告棄却。甲・乙は、バスの事案処理の時点で、Dハブの強度が不足しており、それにより死傷事故が生じるおそれがあることを予見できた。そして、リコール等の実施のために必要な措置を講じ、強度不足に起因するハブの輪切り破損の発生を防ぐべき義務があった。本件事故は、Dハブに現に存在した強度不足の欠陥に起因して発生したものであり、義務違反と因果関係がある（反対意見あり）。

解説 いわゆる製造物責任事案において（業務上）過失致死傷の罪を問う場合、当該製造物に死傷事故を招きかねない欠陥の存在することを認識しえた時点の特定が必要である。本件では、それは遅くとも約二年半前のバス事案（一六件目のハブ破断事故〔Dハブのそれは八件目〕）の時点である。この時点で、そのまま放置すれば、いつどこで今度こそ人身事故が起きてもおかしくないことが予測されたが、その情報は秘匿され、使用者に知らされないままであった。かかる事情が、甲・乙の、改善措置の実施へ向けた作為義務を根拠づけているものと解される。さらに本決定は、控訴審と違って、そうした義務違反と本件事故の因果関係を肯定するためには、Dハブに強度不足の欠陥が真実存在し、本件事故原因が正しくそれであったことが、証拠上認められなければならない旨を明らかにした（反対意見の根本には、この事実認定に対する疑念がある）。

▼**評釈**――樋口亮介・論ジュリ六号

過失の競合(1)……横浜市大患者取違え事件

55 最2決平成19・3・26刑集六一巻二号一三一頁

関連条文 二一一条前段

患者を取り違えて手術をした医療事故につき、患者の引継ぎの際に取り違えた看護婦、執刀を担当した医師の他、麻酔を担当した医師も、競合して過失責任を負うと認められるか。

事実　横浜市大病院の外科に入院中であった患者A（心臓手術の予定者）と患者B（肺手術の予定者）を病棟から各手術室へ搬送する過程で、病棟看護婦甲から手術室看護婦乙に、AとBが取り違えられた状態で引き継がれた。各手術室で、執刀医丙・麻酔医丁らによりAに対する肺手術が、執刀医戊・麻酔医己らによりBに対する心臓手術が行われた。甲ないし己の六名が、業務上過失傷害罪で起訴された。第一審は、看護婦には複数の患者を同時に受け渡す際に取違えを防止するべき義務があり、執刀医・麻酔医には患者の同一性を確認するべき義務があり、甲ないし戊については、各々注意義務を怠っていたとしてとして有罪を言い渡したが（ただし、検察官の主張と異なり、乙の過失を一段重く認定する一方、丙・戊の麻酔導入前の注意義務違反を否定し、丁の注意義務違反も一部否定して縮小認定した）、己については、患者の同一性に疑念を抱いて確認を求めたりしたことから注意義務を尽くしていたとして無罪を言い渡した。甲ないし戊および検察官の控訴を受けた控訴審は、破棄自判し、甲ないし戊の過失をほぼ公訴事実どおりに認定し直して量刑も均等にし（罰金五〇万円）、己の注意義務違反も認めて有罪とした（罰金二五万円）。己のみ上告。

裁判所の見解　上告棄却。本件手術に関与した医師・看護婦らは、それぞれ患者の同一性を確認するべき義務を負う。己には、麻酔導入前に患者の同一性確認の十分な手立てを採らなかった点と、麻酔導入後に患者の同一性に疑いが生じた際に確実な確認措置を採らなかった点で過失がある。

解説　本決定は、患者の同一性確認という医療行為上の注意義務が、関係者各人に「重畳的に、それぞれ」あると判じた。過失競合事案の中でも、行為者ごとの義務内容が等しく定められる所以は、確立した指揮監督関係なり分業体制なりの欠如にある。いわゆる信頼の原則の考え方を適用して相異なる役割分担や義務内容を論じるべき前提状況が（なお44判決・52決定も参照）、患者の同一性確認に関して組織的な対策の採られていなかった本件病院においては存在しない。取違えを防ぐためには、「各人の職責や持ち場に応じ」て同一性を確認する他ないのである。己は、麻酔導入前に、患者の姓を呼び掛けただけで、自ら同一性を確認したとは認めがたい。麻酔導入後も、外見や検査所見等から同一性が強く疑われるに至った以上、他の関係者に疑問を提起するなどの一応の努力をした程度では、なお義務を果たしたとはいえないと解されている。

▼**評釈**――樋口亮介・ジュリ一三八二号

過失の競合(2)……明石歩道橋事件

56 最1決平成22・5・31刑集六四巻四号四四七頁

関連条文 二一一条前段

花火大会参集者が群衆なだれによって死傷した事故につき、主催した市の担当職員の他、現場指揮・統括に当たった警察署地域官、警備会社支社長も、競合して過失責任を負うか。

事実 明石市の主催した夏祭りの際に行われた花火大会において、会場近くの歩道橋に多数の観客が集中して過密な滞留状態となり、それによっていわゆる群衆なだれが生じ、多数の死傷者が出るに至った。明石市職員三名（甲・乙・丙）、明石警察署地域官丁、明石市と契約していた警備会社支社長戊が、業務上過失致死傷罪で起訴された。第一審は、甲ないし丙は、それぞれ本件夏祭りの開催本部統括副責任者、実施運営本部実施責任者、同副責任者の立場にあり、丁は、現地警備本部指揮官の立場にあり、戊は、警備員の統括責任者の立場にあり、いずれも本件歩道橋への流入規制を実現して雑踏事故の発生を防ぐべき注意義務を怠った過失があると認め、それらの競合を肯定して有罪を言い渡したが（禁錮二年六月）、丁・戊のみ実刑とした。被告人全員が控訴したが、乙は控訴を取り下げ、控訴審は、他四名の控訴を棄却した。丁・戊のみ上告。

裁判所の見解 上告棄却。丁・戊は、遅くとも本件歩道橋上の混雑状態が明石市職員・警備員の自主警備によっては対処不能な段階に達していた時点（当日午後八時ころ）までには、直ちに機動隊が動員されて歩道橋への流入規制が敷かれない限り雑踏事故が起きることを予見でき、同時点において、丁は「配下警察官を指揮するとともに、機動隊の出動を明石警察署長らを介し又は直接要請することにより」、戊は「明石市の担当者らに警察官の出動要請を進言し、又は自ら自主警備側を代表して警察官の出動を要請することにより」、歩道橋への流入規制を実現して雑踏事故の発生を防ぐべき義務があった。各々義務を履行していれば、本件事故は回避できた。

解説 本件夏祭りに際しては、歩道橋への来場者の集中が予想されていた。だが、明石市・警備会社・明石警察署の策定した雑踏警備計画は、歩道橋の具体的な混雑対策を含んでいなかった。現に本件当日、花火大会開始（午後七時四五分）が近づくに連れて多数の観客が歩道橋に流入・滞留し、混雑が増悪し続け、花火大会終了（午後八時三〇分）の約二〇分後、ついに本件事故が発生した。第一審は、被告人らの過失行為の時点につき、必ずしも明確な特定を欠く嫌いがあり、控訴審は、それを午後八時ころに限定し、本決定は、その判断を是認した。自主警備では手に負えない、切迫した危険が生じた時点を取り出せば、たしかに作為義務の肯認上十分となるが、その反面、とくに戊については、間接的な進言等によって義務を履行する他なく、回避可能性の認定に慎重さが求められる。

▼**評釈**——甲斐克則・平成22年重判（刑法1）

管理・監督過失(1)……大洋デパート事件

57 最1判平成3・11・14刑集四五巻八号二二一頁

デパートの防火管理体制に不備があり、発生した火災が燃え広がって人が死傷した事故につき、デパート経営会社の取締役や火元責任者・防火管理者に（も）過失責任を問えるか。

事実　株式会社太洋の経営する大洋デパートの二階から三階への上がり口付近で火災が発生し、三階に延焼してさらに各階に燃え広がり、多数の者が死傷した。同社の代表取締役社長甲、常務取締役乙、取締役人事部長丙、同デパートの三階火元責任者丁、防火管理者戊が、業務上過失致死傷罪で起訴された。甲・乙は、第一審係属中に死亡した（公訴棄却）。他三名につき、第一審は、いずれも検察官の主張する注意義務が肯定できないとして無罪を言い渡した。検察官が控訴し、控訴審は、破棄自判して有罪を言い渡した。被告人三名が上告。

裁判所の見解　破棄自判・控訴棄却。丙には、取締役会の一員として取締役会の決議を促して消防計画作成をしたり、甲に対して防火管理上の注意義務を果たすよう意見具申をしたりするべき義務はない。丁は、三階売場の部下従業員に対して消火訓練等を実施するべき立場にあったとはいえず、初期消火活動に過失があったともいえない。戊には、防火管理上必要な業務を遂行するための実質的権限がなく、消防計画を作成したり避難訓練等を実施したりするべき義務もない。

関連条文　二一一条前段

解説　ホテル・デパート等の火災事故に関して防火管理体制の不備を理由に過失責任が問われる刑事事件において、最高裁は、川治プリンスホテル事件（最1決平成2・11・16刑集四四巻八号七四四頁）ではホテル経営者につき、千日デパート事件（最1決平成2・11・29刑集四四巻八号八七一頁）では管理権原者・防火管理者ら（消防八条一項参照）につき、積極判断を示した。ただし、それらの判断は、形式的な地位・役職に基づくものではない。実際に担っていた職務・権限如何を踏まえて義務内容が定められている。本判決も、太洋の業務の実態として、甲こそが（防火管理を含む）会社業務全般にわたる実質的権限を有しており、しかも甲から防火管理業務を委任・命令された者もいなかったことを重視する。そこから、丙の過失の有無は、取締役会の一員として甲の防火管理業務の遂行を監視・是正するべき、または、自ら甲に進言等するべき事情の有無に懸かってくる。控訴審の積極判断を、本判決は覆した。丁・戊についても、火元責任者・防火管理者の地位が名目上のものであって、消火訓練・避難訓練等を実施するべき具体的な権限もなかったことが、消極判断を基礎づけている。なお、三階売場課長でもあった丁に関しては、火災発生時の初期消火活動の適否も問われたが、本件火災の展開が予想可能な範囲を超えていたことが、過失を否定する判断を支えている。

▼**評釈**——木村静子・平成3年重判（刑法1）

管理・監督過失(2)……ホテルニュージャパン事件

58 最2決平成5・11・25刑集四七巻九号二四二頁

関連条文 二一一条前段

ホテルの防火管理体制に不備があり、発生した火災が燃え広がって人が死傷した事故につき、ホテル経営会社の代表取締役社長に過失責任を問えるか。予見可能性は認められるか。

事実 株式会社ホテルニュージャパンの経営するホテルにおいて、宿泊客の煙草の不始末から発生した火災が燃え広がり、多数の者が死傷した。同ホテルの建物では、スプリンクラー設備も代替防火区画も設置を欠いており、消防用設備の点検・整備や消防訓練の実施等も適切に行われていなかった。同社の代表取締役社長甲と、同ホテルの支配人兼総務部長乙が、業務上過失致死傷罪で起訴された。第一審は、検察官の主張に沿って甲・乙の注意義務違反を肯定し、有罪を言い渡した。甲のみ控訴したが、控訴審は控訴を棄却した。甲が上告。

裁判所の見解 上告棄却。甲「は、代表取締役社長として、本件ホテルの経営、管理事務を統括する地位にあり、その実質的権限を有していたのであるから、多数人を収容する本件建物の火災の発生を防止し、火災による被害を軽減するための防火管理上の注意義務を負っていた」。「防火管理体制の不備を解消しない限り、いったん火災が起これば、発見の遅れや従業員らによる初期消火の失敗等により本格的な火災に発展し、従業員らにおいて適切な通報や避難誘導を行うことができないまま、建物の構造、避難経路等に不案内の宿泊客らに死傷の危険の及ぶおそれがあることを容易に予見できた」。

解説 本件ホテルについては、第一審以来、甲が管理権原者であり、乙が防火管理者であることが前提とされている（消防八条一項参照）。注意義務の認定上重要なのは、かかる地位それ自体ではなく、実質的な権限や業務執行の実態が伴っていたかどうかであるが（57判決参照）、第一審も控訴審もその点を肯認しており、本決定もまた甲の防火管理業務上の「実質的権限」を確認している。ただし、そこから生じる義務は、精確には、甲が自ら履行する性質のものと、乙に委任したうえで同人の履行を指揮監督する性質のものに分かれる。スプリンクラー設備または防火区画を設置することは前者に、消防用設備の点検・整備や消防訓練の実施等を適切に行うことは後者に属する。いずれにせよ甲が注意義務を尽くしていなかったことが認められたわけだが、さらに問われたのは、火災が発生して宿泊客らが死傷することの予見可能性である。本決定は、防火管理体制の不備の認識さえあれば、「昼夜を問わず不特定多数の人に宿泊等の利便を提供するホテルにおいては火災発生の危険を常にはらんでいる」以上、具体的な出火原因の予見は不要と解した。最高裁が、この種の事案に対し、結果予見可能性の要件について明示的に判断した、重要な先例である。

▼**評釈**——上嶌一高・百選Ⅰ58

業務上過失における業務の意義

59 最1決昭和60・10・21刑集三九巻六号三六二頁

関連条文 一一七条の二前段・二一一条前段

業務上失火罪・業務上過失致死傷罪にいう「業務」の意義。火災防止の職務に従事していた者の過失により、死者を伴う火災が発生した場合、その過失は業務上のそれに当たるか。

事実 ウレタンフォームの加工販売業を営む会社の本社工場が全焼し、同社社長ら七名が死亡した。この火災事故につき、業務上失火罪・業務上過失致死罪で起訴されたのは、同工場内のリフト補修工事を担当していた別会社の作業員甲と、同工事の施工に立ち会って監視していた同社工場部門の責任者乙である。第一審は、出火原因が、リフト補修工事を行っていた作業員らによる鉄板溶断作業の際に落下した火花が、工場内に積まれていた大量の易燃性ウレタンフォームの原反等に着火したことにあると認めたうえで、甲が溶断作業を開始した行為と、乙が甲に溶断作業を開始させた行為が、いずれも業務上必要な注意を怠ったものに当たるとして、両名に業務上失火罪・業務上過失致死罪が成立することを肯定した。甲・乙の控訴に対し、控訴審は、控訴棄却を言い渡した。乙のみ上告。

裁判所の見解 上告棄却。業務上失火罪の「『業務』とは、職務として火気の安全に配慮すべき社会生活上の地位をいう」。業務上過失致死傷罪の「『業務』には、人の生命・身体の危険を防止することを義務内容とする業務も含まれる」。本件「会社の工場部門の責任者として、易燃物であるウレタンフォームを管理するうえで当然に伴う火災防止の職務に従事していた」乙の、第一審によって認定された過失は、業務上失火罪・業務上過失致死罪に当たる（補足意見あり）。

解説 本決定は、業務上失火罪にいう「業務」の意義につき、一般的な定義を与えた指導的判例としての意義を有するのみならず、業務上過失致死傷罪にいう「業務」の意義についても、最2判昭和33・4・18刑集一二巻六号一〇九〇頁の与えた、「人が社会生活上の地位に基き反覆継続して行う行為」であって「他人の生命身体等に危害を加える虞あるもの」という定義を、修正的に補完する意義を有する。同罪の業務概念に関しては、大審院時代には常業性が重視される向きもあったが（大判大正8・11・13刑録二五輯一〇八一頁参照）、とくに自動車運転を中心にそうした観点は重みを失ってゆき、ついに同判決により、職業性を完全に度外視する定義が与えられるに至った。ところが、同定義を額面どおりに受け取ると、危険な行為の遂行上の過失だけが同罪を構成するようにも読める嫌いがあり、そこで本決定が、かかる理解を排し、危険を防止する職務の遂行上の過失も同罪を構成する旨を示したのである。ただし、本決定によっても、業務上過失の加重根拠にはなお不分明さが残る（補足意見は、重過失との同質性を説く）。

▼**評釈**――三井誠・法教六八号

結果的加重犯と過失の要否

60 最3判昭和32・2・26刑集一一巻二号九〇六頁

関連条文 二〇五条一項（当時）

被害者に暴行を加え、同人が死亡するに至った場合、暴行と死亡の間に因果関係が認められれば、致死の結果について予見が不可能であっても、傷害致死罪の成立を肯定できるか。

事実　甲は、妻Aと性格が合わずに離婚話も持ち上がっていた折り、Aから子供を道連れに自殺するなどと言われて口論となり、Aが子供の腕を掴んだことからついに憤慨し、左腕をAの首に巻き付けて引き倒し、Aの上に馬乗りとなって両手で頸部を圧迫した。Aは、その場で死亡した。甲は、傷害致死罪で起訴された。第一審は、弁護人による正当防衛等の主張を退けるなどして、傷害致死罪の成立を肯定したが、甲の暴行によりAが死亡した経緯につき、同人の特異体質（心臓肥大・脂肪肝）および月経中という事情を（も）摘示した。甲が控訴し、控訴審は、弁護人による①事実誤認の主張および②法令適用の誤りの主張を退け、控訴を棄却したが、①に関し、甲の検面調書の任意性を肯定する文脈で、甲の暴行が頸部扼圧というにはその痕跡が微弱であったことは認めつつ、Aの特異体質・月経中という事情と「両々相作用してショック死を惹起したに外ならない」と説示した箇所を、②に関する文脈で、「暴行とショック死との間には間接的ながら因果関係の認められること前説明のとおり」と引いたうえで、結果的加重犯において結果の予見可能性は不要であると説示した。甲が上告。

裁判所の見解　上告棄却。「原判示のような因果関係の存する以上被告人において致死の結果を予め認識することの可能性ある場合でなくても被告人の判示所為が傷害致死罪を構成することはいうまでもない。」

解説　最高裁は、傷害致死罪の解釈として、つとに最1判昭和26・9・20刑集五巻一〇号一九三七頁により、暴行と死亡の間に因果関係があれば足り、致死の結果についての予見可能性を要しない旨を明らかにした。本判決も、それを踏襲するものであるが、事案の特徴としては、いわゆる夫婦喧嘩の際の暴行であったことと、被害者が「ショック死」したことが挙げられる。夫婦間だからといって暴行の違法性が否定されることはないし、その暴行が「間接的誘因」となってショック死に至ったからといって因果関係が否定されることもない。本判決の判示の主眼は、これらの点にある。とはいえ、甲の暴行の程度が強度であったとまでは断定できないとすれば、Aの死亡は正しく予想を超えた事態であって、それでも甲に傷害致死罪の責めを負わせることは、いかにも結果責任の色彩が否めない。判例が一貫して、被害者の特別な体質・病変等が相俟って死亡結果が生じた場合における因果関係を広く認めていることと考え合わせれば（27判決参照）、その問題性は顕在化する。

▼**評釈**――本間一也・百選Ⅰ50

危険の引受け……ダートトライアル事件

61 千葉地判平成7・12・13判時一五六五号一四四頁

関連条文　二一一条前段（当時）

自動車競技の練習中、不慣れな高速走行をして衝突事故を起こし、同乗者を死亡させた場合、同人が危険を引き受けていたことを理由に業務上過失致死罪の成立が否定されうるか。

事実　甲は、ダートトライアル競技（それ専用の非舗装路面を走行して速さを競う自動車競技）の練習走行会に参加し、自車にAを同乗させて練習走行中、カーブを曲がり切れずに暴走・衝突する事故を起こし、それによってAが死亡した。甲は、コースの状況や自身の未熟さなどからして適切に速度を落として進行するべき業務上の注意義務を怠り、時速約四〇㎞で下り急勾配の本件カーブに差し掛かったせいで、本件事故を惹起してAを死亡させたものとして、業務上過失致死罪で起訴された。甲は、同競技において初心者のレベルにあり、Aは、七年程度の経験があった。公判において、検察官は、競技走行といえども運転者には死傷事故回避のための注意義務が課されており、甲には自身の技量に応じた範囲で運転して死傷事故を防ぐべき注意義務があり、その違反が認められる旨を主張した。弁護人は、同競技の性質上、同乗者は自己に降り掛かる危険を甘受しており、競技それ自体も同乗も社会的相当性の枠内にあり、違法性が阻却される旨、そうでなくても本件事故を予見することはできず、過失が認められない旨を主張した。

裁判所の見解　無罪。本件事故はAが引き受けていた危険の範囲内にある。Aを同乗させた本件走行に社会的相当性を欠く面はない。甲の行為の違法性は阻却される。

解説　本判決は、ダートトライアル競技が、運転者の生命・身体に危険を伴うものの、当時すでに社会的に相当程度普及・定着したモータースポーツであり、その練習走行の際の同乗も一般的に行われていたことを前提に、少なくともその同乗が指導的な立場で行われた場合には、当該同乗者としては、同競技の危険性を理解しており、また運転者が技量の限界に挑んで危険を冒すことも予見しており、かつその危険を助言等によって制御する機会も有していることから、そうした予見の範囲内の運転方法に伴う危険を「自己の危険として引き受けていた」と評価できるとした。そして、本件では、Aと甲のやりとり等からして、Aは甲が高速走行に不慣れであることを認識していたものと認められ、甲がそのような危険な走行を試みることに伴う危険は、甲の技量と隔絶しているとか重大な落ち度によるとかいった場合を除き、Aによって引き受けられた範囲内にあると解し、かかる危険の現実化には違法性がないという論を示した。なお、社会的相当性の検討の下りは、被害者の承諾があっても社会的相当性を欠く場合には違法性が阻却されない旨の判例の立場に沿うものと推される（71決定参照）。

▼評釈――塩谷毅・百選Ⅰ59

62 実質的違法性の判断基準……久留米駅事件

最大判昭和48・4・25刑集二七巻三号四一八頁

関連条文　憲二八条、労組一条、三五条・一三〇条

実質的違法性の判断基準は何に求められるのか。

事実　被告人甲乙丙の三人は、当時の国鉄労働組合が行った年度末手当要求に関する闘争に参加した際、①甲は、旧国鉄久留米駅東てこ扱所二階の信号所の勤務者三人に対し、翌日の勤務時間内二時間の職場集会に参加することを勧誘・説得し、これを確保する目的をもって、②乙は、多数の組合員らとともに信号所に通じる階段に立ち並んで、ピケットの配置についていたところ、鉄道公安職員による実力行使が予想されたので、これに備える目的で、組合員らの所持品や着替えた服などを持って、③丙は、翌日、同駅東てこ扱所に赴き、組合員らに対してピケットの強化を図るため、その配置などについて指導した後に、それぞれ久留米駅長が管理する右の信号所に立ち入った。このため三人は建造物等侵入罪で起訴された。第一審は、三人の被告人全員に有罪を言い渡したが、第二審は、憲法二八条に基づく基本的な法の規制的態度をみるときは、争議行為が労働組合法一条二項の目的を達成するためのものであって、それが……国民生活に重大な障害をもたらす場合でない限り、刑事制裁の対象にならないとして三人に無罪を言い渡した。そこで、検察側が、判例違反と法令違反を理由に上告した。

裁判所の見解　破棄差戻。「勤労者の組織的集団行動としての争議行為に際して行われた犯罪構成要件該当行為について刑法上の違法性阻却事由の有無を判断するにあたつては、その行為が争議行為に際して行なわれたものであるという事実を含めて、当該行為の具体的状況その他諸般の事情を考慮に入れ、それが法秩序全体の見地から許容されるべきものであるか否かを判定しなければならない」。

解説　本判決は、「当該行為の具体的状況その他諸般の事情を考慮に入れ、それが法秩序全体の見地から許容されるべきものであるか否かを判定す」るという実質的違法性の判断基準を示した。この基準では、公労法に違反した争議の際に行われた構成要件該当行為についても違法性が阻却される余地が認められる。この基準は、「久留米駅事件方式」と呼ばれ、その後の労働争議事件の違法性判断で採用された。

ただし、この基準は、あまりに一般的で、「当該行為の具体的状況その他諸般の事情」として、どの点が重視され、考慮されるのかは、個々の具体的な事案に委ねられている。本判決では、①争議行為が違法であった点、②立ち入った信号所の重要性、③信号所の管理者である駅長の意思に反した立ち入りであった点などが考慮された上で、建造物等侵入罪の違法性が肯定された（違法性阻却が否定された）ものといえよう。

▼**評釈**――奥村正雄・百選Ⅰ16

被害軽微の場合の可罰的違法性(1)……一厘事件

63 大判明治43・10・11刑録一六輯一六二〇頁

関連条文　旧煙草専売法四八条、三三五条

処罰に値する違法性の程度はどれだけか。

事実　被告人甲は、収穫・乾燥後、大蔵省専売局に納入すべき自らが栽培した葉たばこのうち、価格一厘に相当する一匁（三・七五グラム）の七分（約二・六グラム）を手刻みにして喫煙したため、専売法四八条一項の不納付の罪で起訴された。第一審は、犯罪の軽微性を根拠に、被告人に無罪を言い渡した。これに対して、第二審は原判決を破棄し、被告人を有罪として、罰金一〇円を言い渡したことから、弁護側が上告し、社会的にも、刑罰が重過ぎるとの批判を浴びた。

裁判所の見解　破棄自判・無罪。「零細なる反法行為は、犯人に危険性ありと認むべき特殊の情況の下に法律の保護を要求すべき法益の侵害と認めざる以上は、之に臨むに刑罰法を以てし刑罰の制裁を加ふるの必要なく、立法の趣旨も亦此点に存するものと謂はざるを得ず。故に、共同生活に危害を及ぼさざる零細なる不法行為を不問に付するは犯罪の検挙に関する問題にあらずして、刑罰法の解釈に関する問題に属し、之を問はざるを以て立法の精神に適し解釈法の原理に合するものとす」。

解説　本件では、第二審で罰金刑として言い渡された一〇円の一万分の一の価値に相当する一厘にも満たない価値の分量の葉たばこを専売公社に卸さずに、自己使用した被告人の行為に、刑罰法規を適用するだけの違法性が認めれるか（違法性阻却されるか）が争点となった。結論として、大審院は、形式上、罰条に当てはまる行為であっても、被害の規模が小さく、法が予定している程度の一定の重さの違法性が認められなければ、犯罪は成立しないことを明言した。しかも、零細な不法行為を不問に付すのは、検挙時の裁量権の問題ではなく、それを超える実体法的な問題として犯罪の成立を否定する趣旨であることも示した。

もっとも、判例は、簡単には、違法の軽微性を理由とした可罰的違法性の不存在と違法性阻却の成立を認めない。例えば、大審院は、公正証書に貼付された消印済み収入印紙（大判明治44・8・15刑録一七輯一四八八頁）や価格二銭程度の石の塊（大判大正1・11・25刑録一八輯一四二一頁）を窃取した事案につき、窃盗罪の成立を認めてきたし、戦後も、電話機に通話料金の課金を回避する装置を取り付け、電話一回分の通話料（一〇円）の支払いを免れた事案（64判決参照）に、偽計業務妨害罪等の成立が、寺院のさい銭箱から二円を窃取した事案につき、窃盗罪の成立が（神戸地判平成18・3・14公刊物未登載）、それぞれ認められている点には留意が必要である。

▼**評釈**――曽根威彦「可罰的違法性」『判例刑法研究2』237頁

被害軽微の場合の可罰的違法性(2)……マジックホン事件

64 最1決昭和61・6・24刑集四〇巻四号二九二頁

関連条文　有線電気通信法二一条、三五条・一二三三条

処罰に値する違法性の程度はどれだけか。

事実　被告人甲は、会社の事務所開設に際して世話になったことのある乙から、受信側電話機に取り付けると、課金に必要な電気通信部分が送信されず、通話しても発信側の通話料が課金されない「マジックホン」という装置を、その仕組みの説明を受けた上で二台購入したが、その性能に疑念をもち、試してみようと考え、会社事務所に設置されている電話の一台の回線に取り付け、会社従業員のXに命じて、付近の公衆電話を使い、通話を試みた。その結果、甲は、マジックホンの効果を確認したが、これを使用することには法的に問題があるのではないかと不安を覚え、会社の顧問弁護士に機器の使用の可否について質したところ、「使用しない方が良い」との教示を受けたために、ただちにこれを取り外し、その後、この装置は使用しなかった。しかし、甲は、有線電気通信法二一条の有線電気通信妨害罪および偽計業務妨害罪で起訴された。第一審は、可罰的違法性を欠くとして無罪を言い渡したが、第二審が原審を破棄・自判し、有罪としたことから、弁護側が、憲法違反や重大な事実誤認などを理由に上告した。

裁判所の見解　上告棄却。「被告人がマジックホンと称する電気機器一台を加入電話の回線に取り付けた本件行為につき、たとえ被告人がただ一回通話を試みただけで同機器を取り外した等の事情があったにせよ、それ故に、行為の違法性が否定されるものではないとして、有線電気通信妨害罪、偽計業務妨害罪の成立を認めた原判決の判断は、相当として是認できる」。

解説　本件では、電話の通話料金が課金されなくなる機能を有する装置「マジックホン」を電話回線に取り付け、使用するという有線電気通信妨害罪と偽計業務妨害罪の構成要件に該当する行為について、性能を確認するために一度だけ同装置を使用したに過ぎず、その後に取り外したという場合には、違法性が認められるか（違法性阻却されるか）が争点となった。古くから判例は、違法性が軽微な場合に、可罰的違法性の不存在を理由に、犯罪の成立を否定する余地があることは認めている。本件においても、第一審は、電話会社に与えた損害が一〇円にすぎないことを指摘し、可罰的違法性を否定した。これに対して、第二審と最高裁は、両罪が抽象的危険犯であることを前提に、装置の取り付けによって、有線電気通信と課金業務の適正な遂行という両罪の保護法益に対する抽象的危険が生じたとの判断したものと解される。なお他の判例では、こうした可罰的違法性の問題が、構成要件該当性の段階で考慮されることもある。

▼**評釈**——振津隆行・百選Ⅰ17

争議行為……全農林警職法事件

65 最大判昭和48・4・25刑集二七巻四号五四七頁

> **公務員の争議行為は、正当行為として違法性が阻却されるか。されるとすれば、どこまでか。**

事実　全農林労働組合の幹部であった被告人甲らは、昭和三三年一〇月、警察官職務執行法改正に反対する統一行動の一環として、組合員に対して一一月五日は正午出勤の行動に入るように指令を発し、また同日の午前、農林省庁舎入口で職員らに対して職場大会への参加を呼びかけた。このため被告人らは争議行為のあおり行為等の罪（国家公務員法一一〇条一項一七号）で起訴された。第一審は、国家公務員法一一〇条一項一七号違反は、強度の違法性のある行為のみを処罰する趣旨であるとして無罪を言い渡したが、第二審が原審を破棄・自判し、有罪としたことから、弁護側が、憲法違反、審理不尽、解釈適用の誤りなどを理由に上告した。

裁判所の見解　上告棄却。「公務員の行なう争議行為のうち、同法によつて違法とされるものとそうでないものとの区別を認め、さらに違法とされる争議行為にも違法性の強いものと弱いものとの区別を立て、あおり行為等の罪として刑事制裁を科されるのはそのうち違法性の強い争議行為に対するものに限るとし、あるいはまた、あおり行為等につき、争議行為の企画、共謀、説得、慫慂、指令等を争議行為にいわゆる通常随伴するものとして、国公法上不処罰とされる争議行為自体と同一視し、かかるあおり等の行為自体の違法性の強弱または社会的許容性の有無を論ずることは、いずれも、とうてい是認することができない」。「公務員の団体行動とされるもののなかでも、その態様からして、実質が単なる規律違反としての評価を受けるにすぎないものについては、その煽動等の行為が国公法一一〇条一項一七号所定の罰則の構成要件に該当しないことはもちろんであり、また、右罰則の構成要件に該当する行為であつても、具体的事情のいかんによつては法秩序全体の精神に照らし許容されるものと認められるときは、刑法上違法性が阻却されることもありうることはいうまでもない」。

解説　国公法が処罰の対象とする、争議行為の「そそのかし」や「あおり」行為の罪の成立範囲について、従来の判例は、争議行為自体の違法性が強く、当該あおり行為等が争議行為に通常随伴するものと認められないことが必要であるとして、同罪の適用範囲を限定する「二重の絞り論」を採用していた。本判決は、この判例の流れを変更し、あらゆる公務員の争議行為のあおり行為が処罰対象になるとの立場を示した。ただし、本判決でも、あおり行為の構成要件に該当する行為の中に、具体的事情や法秩序全体の精神に照らして違法性阻却されるものがあることは認められている。

▼評釈――横山晃一郎・百選Ⅰ（第二版）24

関連条文　国公九八条二項・一一〇条一項一七号、三五条

取材活動の限界……外務省秘密漏えい事件

66 最1決昭和53・5・31刑集三二巻三号四五七頁

正当行為として違法性が阻却される取材行為はどこまでか。

関連条文　憲二一条一項、国公一〇〇条一項・一〇九条一二号・一一一条、三五条

事実　被告人甲は、外務省担当の新聞記者で、当時外務事務官であった女性Aとホテルで肉体関係をもった直後に、「取材に困っている。審議官のところに来る書類を見せてくれ。君や外務省には迷惑はかけない。特に沖縄関係の秘密文書を頼む」という趣旨の依頼をして懇願し、一応の受託を得、さらに電話でその決断を促し、その後もAとの関係を継続して、Aが甲との関係のため、その依頼を拒みがたい状態になったのに乗じ、以後十数回にわたり秘密文書の持ち出しをさせた。このため、甲は、国家公務員法一一一条秘密漏えいそそのかし罪で起訴された。第一審は、取材目的や手段を考慮し、本件行為から生じる利益と秘密保護の利益を利益考慮した上で、被告人の行為は違法性が阻却されるとして無罪を言い渡したが、第二審が原審を破棄・自判し、有罪としたことから、弁護側が、憲法違反、審理不尽、解釈適用の誤りなどを理由に上告した。

裁判所の見解　上告棄却。「報道機関が取材の目的で公務員に対し秘密を漏示するようにそそのかしたからといって、そのことだけで、直ちに当該行為の違法性が推定されるものと解するのは相当ではなく、報道機関が公務員に対し根気強く執拗に説得ないし要請を続けることは、それが真に報道の目的からでたものであり、その手段・方法が法秩序全体の精神に照らし相当なものとして社会観念上是認されるものである限りは、実質的に違法性を欠き正当な業務行為というべきである」。しかしながら、「取材の手段・方法が贈賄、脅迫、強要等の一般の刑罰法令に触れる行為を伴う場合は勿論、その手段・方法が一般の刑罰法令に触れないものであっても、取材対象者の個人としての人格の尊厳を著しく蹂躪する等法秩序全体の精神に照らし社会観念上是認することのできない態様のものである場合にも、正当な取材活動の範囲を逸脱し違法性を帯びるものといわなければならない」。

解説　判例は、業務行為が「正当」であることを理由にした違法性阻却を認める際の判断において、その業務を規定する法令や行動準則を基準としてきた。本判決も、こうした従来の判例の姿勢を踏襲し、取材活動が違法性阻却されるための一般基準を示した。そこでは、取材活動の手段・方法の相当性に力点が置かれている。この点は、漏示された国家機密と取材行為から得られる国民の利益の比較衡量によって取材行為の正当性を判断した第一審の判断構造とは異質であるといえよう。こうした最高裁の判断構造は、違法性阻却の一般原理を社会的相当性に求める立場と親和性が認められる。

▼評釈――丸山雅夫・百選Ⅰ18

ビラ配布目的での邸宅への立入り……自衛隊立川宿舎事件

67 最2判平成20・4・11刑集六二巻五号一二一七頁

関連条文　憲二一条、三五条・一三〇条

表現の自由の一環として違法性が阻却される行為はどこまでか。

事実　被告人甲らは、自衛隊のイラク派遣に反対する趣旨のビラを防衛庁立川宿舎各室玄関ドア新聞受けに投函する目的で、管理者や居住者の承諾を得ないで、同敷地内に立ち入り、建物の階段一階出入口から四階の各室玄関前まで立ち入ったことから、住居侵入罪で起訴された。第一審は、甲らの行為は、住居侵入罪の構成要件には該当するが、法秩序全体の見地からして、刑事罰に値する程度の違法性があるものとは認められないとして、無罪を言い渡した。これに対して、第二審は、①政治的意見表明のビラを投函する目的であるからといって管理者等の意思に反して邸宅・建造物等に立ち入ってよいことにはならないこと、②管理者がビラ投函行為を禁止しており、被告人らが、これを認識していたことなどを理由に、「可罰的違法性を欠くとして違法性が阻却されるとは言えない」として、原判決を破棄・自判し、甲らに有罪を言い渡した。このため、弁護側が、判例違反と憲法違反を理由に上告した。

裁判所の見解　上告棄却。被告人らの本件行為は「刑法一三〇条前段に該当するものと解すべきである。

なお、本件被告人らの立入りの態様、程度は……管理者からその都度被害届が提出されていることなどに照らすと、……法益侵害の程度が極めて軽微なものであったなどということもできない」。「本件で被告人らが立ち入った場所は、防衛庁の職員及びその家族が私的生活を営む場所である集合住宅の共用部分及びその敷地であり、自衛隊・防衛庁当局がそのような場所として管理していたもので、一般に人が自由に出入りすることのできる場所ではない。たとえ表現の自由の行使のためとはいっても、このような場所に管理権者の意思に反して立ち入ることは、管理権者の管理権を侵害するのみならず、そこで私的生活を営む者の私生活の平穏を侵害するものといわざるを得ない。したがって、本件被告人らの行為をもって刑法一三〇条前段の罪に問うことは、憲法二一条一項に違反するものではない。」

解説　本件では、憲法二一条が保障する表現の自由の一環として行われた政治的意見表明が、住居侵入罪の構成要件に該当する場合に、いかなる形で違法性阻却の可否が判断されるかが問われた。第一審は、立入り行為の可罰的違法性を否定したのに対して、第二審と最高裁は、これを肯定した。そこでは、立ち入ったのが、防衛庁官舎であり、配布相手に不快感を与える内容のビラであることが容易に想像できたことや、管理者から立入りを禁止され、被告人らもこれを認識していたことなどの具体的な事情が影響しているといえよう。

▼**評釈**――上嶌一高・ジュリ一四三一号

自救行為

68 最2判昭和30・11・11刑集九巻一二号二四三八頁

関連条文 三五条・二六〇条

自救行為は、どのような要件で違法性阻却されるか。

事実 被告人甲は、賃借中の土地の上に所有する家屋を増築する際、その借地上に突き出ていた隣人V所有の家屋の玄関軒先の庇が工事の障害になるため、事情を知らない大工に命じ、これを間口八尺、奥行一尺にわたって切り取らせた。このため甲は現住建造物損壊罪で起訴された。甲は自救行為で違法性が阻却されると主張したが、第一審は、その主張を斥け、有罪を言い渡した。第二審も、「被告人の切断した本件Vの玄関が被告人の借地内に突出していたことは本件記録により認め得られるが、仮にこれが所論のようにVの無許可の不法建築であつても、その侵害を排除するため法の救済によらずして自ら実力を用いることは法秩序を破壊し社会の平和を乱し、その弊害たるや甚しく現在の国家形態においては到底認容せらるべき権利保護の方法ではない。正当防衛又は緊急避難の要件を具備する場合は格別、漫りに明文のない自救行為の如きは許さるべきものではないのである」。「その増築は倒産の危機を突破するためやむなくなしたものでありVの損害は僅少で増築による被告人の受ける利益は多大であるというが如きは未だ法の保護を求めるいとまがなく且即時にこれを為すに非ざれば請求権の実現を不可能若しくは著しく困難にする虞がある場合に該当するとは認めることはできない、それゆえ、法律上の手続によらず自らの実力行使に出たる被告人の行為は違法という外な」いと述べ、控訴を棄却したことから、弁護側が、判例違反、憲法違反、判例に影響を及ぼす重大な事実誤認を理由に上告した。

裁判所の見解 上告棄却。弁護人の上告趣意は「単なる法令違反の主張であって、何れも刑訴四〇五条の上告理由にあたらない。(所論自救行為に関する原判決の判断は正当である。)」

解説 自救行為とは、権利(法益)を侵害された者が、自力でその救済を図ることをいう。現行刑法には規定がないため、従来の判例は、自救行為による違法性阻却を否定してきた。しかし本判決は、①法の保護を求めるいとまがないこと、②即時に自力による回復を図らなければ請求権の行使が不可能になるか、著しく困難になることの二点が満たされないことを明言した上で、本件自救行為の違法性阻却を否定した第二審を是認したことから、間接的にではあるが、自救行為に違法性阻却の可能性を認めたものと言えよう。なお正当防衛や緊急避難との均衡をふまえれば、自救行為に対する違法性阻却が認められるためには、①・②の要件のほか、③侵害行為の必要性・相当性や、④自救の意思も要求されるべきであろう。

▼評釈――須之内克彦・百選Ｉ19

安楽死……東海大安楽死事件

69 横浜地判平成7・3・28判時一五三〇号二八頁

関連条文　三五条・一九九条

安楽死は、どのような要件で違法性阻却されるか。

事実　T大学付属病院の医師であった被告人甲は、T大学医学部付属病院に多発性骨髄腫で入院していたV（当時五八歳）がすでに末期状態で死が迫っており、苦しそうな呼吸をしている様子を見た長男Wから、その苦しそうな状態から解放してやるためすぐに息を引き取らせるようにしてほしいと強く要請されて、Vに息を引き取らせることを決意し、殺意をもって、徐脈および一過性心停止等の副作用のある不整脈治療剤であるワソランの通常の二倍の使用量に当たる二アンプル四mlをVの左腕に静脈注射したが、Vの脈拍等に変化がみられなかったことから、続いて、心臓伝導障害の副作用があり、希釈しないで使用すれば心停止を引き起こす作用のある塩化カリウム製剤（KCL）の一アンプル二〇mlを、希釈することなくVの左腕に静脈注射し、Vを急性高カリウム血症に基づく心停止により死亡させた。

裁判所の見解　有罪。「医師による末期患者に対する致死行為が、積極的安楽死として許容されるための要件をまとめてみると、①患者が耐えがたい肉体的苦痛に苦しんでいること、②患者は死が避けられず、その死期が迫っていること、③患者の肉体的苦痛を除去・緩和するために方法を尽くし他に代替手段がないこと、④生命の短縮を承諾する患者の明示の意思表示があること、ということになる」。「本件起訴の対象となっているワソラン及びKCLを注射して患者を死に致した行為については、積極的安楽死として許容されるための重要な要件である肉体的苦痛及び患者の意思表示が欠けているので、それ自体積極的安楽死として許容されるものではなく、違法性が肯定でき、また、それに至るまでの過程において被告人が行った治療行為の中止やホリゾン及びセレネースの注射の行為が、医療上の行為として法的許容要件を満たすものではなかったので、末期状態にあった本件患者に対して被告人によってとられた一連の行為を含めて全体的に評価しても……可罰的違法性ないし実質的違法性あるいは有責性が欠けるということはない」。

解説　本判決は、死期が迫った病者の苦痛を緩和・除去し、安らかな死を迎えさせるという安楽死のうち、積極的に死期を早める「積極的安楽死」についても、違法性阻却がなされる余地を認め、その要件を示した。その際には、ワソランとKCLの注射という直接的な実行行為だけでなく、その前の治療行為の中止、ホリゾンの注射などを含めて違法性阻却の可否が検討されているが、一連の行為を一体の末期医療行為と捉えたものといえよう。

▼**評釈**――辰井聡子・百選Ⅰ20

治療行為の中止……川崎協同病院事件

70 最3決平成21・12・7刑集六三巻一一号一八九九頁

関連条文　三五条・一九九条

治療行為の中止は、どのような要件で違法性阻却されるか。

事実　川崎市K病院の医師で呼吸器内科部長であった被告人甲は、低酸素性脳損傷で意識が回復しないまま入院中のV（当時五八歳）について、延命を続けることでその肉体が細菌に冒されるなどして汚れていく前に、鼻から気管内に挿入されているチューブを取り去って出来る限り自然なかたちで息を引き取らせて看取りたいとの気持ちをいだき、チューブを抜き取り、Vが死亡するのを待ったが、予期に反して、Vが苦しそうな呼吸を繰り返し、鎮静剤の多量投与でもその呼吸を鎮められなかったため、その状態を家族らに見せ続けることは好ましくないと考え、筋弛緩剤で呼吸筋を弛緩させて窒息死させようと決意し、事情を知らないA准看護婦に命じて、注射器に詰められた筋弛緩薬注射液三アンプルを、Vに挿入されたカテーテルの途中にある三方活栓から同静脈に注入させて、まもなくその呼吸を停止させ、Vを死亡させた。このため甲は殺人罪で起訴された。第一審と第二審は、治療行為の中止として違法性が阻却されるとの弁護人の主張を斥け、有罪判決を下したため、弁護人が判例違反、法令違反などを理由に上告した。

裁判所の見解　上告棄却。「被害者が気管支ぜん息の重積発作を起こして入院した後、本件抜管時までに、同人の余命等を判断するために必要とされる脳波等の検査は実施されておらず、発症からいまだ二週間の時点でもあり、その回復可能性や余命について的確な判断を下せる状況にはなかったものと認められる。そして、被害者は、本件時、こん睡状態にあったものであるところ、本件気管内チューブの抜管は、被害者の回復をあきらめた家族からの要請に基づき行われたものであるが、その要請は上記の状況から認められるとおり被害者の病状等について適切な情報が伝えられた上でされたものではなく、上記抜管行為が被害者の推定的意思に基づくということもできない。以上によれば、上記抜管行為は、法律上許容される治療中止には当たらないというべきである」。

解説　第一審は、「患者の自己決定権の尊重」と「医師の治療義務の喪失」の二点を治療行為の中止の正当化根拠とした上で、本件では、いずれも認められないと判示していた。これに対して、第二審は、それら二点が正当化根拠として妥当でないとした上で、原審の結論を支持し、控訴棄却の判決を言い渡した。第二審や最高裁は、治療行為の中止の正当化根拠を明示しなかったが、第二審による、患者の事前意思や近親者の推定は、患者の意思そのものでなく、医師の治療義務も、死の直前までなくならないとの指摘には留意が必要である。

▼評釈——神馬幸一・百選Ⅰ21

被害者の同意(1)

71 最2決昭和55・11・13刑集三四巻六号三九六頁

関連条文 三五条・二〇四条・二一一条

被害者の同意は、どのような要件で違法性阻却されるか。

事　実　被告人甲は、普通自動車を運転して交差点に差し掛かった際、過失によって自車を信号待ちのため一時停車していたVの軽自動車の後部に追突させ、同車をその前に停車していたAの自動車に追突させた。その結果、VとAのほか、Aの車に同乗していたBとCに傷害を負わせた。しかし、この交通事故は、甲が、A、B、Cと共謀して保険金目当てで故意に起こしたものであり、その結果、V、A、B、Cに傷害を負わせたもので、A、B、Cの傷害の程度は、長期の入院加療は必要ではない軽微なものであった。甲は業務上過失致傷罪で有罪判決を受け、控訴しなかったため、判決は確定した。その後、甲は、A、B、Cと共謀のうえ、保険金を騙取するために、交通事故を装ったものであるとして、詐欺罪で有罪判決を言い渡された。そこで、甲は、共犯者であるAほか二名に対する業務上過失致傷は、被害者の承諾があったので違法性が阻却されるとして、刑事訴訟法四三五条に基づき再審請求を申し立てた。第一審と第二審は甲の申立てを棄却したことから、甲は、最高裁に特別抗告を申し立てた。

裁判所の見解　特別抗告棄却。「被害者が身体傷害を承諾したばあいに傷害罪が成立するか否かは、単に承諾が存在するという事実だけでなく、右承諾を得た動機、目的、身体傷害の手段、方法、損傷の部位、程度など諸般の事情を照らし合せて決すべきものであるが、本件のように、過失による自動車衝突事故であるかのように装い保険金を騙取する目的をもつて、被害者の承諾を得てその者に故意に自己の運転する自動車を衝突させて傷害を負わせたばあいには、右承諾は、保険金を騙取するという違法な目的に利用するために得られた違法なものであつて、これによつて当該傷害行為の違法性を阻却するものではないと解するのが相当である」。

解　説　従来の判例では、被害者の同意が存在する状況で、傷害罪の構成要件に該当する行為が行われた場合、違法性が阻却される余地が認められ、その判断に当たっては、被害者による同意の存在だけでなく、目的や行為態様なども考慮されてきた。本判決も、こうした従来の判例の基準を踏襲し、被害者の同意の存在に加えて、同意「を得た動機、目的、身体傷害の手段、方法、損傷の部位、程度など諸般の事情を照らし合せ」るという一般的基準を提示したうえで、保険金詐欺目的であった本件は、違法性を阻却できないとの判断を下した。これに対して、学説上では、法益の処分権限を有する被害者が同意している以上、保護すべき法益は存在しないとして、その点だけで違法性阻却を認める見解も有力である。

▼**評釈**——松宮孝明・百選Ⅰ22

被害者の同意(2)

72 東京高判平成9・8・4高刑集五〇巻二号一三〇頁

関連条文 三五条・二〇四条・二〇五条

被害者の同意は、どのような要件で違法性阻却されるか。

事実 被告人甲は、医師免許がないのに、本邦在留のフィリピン人女性Aらに対し、美容整形手術と称して医行為(隆鼻手術と豊胸手術)を行い、Aを手術侵襲と麻酔薬注入のアレルギー反応によりショック死させた。甲は傷害致死罪で起訴され、第一審で有罪とされたため、甲は、手術には被害者の承諾があり、違法性阻却されると主張し控訴した。

裁判所の見解 控訴棄却。「(1)Aは、本件豊胸手術を受けるに当たり、被告人がフィリピン共和国における医師免許を有していないのに、これを有しているものと受取って承諾したものであること、(2)一般的に、豊胸手術を行うに当たっては、(a)麻酔前に、血液・尿検査、生化学的検査、胸部レントゲン撮影、心電図等の全身的検査をし、問診によって、既往疾患・特異体質の有無の確認をすること、(b)手術中の循環動態や呼吸状態の変化に対応するために、予め、静脈ラインを確保し、人工呼吸器等を備えること、(c)手術は減菌管理下の医療設備のある場所で行うこと、(d)手術は、医師または看護婦の監視下で循環動態、呼吸状態をモニターでチェックしながら行うこと、(e)手術後は、鎮痛剤と雑菌による感染防止のための抗生物質を投与すること、などの措置をとることが必要とされているところ、被告人は、右(a)、(b)、(d)及び(e)の各措置を全くとっておらず、また、(c)の措置についても、減菌管理の全くないアパートの一室で手術等を行ったものであること、(3)被告人は、Aの鼻部と左右乳房周囲に麻酔薬を注射し、メス等で鼻部及び右乳房下部を皮切し、右各部位にシリコンを注入するという医行為を行ったものであること、などの事実……に徴すると、被告人がAに対して行った医行為は、身体に対する重大な損傷、さらには生命に対する危難を招来しかねない極めて無謀かつ危険な行為であって、社会的通念上許容される範囲・程度を超えて、社会的相当性を欠くものであり、たとえAの承諾があるとしても、もとより違法性を阻却しないことは明らかである」。

解説 本判決は、昭和五五年の最高裁決定(71決定)の基準を前提に、「医行為は、身体に対する重大な損傷、さらには生命に対する危難を招来しかねない極めて無謀かつ危険な行為であって、社会的通念上許容される範囲・程度を超えて、社会的相当性を欠く」として、違法性阻却を否定しており、従来の判例の流れに沿った判断と位置づけられる。ただし、被害者の同意があっても、生命や身体に対する重大な侵害をともなう傷害については、刑法二〇二条の趣旨から、この点のみで、違法性阻却を否定すべきという学説が有力である。

▼**評釈**――三浦守・研修六〇八号

急迫不正の侵害(1)

73 最3判昭和46・11・16刑集二五巻八号九九六頁

関連条文　三六条

被告人が、不正の侵害をある程度予期していた場合に、そのことを理由として、侵害の急迫性が否定されるか。

事実　被告人甲は被害者乙と口論になったため、生活していた旅館から出て行こうとしたが、その後、翻意し、乙に謝るつもりで旅館に戻ったところ、いきなり同人に殴打された。さらに乙が向かってきたため、甲は、かねてから障子の鴨居の上にくり小刀を隠しておいたことを思い出し、とっさにこれを取り出し、乙を刺殺した。原審が、乙の暴行については侵害の急迫性を欠くこと、さらに、甲の刺突行為には防衛意思を欠くことを理由として正当防衛・過剰防衛の成立を否定したのに対して、甲が上告した。

裁判所の見解　破棄差戻。「刑法三六条にいう『急迫』とは、法益の侵害が現に存在しているか、または間近に押し迫っていることを意味し、その侵害があらかじめ予期されていたものであるとしても、そのことからただちに急迫性を失うものと解すべきではない」から、被害者による暴行をある程度予期していたとしても、そのことから直ちに侵害の急迫性が否定されるわけではない。また、防衛意思は必要であるが、相手の加害行為に憤激・逆上したからといって、直ちに防衛意思が否定されるわけではない。防衛意思が否定されるのは、「攻撃を受けたのに乗じ積極的な加害行為に出たなどの特別な事情」が認められる場合に限られるべきである。

解説　本判決は、二つの判断を示している。第一は、侵害の急迫性の判断である。本判決は侵害の急迫性は原則として時間的概念であるから、被告人が侵害を予期していたとしても、それだけで急迫性が否定されるわけではない旨を明示している。本判決については、侵害の急迫性を物理的・客観的に把握したものと理解されることもあるが、本判決は「侵害の予期だけを理由として直ちに急迫性が否定されるわけではない」と述べるだけであり、侵害の予期と急迫性の判断が全く無関係とまで判示したものではない。実際、74決定においては、侵害の予期に加えて積極的加害意思が認められる場合には、不正の侵害が時間的に切迫している場合であっても、例外的に侵害の急迫性が否定される旨が明らかにされている。本件においては、乙による侵害を予期していたとしても、甲は乙に謝るつもりで現場に戻っていたことが重要だろう。

本判決は第二に、防衛意思についても防衛意思が必要であることを前提にしつつ、憤激・逆上していてもそれだけでは防衛意思は否定されない旨を明らかにしている。判例によれば、防衛意思が否定されるのは、もっぱら攻撃目的で対抗したような例外的場面に限られることになる。

▼**評釈**——鬼塚賢太郎・最判解昭和46年度

急迫不正の侵害(2)

74 最1判昭和52・7・21刑集三一巻四号七四七頁

関連条文 三六条

予期された侵害に対して、喧嘩闘争の意思で相手方の襲撃を待ち構えていた場合に、正当防衛の成立が認められるか。

事実 被告人甲らは政治集会を開催する目的で会場を設営中、対立抗争関係にある団体からの攻撃を受けたため、これを実力で撃退した後、再度の攻撃があることを予期して応戦の準備をしていたところ、予期したとおり、再度の襲撃に直面したため、準備した鉄パイプなどを利用して共同暴行を行った。この共同暴行について凶器準備集合罪の成否が問題となったところ、第一審は正当防衛の成立を肯定した。これに対して、控訴審は侵害の予期を理由として侵害の急迫性を否定し、原判決を破棄・差し戻した。これに対して甲が上告。

裁判所の見解 上告棄却。「刑法三六条が正当防衛について侵害の急迫性を要件としているのは、予期された侵害を避けるべき義務を課する趣旨ではないから、当然又はほとんど確実に侵害が予期されたとしても、そのことからただちに侵害の急迫性が失われるわけではない」。「しかし、同条が侵害の急迫性を要件としている趣旨から考えて、単に予期された侵害を避けなかつたというにとどまらず、その機会を利用し積極的に相手に対して加害行為をする意思で侵害に臨んだときは、もはや侵害の急迫性の要件を充たさないものと解するのが相当である。」

解説 喧嘩闘争状況において正当防衛が成立するかという問題について、最大判昭和23・7・7刑集二巻八号七九三頁は、連続的闘争行為である喧嘩については「闘争の或る瞬間においては、闘争者の一方がもつぱら防禦に終始し、正当防衛を行う観を呈することがあつても、闘争の全般からみては、刑法第三十六条の正当防衛の観念を容れる余地がない場合がある」旨を判示しているが、本決定は、喧嘩闘争状況において正当防衛の成立が排除される具体的場面を示したといえる。すなわち相手方の侵害を予期しつつ、その機会に積極的に加害行為をする意思（積極的加害意思）で侵害に臨む場合には、不正の侵害は防衛行為者が自ら受け入れた結果にすぎないから、防衛行為者の利益を正当防衛によって保護する必要性が失われると解する余地がある。判例はこのような理解から、侵害の急迫性を否定し、正当防衛・過剰防衛が成立する可能性を排除していると解される。侵害の急迫性の要件の判断において考慮される積極的加害意思は、侵害を予期した段階で生ずる事前の意思内容であり、現実の防衛行為に出るときの主観面である防衛の意思とは、その判断時点において区別されることになる。

なお「喧嘩と正当防衛」の関係では、防衛行為者自らが不正の侵害を招いた場合の処理も重要な問題となる（81決定参照）。

▼**評釈**——今井猛嘉・百選Ⅰ23

侵害の終了時期

75 最2判平成9・6・16刑集五一巻五号四三五頁

関連条文 三六条

不正の侵害がいったん中断した場合、侵害は既に終了したとして侵害の急迫性が否定されるのか、それとも、侵害はなお継続しており、急迫性が認められるのか。

事　実　被告人甲と被害者乙は同じアパートに居住していたが、甲が二階奥の共同便所で小用を足していたところ、突然背後から乙に鉄パイプで頭部を殴打された。両者は揉み合いとなったが、その後、乙が鉄パイプを振り上げて甲を殴打しようとしたため、甲は下り階段に向かって逃げ出したが、乙は勢い余って、鉄パイプを握りしめたまま、二階通路の手すりの外側に上半身を前のめりに乗り出した姿勢になっていた。そこで甲は乙の左足を持ち上げて手すりの外側に転落させ、全治三か月の重傷を負わせた。第一審、控訴審ともに甲が乙を転落させた行為については、侵害の急迫性も防衛意思も認められないと判示した。これに対して甲が上告した。

裁判所の見解　破棄自判。①乙の加害の意欲は、おう盛かつ強固であり、転落させる行為の段階においても存続していたこと、②乙は、甲の行為がなければ、間もなく態勢を立て直して攻撃を再開することが可能であったから、不正の侵害はなお継続しており、急迫不正の侵害を認めることができる。防衛の意思についても認めることができるが、乙を転落させた行為は、一歩間違えば同人の死亡の結果すら発生しかねない危険なものであったことから、防衛行為の相当性の要件を充たさず、甲には過剰防衛が成立する。

解　説　不正の侵害が継続していれば、侵害の急迫性が認められる。本件においては、被害者による不正の侵害がいったん中断しているが、本判決は、①被害者の加害意欲がおう盛・強固であったこと、②被害者は「間もなく」侵害を再開することが可能であったことを重視して、不正の侵害の継続性を肯定している。したがって、侵害が中断しても、「間もなく」侵害が再開される状況にあれば、侵害の急迫性が認められることになる。ここでは、既に不正の侵害が開始されていることから、時間的連続性が必ずしも十分ではない状況であっても、不正の侵害の継続が認められているといえる。

本判決は、被害者を転落させる行為について、防衛行為の相当性を否定している。これは防衛行為の危険性に着目した判断といえるが、本判決は、本件の具体的状況において、被告人に自己の生命・身体を保護するために他に有効な手段があったかについて、具体的な判断を欠いている。学説には、他に有効な防衛手段が想定できない場合には、たとえ危険性の高い防衛手段であっても防衛行為の相当性を認めるべきとする見解も有力に主張されている。

▼**評釈**——橋爪隆・ジュリ一一五四号

財産的利益の防衛

76 最1判平成21・7・16刑集六三巻六号七一一頁

関連条文　三六条

財産的な利益を防衛するために、侵害者に対して暴行を加える行為が「やむを得ずにした行為」と評価される余地はあるか。

事実　被告人甲は本件建物を占有しており、これを事務所として利用していたが、建物の権利関係をめぐって係争中であったA不動産から、建物の改修工事を妨害されたり、立入禁止を表示した看板を建物の壁面等に取り付けられることが繰り返されていた。立入禁止の看板が剥がされているのに気がついたA不動産の関係者は、これを再び本件建物の壁面に取り付けようとしたところ、甲らはこれを阻止しようとして、看板を持っていた被害者乙の体を突いたところ、同人は後退し、転倒した。なお、乙は、本件当時四八歳で身長約一七五cmの男性であり、甲は七四歳で、身長約一四九cmの女性であった。第一審は甲に傷害罪の成立を認めたが、控訴審は暴行罪の成立にとどめた。これに対して、甲が正当防衛の成否を争って上告した。

裁判所の見解　破棄自判（無罪）。本件看板を取り付けようとする乙らの行為は、甲らの本件建物に対する共有持分権、賃借権、業務、名誉に対する急迫不正の侵害に当たる。A不動産は、本件以前から甲の建物に対する権利を実力で妨害する行為を継続しており、本件の侵害もその一環をなすものであること、また、甲と乙との間に体格差があること、本件暴行の程度は軽微なものであったことなどを考慮すると、本件暴行は「いまだ乙らによる上記侵害に対する防衛手段としての相当性の範囲を超えたものということはできない。」

解説　本件においては、被告人が占有する建造物に対して不正に立入禁止の看板が取り付けられようとしていることから、被告人の財産的権利、名誉等に対する不正の侵害がまさに継続していることは明らかである（既に取り付けられた看板を撤去する場合とは事情が異なる）。被告人はこれを排除するために、乙の身体に対して暴行を加えているが、防衛行為の相当性は「防衛手段として必要最小限度のもの」といえるかによって判断されるから（78判決参照）、財産的利益を防衛するために身体的利益を侵害したとしても、それだけで防衛行為の相当性が否定されるわけではない。本件事案においては、本件侵害が執拗に継続されてきた妨害行為の一環をなすものであったことや、被告人と被害者の体格差などの事情が重視され、被告人が軽微な暴行に出ることが、このような財産的侵害を排除するための「必要最小限度」の対抗行為と評価され、相当性の要件が認められたものと解される。

▼**評釈**——増田啓祐・ジュリ一四七三号

防衛の意思

77 最3判昭和50・11・28刑集二九巻一〇号九八三頁

関連条文 三六条

相手に対する攻撃的な意思が認められる場合であっても、「防衛するため」の行為と評価することができるか。

事実 被告人甲と友人Aはドライブの途中、被害者Bら三名から因縁を付けられ、Aは同人らから暴行を受けた。甲はAを救出しようとして、自宅から散弾銃を持ち出して現場に戻ったが、既にAもBも見当たらなかった。甲は、Bらを探していた際に路上で同人の妻を発見し、Aの所在を聞き出そうと同女の腕を引っ張ったところ、同女が叫び声をあげたため、これを聞いて駆けつけたBは「このやろう、殺してやる」といって甲を追いかけてきたため、甲はBに対して殺意をもって散弾銃を発砲し、重傷を負わせた。第一審は過剰防衛の成立を認めたが、控訴審は甲の防衛意思を否定して、過剰防衛の成立を否定した。甲が上告した。

裁判所の見解 破棄差戻。「急迫不正の侵害に対し自己又は他人の権利を防衛するためにした行為と認められる限り、その行為は、同時に侵害者に対する攻撃的な意思に出たものであつても、正当防衛のためにした行為にあたると判断するのが、相当である。すなわち、防衛に名を借りて侵害者に対し積極的に攻撃を加える行為は、防衛の意思を欠く結果、正当防衛のための行為と認めることはできないが、防衛の意思と攻撃の意思とが併存している場合の行為は、防衛の意思を欠くものではないので、これを正当防衛のための行為と評価することができるからである。」

解説 判例は大審院判例（大判昭和11・12・7刑集一五巻一五六一頁）から一貫して、正当防衛の要件として防衛の意思を必要と解している。もっとも、相手の加害行為に憤激・逆上しても直ちに防衛意思が否定されるわけではない（73判決参照）。さらに本判決は、攻撃の意思と防衛の意思が併存している場合であっても、「防衛するため」の行為と評価できる旨を明らかにしている。このように判例上、防衛の意思の要件は希薄化されているといえるが、その内容は不正の侵害の認識に尽きるわけではない。本判決によれば、たとえ相手の不正の侵害を認識していても、「防衛に名を借りて侵害者に対し積極的に攻撃を加える行為」の場合には、防衛意思が否定されるからである。このように判例の立場は、侵害に対応しようとする意思が、他の動機・目的が併存していても、とにかく防衛行為時の主観面において存在していればたりる、とするものといえよう。したがって、防衛意思が否定される事例は、通常の正当防衛状況においてはほとんど考えられず、実際には、軽微な侵害に対して意図的に過剰な防衛行為に出た場合など例外的な場面に限られることになる。

▼**評釈**——佐久間修・百選Ⅰ24

防衛行為の相当性(1)

78 最1判昭和44・12・4刑集二三巻一二号一五七三頁

関連条文　三六条

「やむを得ずにした行為」に当たるか否かは、どのような観点から判断されるのか。

事　実　被告人甲は自己の勤務する運送店の事務所の入口付近で、訪ねて来た被害者と押し問答を続けているうち、同人が突然甲の左手の中指および薬指をつかんで逆にねじあげたので、痛さのあまりこれをふりほどこうとして右手で同人の胸を一回強く突き飛ばし、同人を仰向けに倒してその後頭部を付近に駐車していた同人の自動車の後部バンパーに打ちつけさせ、同人に治療四五日間を要する頭部打撲症の傷害を負わせた。原判決が、甲の傷害行為の結果の重大性にかんがみ、過剰防衛の成立を認めたのに対して、甲が上告した。

裁判所の見解　破棄差戻。刑法三六条一項における「やむを得ずにした行為」とは「急迫不正の侵害に対する反撃行為が、自己または他人の権利を防衛する手段として必要最小限度のものであること、すなわち反撃行為が侵害に対する防衛手段として相当性を有するものであることを意味するのであつて、反撃行為が右の限度を超えず、したがつて侵害に対する防衛手段として相当性を有する以上、その反撃行為により生じた結果がたまたま侵害されようとした法益より大であつても、その反撃行為が正当防衛行為でなくなるものではないと解すべきである。」

解　説　正当防衛における「やむを得ずにした行為」の意義について、本判決は「防衛する手段として必要最小限度のものであること……すなわち防衛手段として相当性を有するものであること」と判示しており、防衛行為の相当性の要件の内容として、防衛手段としての必要最小限度性を要求している。学説においては、防衛行為の必要性と防衛行為の相当性を別個の要件として位置づける理解も示されているが、判例においては、両者は同一の要件として理解されている。このような理解からは、本判決の事案については、被告人が自己の身体を防衛するために被害者の胸を強く突いた行為が「必要最小限度」の防衛行為と評価できるか、逆にいえば、本件行為よりも軽微な手段によっても防衛することが可能であったかが、相当性の存否として重要視されることになる。もっとも、本判決が、相当性の判断においては「防衛手段」が重要であり、結果の大小は重要ではないと判断した点を重視して、その後の実務・学説では、不正の侵害の行為態様と防衛手段の行為態様の危険性を比較衡量して、防衛行為の相当性を判断すべきとの見解（武器対等原則）が有力に主張されることになる（75判決、79判決参照）。

▼**評釈**——林幹人・百選Ⅰ（三版）25、西原春夫・判タ二四八号

防衛行為の相当性(2)

79 最2判平成1・11・13刑集四三巻一〇号八二三頁

関連条文 三六条

「やむを得ずにした行為」の判断において、被告人が凶器を使用していたことは、どのように考慮されるのか。

事　実　被告人甲は、被害者乙と口論となったが、同人が「お前、殴られたいのか」と言って手拳を前に突き出し、足を蹴り上げる動作をしながら近づいて来たため、甲は、年齢も若く体格にも優れた乙から殴られるかもしれないと思い、自車の方へ後退したところ、車内に菜切包丁を置いていることを思い出し、これで乙を脅してその接近を防ぎ、同人からの危害を免れようと考え、菜切包丁を取り出すと、腰のあたりに構えたうえ、約三m離れて対峙している乙に対し「殴れるのなら殴ってみい」と言い、これに動じないで「刺すんやったら刺してみい」と言いながら近づいてきた乙に対し、さらに「切られたいんか」と申し向けた。原判決は、持凶器脅迫罪（暴力行為等処罰ニ関スル法律一条）の成立を認め、甲の行為を過剰防衛とした。甲が上告した。

裁判所の見解　破棄自判（無罪）。「被告人は、年齢も若く体力にも優れた乙から……手拳を前に突き出し、足を蹴り上げる動作を示されながら近づかれ、さらに後ずさりするのを追いかけられて目前に迫られたため、その接近を防ぎ、同人からの危害を免れるため、やむなく本件菜切包丁を手に取ったうえ腰のあたりに構え、『切られたいんか。』などと言ったというものであって、乙からの危害を避けるための防御的な行動に終始していたものであるから、その行為をもって防衛手段としての相当性の範囲を超えたものということはできない。」

解　説　防衛行為の相当性の意義について、78判決は、防衛手段としての必要最小限度性を重視していたが、その後の実務では、不正の侵害態様と防衛手段の行為態様の危険性を比較衡量する立場（武器対等原則）が支配的になった。本件の原判決は、同原則を形式的に適用して、被告人が、素手の被害者に対して菜切包丁を構えて対抗したことを重視して、防衛行為の相当性を否定した。これに対して本判決は、行為態様の危険性は実質的な観点から判断する必要があることを明らかにした。すなわち本件の被告人と被害者との間には年齢や体力の格差があった。さらに菜切包丁を用いるといっても、これを腰のあたりに構えるなど、被告人は防御的な行動に終始していた。これらの事実を重視して、本判決は、実質的には武器対等原則を逸脱していないとして、防衛行為の相当性を肯定したものと解される。これに対して、本件防衛行為が「必要最小限度」の防衛手段といえるか、という観点については、本判決は必ずしも重視していないようである。

▼**評釈**――橋田久・百選Ⅰ25

対物防衛

80 大判昭和12・11・6裁判例（一一）刑八六頁

関連条文 三六条

正当防衛における「不正の侵害」は人間の行為に限られるのか。動物の襲撃に対して正当防衛で対抗することができるか。

事実 被告人甲は、その所有する猟犬（価格六〇〇円相当）を連れてA方前を通りかかったところ、A所有の番犬（価格一五〇円相当）が右猟犬を咬み伏せたため、A方の家人Bに番犬の制止を求めたが、Bはこれに応じずそのまま放置したため、やむを得ず猟銃で番犬を狙撃して、これに銃創を負わせた。原判決は、器物損壊罪と銃砲火薬取締施行規則違反の罪の成立を認めた。これに対して甲が上告した。

裁判所の見解 破棄自判（無罪）。Aの番犬が甲の猟犬を咬み伏せるのを放置していれば、甲の猟犬は死に至るか、あるいは猟犬として利用できない状態に至ったことが明白であり、しかも、Bに番犬の制止を求めても同人がこれに応じなかったのであるから、甲が猟銃でAの番犬を狙撃した行為に出たのは、「其の所有猟犬に対する現在の危難を避くる為已むことを得さるに出てたるものと認めさるを得す」。

解説 いわゆる対物防衛をめぐる問題については、①正当防衛における「不正の侵害」は人間の行為に限られるとして、動物の襲撃などに対する正当防衛を否定する見解、②正当な理由がなく、法益が侵害される危険性が生じていれば、人間の行為か否かにかかわらず、正当防衛による対抗を認める見解の対立がある。本判決は、被告人が自己の猟犬の財産的価値を保護するために、Aの番犬を侵害した行為について、緊急避難の成立を認めていることから、対物防衛を否定する立場を前提にしたものと評価することができる。このように対物防衛を否定して、緊急避難によって事案を解決する場合、避難行為の補充性、利益衡量の要件を充たす場合に限って、避難行為の違法性が阻却されることになるが、本件事案については、これらの要件がいずれも充足されたため、緊急避難が成立し、被告人は無罪とされている。もっとも、対物防衛否定説も、たとえば飼い主が意図的に飼い犬をけしかけたり、あるいは、飼い犬の管理方法について過失があるなど、背後の人間の（故意・過失による）行為が観念できる場合には、人による「不正の侵害」があるとして、正当防衛による対抗を認めている。本件は、A方の家人Bが番犬を制止しなかったため、このような事態に至ったのであるから、Bが番犬を制止することが可能であれば、同人の（不作為による）「不正の侵害」を認めることが可能な事案であり、対物防衛否定説からも正当防衛の成立を認める余地があったことになる。

▼**評釈**――橋爪隆『刑法の争点』19

自招侵害

81 最2決平成20・5・20刑集六二巻六号一七八六頁

関連条文 三六条

被告人が自らの暴行などによって、相手方の不正の侵害を自ら招いた場合、正当防衛の成立が認められるか。

事実 自転車にまたがったまま、ゴミを捨てていたAは、徒歩で通り掛かった被告人甲と口論になったが、甲は、いきなりAの左頬を手拳で一回殴打し（第一暴行）、直後に走って立ち去った。Aは自転車で甲を追い掛け、現場から約二六・五m先を左折して約六〇m進んだ歩道上で甲に追い付き、自転車に乗ったまま、水平に伸ばした右腕で、後方から甲の背中または首付近を強く殴打した（第二暴行）。転倒した甲は起き上がると、護身用に携帯していた特殊警棒でAの顔面や左手を数回殴打して、同人に傷害を負わせた。第一審、控訴審ともに正当防衛の成立を否定したのに対して、甲が上告した。

裁判所の見解 上告棄却。「前記の事実関係によれば、被告人は、Aから攻撃されるに先立ち、Aに対して暴行を加えているのであって、Aの攻撃は、被告人の暴行に触発された、その直後における近接した場所での一連、一体の事態ということができ、被告人は不正の行為により自ら侵害を招いたものといえるから、Aの攻撃が被告人の前記暴行の程度を大きく超えるものでないなどの本件の事実関係の下においては、被告人の本件傷害行為は、被告人において何らかの反撃行為に出ることが正当とされる状況における行為とはいえないというべきである。」

解説 本決定は、防衛行為者が相手方の不正の侵害を自ら招いた場合における正当防衛の成否（いわゆる自招侵害）について、最高裁としてはじめて具体的な判断を示したものである。「喧嘩と正当防衛」をめぐる問題について、判例（74決定）は侵害の予期と積極的加害意思という行為者の主観面を考慮して、侵害の急迫性を否定していたが、本決定は、①被告人の主観面については一切言及することなく、「不正の行為により自ら侵害を招いた」という客観的事実関係のみを考慮していること、さらに②侵害の急迫性を否定するのではなく、「反撃行為に出ることが正当とされる状況における行為とはいえない」として、正当防衛の成立の可能性を排除している点において、74決定とは異なる論理によって正当防衛の成立を排除したものといえる。また、本決定は事例判例であるが、自招侵害として正当防衛の成立を排除するためには、自招行為が「不正の行為」であり、また、第一暴行と第二暴行との間の時間的・場所的近接性の存在を要求したものと解される。また、第一暴行と第二暴行との間にある程度の均衡性が存在するという事情も重視されているといえよう。

▼**評釈**――髙山佳奈子・百選Ⅰ26

過剰防衛の成否(1)

82 最1決平成20・6・25刑集六二巻六号一八五九頁

関連条文　三六条

不正の侵害が終了した後、さらに追撃行為を継続した場合において、全体としての防衛行為について過剰防衛の成立を認めることができるか。

事実　被告人甲は被害者乙からアルミ製灰皿を投げつけられるなどの暴行を受けたため、乙の顔面を殴打したところ、同人は転倒し、後頭部を強打して動かなくなった（第一暴行）。甲は、乙が転倒して動かなくなったことを十分に認識しつつ、憤激のあまり、その腹部を足蹴にするなどの暴行を加えた（第二暴行）。乙は第一暴行による傷害が死因となって死亡した。第一審が、両暴行を一体的に評価して過剰防衛による傷害致死罪の成立を認めたのに対して、控訴審は、第一暴行については正当防衛の成立を認め、第二暴行について傷害罪の成立を認めた。甲が上告した。

裁判所の見解　上告棄却。「第一暴行・第二暴行は、「時間的、場所的には連続しているものの、乙による侵害の継続性及び被告人の防衛の意思の有無という点で、明らかに性質を異にし、被告人が……抵抗不能の状態にある乙に対して相当に激しい態様の第二暴行に及んでいることにもかんがみると、その間には断絶があるというべきであって、急迫不正の侵害に対して反撃を継続するうちに、その反撃が量的に過剰になったものとは認められない。そうすると、両暴行を全体的に考察して、一個の過剰防衛の成立を認めるのは相当でなく、正当防衛に当たる第一暴行については、罪に問うことはできないが、第二暴行については、正当防衛はもとより過剰防衛を論ずる余地もないのであって、これにより乙に負わせた傷害につき、被告人は傷害罪の責任を負うというべきである。」

解説　不正の侵害が終了した後も追撃行為が継続された場合について、判例（最1判昭和34・2・5刑集一三巻一号一頁）は、全体としての防衛行為について過剰防衛の成立を認めている（いわゆる量的過剰）。もっとも、量的過剰を認めるためには、侵害継続中の対抗行為と侵害終了後の追撃行為を一個の防衛行為として一体的に評価することが必要になる。本件の第一暴行・第二暴行には時間的・場所的連続性が認められるが、被告人は不正の侵害が終了したことを十分に認識した上で、もっぱら攻撃の意思で第二暴行を行っていることから、両暴行は同一の意思決定に基づく一連の行為と評価することができず、分断的に評価されている（したがって、第二暴行については過剰防衛も成立する余地はない）。このような判例の理解からは、第二暴行においても防衛の意思が連続していることが、全体としての防衛行為について量的過剰を認めるためには必要とされることになる。

▼評釈——成瀬幸典・百選Ⅰ27

過剰防衛の成否(2)

83 最1決平成21・2・24刑集六三巻二号一頁

不正の侵害の継続中に、複数の防衛行為が行われたが、その一部の防衛行為が相当性を逸脱している場合、全体としての防衛行為について過剰防衛の成立を認めるべきか。

事実　拘置所に勾留されていた被告人甲は、同拘置所内の居室において、同室の男性（被害者）が甲に向けて折り畳み机を押し倒してきたため、これに対する反撃として同机を投げ付けて押し倒し同人に傷害を負わせ（第一暴行）、さらに、同机に当たって押し倒された被害者の顔面を手けんで数回殴打するなどした（第二暴行）。原判決は、第一暴行それ自体は防衛手段としての相当性が認められるが、第二暴行は相当性を逸脱しているとした上で、両暴行は全体として一個の過剰防衛行為として評価すべきであるとして、過剰防衛による傷害罪の成立を認めた。これに対して甲が上告した。

裁判所の見解　上告棄却。「前記事実関係の下では、被告人が被害者に対して加えた暴行は、急迫不正の侵害に対する一連一体のものであり、同一の防衛の意思に基づく一個の行為と認めることができるから、全体的に考察して一個の過剰防衛としての傷害罪の成立を認めるのが相当である。本件傷害は正当防衛と評価される第一暴行から生じているという事実についても、「有利な情状として考慮すれば足りるというべきである。」

解説　本件においては、第二暴行段階において、被害者は反撃や抵抗が困難な状態になっていたが、なお不正の侵害を再開することは十分に可能であったことから（75判決参照）、不正の侵害は終了しておらず、継続中であったということができる。このように不正の侵害が継続している間に複数の防衛行為が行われた場合、全体を一体的に評価すべきかが問題となるところ、本決定は、第一暴行・第二暴行が同一の防衛意思によってカバーされていることから、全体的に評価して、一個の過剰防衛の成立を認めている。このような理解からは、侵害継続中の複数の防衛行為については、防衛意思が連続している限り、一連の防衛行為として一体的に評価されることになる。もっとも、本件においては正当防衛と評価される第一暴行から傷害結果が生じているため、傷害結果の惹起については正当化され、被告人は暴行罪の過剰防衛として処罰されるにすぎないようにも思われるが、本決定は、このような事情は量刑判断として考慮すれば足りると判示している。学説においては、判例を支持する見解も有力であるが、両暴行を一体的に評価することによって、正当防衛として惹起された傷害結果が、事後的に違法と評価され、全体としての過剰防衛として処罰対象になることについては疑問も示されている。

▼**評釈**——松田俊哉・ジュリ一三八五号

関連条文　三六条

誤想防衛と過剰防衛

84 最3判昭和24・4・5刑集三巻四号四二一頁

関連条文 三六条

被告人が防衛行為の危険性について誤信していた場合、どのように処理すべきか。

事実 被告人甲は実父乙（当時七四歳）と激しい口論の末に、自宅まで逃げ帰ったが、乙が甲を追って自宅の土間に入り、棒様のものを持って甲に打ちかかってきたため、逃げ場を失った甲は、自己の身体を防衛するため、その場にあった斧を斧とは気づかず、何か棒様のものと思い、これで乙の頭部を数回殴りつけたが、その結果、同人を死亡させた。原判決は、（旧法下の）尊属傷害致死罪の成立を認めつつ、過剰防衛の成立を認めた。これに対して甲が上告した。

裁判所の見解 上告棄却。「原審は斧とは気付かず棒様のものと思つたと認定しただけでただの木の棒とは比べものにならない重量の有るものだからいくら昂奮して居たからといつてもこれを手に持つて殴打する為め振り上げればそれ相応の重量は手に感じる筈である。当時七四歳（原審認定）の老父……が棒を持つて打つてかかつて来たのに対し斧だけの重量のある棒様のもので頭部を原審認定の様に乱打した事実はたとえ斧とは気付かなかつたとしてもこれを以て過剰防衛と認めることは違法とはいえない」。

解説 本件の事案においては、客観的には防衛行為の相当性を逸脱した防衛行為が行われていることは明らかである。もっとも、かりに被告人が自己の行為の過剰性を基礎づける事実を認識していないのであれば、被告人は正当防衛に当たる事実関係を認識しているだけであり、犯罪事実を認識しているとはいえないことから、故意犯の成立を認めることはできないと解される。この場合、過剰性を基礎づける事実を認識しなかったことについて過失が認められる場合に限り、過失犯が成立し、過失の過剰防衛として刑が任意的に減免されることになる。もっとも、本件の事実認定によれば、被告人は自分が使用している凶器が斧であることを認識していなかったとしても、相当の重量があるもので高齢の被害者の頭部を多数回殴打したことは認識していた。したがって、斧であることの認識を欠いていたとしても、いずれにせよ、被告人は過剰防衛に対応する事実を認識していたことから、故意責任を阻却することはできなかったことになる。本判決は過剰防衛の成否を論じているようにみえるが、客観的に過剰防衛に該当することは当然であるから、実際には故意阻却の可否が問題となっていると考えるべきであろう。

▼**評釈**——町野朔・警研五〇巻九号

防衛行為と第三者

85 大阪高判平成14・9・4判タ一一一四号二九三頁

関連条文 三六条

防衛行為者の防衛行為が、行為者の意思に反して、結果的に第三者（あるいは被侵害者）の法益を侵害した場合、どのように処理すべきか。

事実 被告人甲は、実兄XとともにYらから攻撃を受けたため、自らは一旦自動車の運転席に逃げ込んだが、Xを助けるためにYらを追い払おうとして、Yらのいる方向へ自車を急後退させたところ、Yの右手に自車を当てた上、さらにXを轢過して同人を死亡させた。原審がYに対する暴行罪とXに対する傷害致死罪の成立を認めたのに対して、甲が控訴した。

裁判所の見解 破棄自判（無罪）。Yに対する暴行行為については正当防衛が成立する。Xに対する行為については、「不正の侵害を全く行っていないXに対する侵害を客観的に正当防衛だとするのは妥当でなく、また、たまたま意外なXに衝突し轢過した行為は客観的に緊急行為性を欠く行為であり、しかも避難に向けられたとはいえないから緊急避難だとするのも相当でないが、被告人が主観的には正当防衛だと認識して行為している以上……いわゆる誤想防衛の一種として、過失責任を問い得ることは格別、故意責任を肯定することはできないというべきである。」また、XとYは敵味方の関係にあり、「人」として構成要件的に同価値とはいえないから、故意の構成要件的符合を認めるべき場合とはいえない。

解説 防衛行為によって、意図せずに第三者（または被侵害者）の法益が侵害された場合、「正対不正」の関係が欠けることから、その法益侵害については正当防衛は成立しない。学説では、危険を第三者に転嫁する行為と評価できるとして、緊急避難の成立を認める見解も有力であるが、本判決は、「客観的に緊急行為性を欠く」として緊急避難の成立を否定している。この点においては、本件ではXに対する危難を避けるためにX自身の利益を侵害していることが重視されたものといえよう。その上で、本判決は「誤想防衛の一種」として故意犯の成立を否定している。被告人は、不正の侵害を誤信していたわけではないから、本件は典型的な誤想防衛の事例とはいえないが、被告人はもっぱら正当防衛に該当する事実しか認識していないことから、自己の行為の違法性を基礎づける事実の認識を欠くとして、故意阻却の結論が導かれることになる。なお、本判決はさらに、本件では故意の構成要件的符合が認められない旨を判示しているが、同じ「人」である以上、抽象的法定符合説からは故意の符合を認めるのが筋であろう。この立場からは、構成要件的故意が認められるが、「誤想防衛の一種」として責任故意が阻却されることになる。

▼**評釈**――鈴木左斗志・百選Ⅰ28

誤想過剰防衛……勘違い騎士道事件

86 最1決昭和62・3・26刑集四一巻二号一八二頁

関連条文 三六条

不正の侵害を誤信した上で、侵害が現在していたとしても過剰防衛と評価される行為に出た場合、①故意犯の成立が認められるか、また、②36条2項による刑の減免は可能か。

事　実　空手三段の腕前を有する被告人甲は、夜間帰宅中の路上で、酩酊したA女とこれをなだめていたBとが揉み合ううち同女が転倒したのを目撃して、BがAに暴行を加えているものと誤解し、同女を助けるべく両者の間に割って入り、Bの方に近づいたところ、Bが防御するために手を握って胸の前あたりに上げたのを見て、自分に殴りかかってくるものと誤信し、Bの顔面付近に当てるべく空手技である回し蹴りをして、左足を同人の右顔面付近に当て、転倒したBに頭蓋骨骨折等の傷害を負わせ、死亡させた。第一審は甲を誤想防衛として無罪としたが、控訴審は、本件は誤想過剰防衛であるとして、傷害致死罪の成立を認め、三六条二項によって刑を減軽した。甲が上告した。

裁判所の見解　上告棄却。「右事実関係のもとにおいて、本件回し蹴り行為は、被告人が誤信したBによる急迫不正の侵害に対する防衛手段として相当性を逸脱していることが明らかであるとし、被告人の所為について傷害致死罪が成立し、いわゆる誤想過剰防衛に当たるとして刑法三六条二項により刑を減軽した原判断は、正当である」。

解　説　いわゆる誤想過剰防衛については、①故意犯の成立が認められるか、②三六条二項による刑の減免の余地があるか、が重要な問題となるが、両者は次元の異なる問題であるから、個別に検討する必要がある。前者の故意犯の成否については、故意犯の成立を認めるためには違法性を基礎づける事実の認識が必要であることから、行為者に防衛行為の過剰性の認識が必要となる。具体的には、(1)本件防衛行為が、誤想された侵害を前提としても相当性を逸脱しており、かつ、(2)被告人が過剰性を基礎づける事情を認識していることが必要である。本件の場合、空手の有段者の被告人が、いきなりBの顔面を狙って回し蹴りをする行為は（被告人の誤信した侵害を前提としても）危険性の高い行為であり、他の有効な防衛手段も多数考えられること、さらに被告人はこのような事情を十分に認識していたといえるから、故意犯の成立を肯定することができる。また、後者の三六条二項の適用をめぐる問題について、本決定は同項による刑の減軽を認める立場を示している。学説においても、不正の侵害を認識しつつ過剰な対抗行為に出ている以上、興奮、狼狽のあまり過剰行為に出たという主観面は、通常の過剰防衛の場合と異ならないとして、三六条二項の適用の余地を認める見解が有力に主張されている。

▼**評釈**——酒井安行・百選Ⅰ29

盗犯等防止法一条一項の「相当性」

87 最2決平成6・6・30刑集四八巻四号二一一頁

関連条文　三六条

盗犯等防止法1条1項における正当防衛が成立するためには、防衛行為の相当性が要求されるか。

事　実　本件は少年事件であるが、高校三年生であった申立人甲は、「かつあげ」行為を行っていた中学三年生七名に難癖を付けられ、人通りのない少ない通路に連行されると、一名の者からはメリケンサックを装着した状態で、それ以外の者からは素手で、一方的に殴る蹴るの暴行を受けた。甲は護身用に携帯していたナイフを取り出すと、威嚇的な行動に出ることなく、いきなり被害者の左胸部をナイフで突き刺し死亡させた。第一審が盗犯等防止法一条一項（一号）の正当防衛の成立を認めず、甲に対して中等少年院送致決定をしたのに対し、抗告が申し立てられたが、原審は抗告を棄却した。これに対して再抗告が申し立てられた。

裁判所の見解　抗告棄却。盗犯等防止法上の正当防衛が成立するためには「当該行為が形式的に規定上の要件を満たすだけでなく、現在の危険を排除する手段として相当性を有するものであることが必要である。そして、ここにいう相当性とは……刑法三六条一項における侵害に対する防衛手段としての相当性よりも緩やかなものを意味すると解するのが相当である。」甲の本件行為は過剰な防衛手段であって、上記の意味における相当性を欠くものである。

解　説　盗犯等ノ防止及処分ニ関スル法律（盗犯等防止法）一条一項は、盗犯の防止、住居侵入の排除など、一定の状況において、「自己又は他人の生命、身体又は貞操に対する現在の危険を排除する為犯人を殺傷したるときは刑法第三六条第一項の防衛行為ありたるものとす」として、正当防衛の特則を規定している。本項においては、防衛行為が「やむを得ずにした行為」であることを文理上は要求していないことから、「犯人を殺傷したるとき」は常に正当防衛が成立するのか、それとも、書かれざる要件として防衛行為の相当性が要求されるのかが、論じられてきた。本決定は、この問題について、盗犯等防止法上の正当防衛についても防衛行為の相当性要件が必要であるが、その内容は通常の正当防衛の場合よりも緩和されることを明らかにしている。いわば実質的違法性の観点から防衛行為の相当性が要求されるが、同法は生命、身体など重大な危険の排除のための正当防衛のみを規定していることから、相当性の要件が緩和されるという趣旨であろう。もっとも、生命、身体に対する重大な危険が切迫した状況においては、刑法三六条一項の正当防衛としても重大な法益侵害が正当化されるべきであるから、両者の相当性の要件の内容は、実質的にはほとんど異ならないようにも思われる。

▼**評釈**——佐伯仁志・ジュリ一一一六号

現在の危難

88 最1判昭和35・2・4刑集一四巻一号六一頁

関連条文 三七条・六〇条・一二四条、爆発物取締罰則一条

①「現在の危難」の存否。②「現在の危難」及び「やむを得ずにした行為」の要件と過剰避難の成否。

事実 山形県本郷村が早田川に架設した吊橋は老朽化が進み通行の際激しく動揺するようになっていたが、村は再三の掛け替え要求にもかかわらず応急的な補強工事を繰返すのみであった。そこで、上記吊橋の早期掛け替えの実現を企図して、道路委員長である被告人甲は、相談員の乙とともに、ダイナマイト一五本を数回にわたり装填、爆発させ、上記吊橋を損壊、落下させ、もって往来を妨害した。原判決は、通行の際の激しい動揺は通行者の生命、身体等に対する現在の危難を構成し、工事を施す以外に危険を防止すべき方法がない等として、補充性までは肯定したものの、ダイナマイトによる橋梁の破壊は害の均衡を失しているとして、過剰避難の成立を肯定し刑を減軽した。これに対して、検察側は三七条の解釈の誤り、事実誤認等を主張して上告した。

裁判所の見解 破棄差戻。本件吊橋は人の通行には差支えなく、本件犯行当時、橋の動揺による危険は原審の認定する程に切迫してはいなかった。「仮に本件吊橋が原審認定のように切迫した危険な状態にあったとしても、その危険を防止するためには、通行制限の強化その他適当な手段、方法を講ずる余地のないことはなく、本件におけるようにダイナマイトを使用してこれを爆破しなければ右危険を防止しえないものであったとは到底認められない。しからば被告人等の本件所為については、緊急避難を認める余地なく、従ってまた過剰避難も成立しえないものといわなければならない。」

解説 本判決は、①本件吊橋の動揺による危険がそれほど切迫しておらず、現在の危難とはいえない、②仮に本件吊橋が切迫した危険な状態にあったとしても、本件行為は補充性を充たしておらず、緊急避難にも過剰避難にも当たらないとの判断を示している。①について、危難の現在性は、一般的に、三六条の侵害の急迫性と同様に解されており、危難が現に存在しているか、間近に迫っている状態を指すとされる。本判決では、本件吊橋の動揺による危険をより具体的に捉え、人の通行には差し支えない等の理由から危難の現在性を否定している。②の判示は、現在の危難の存在を否定するのであれば、本来不要であるが、補充性と緊急避難・過剰避難の関係について、最高裁の立場を見て取ることができ参考になろう。本判決は、補充性の要件が欠ける場合、即ち、現在の危難を回避する他の手段が存在する場合には、「やむを得ずにした行為」とはいえず、そもそも緊急行為性を欠くので、緊急避難はもとより、過剰避難にもならないとする趣旨と解される。

▼**評釈**――小名木明宏・百選Ⅰ30

強要による緊急避難……オウム真理教集団リンチ事件

89　東京地判平成8・6・26判時刑集一五七八巻三九頁

関連条文　三七条・六〇条・一九九条

犯罪の強要が「現在の危難」に当たるか。

事実　教団の元信者である被告人甲は、同じく教団の元信者であるAとともに、教団施設内にいる甲の母親を連れ出すため、同施設内に侵入したところ、教団信者らに発見、捕捉された。教団幹部らに囲まれ監禁状態にある中、教団代表者からA殺害を命じられた甲は、教団代表者らと共謀の上、Aを殺害した。弁護人は、甲の本件行為は自己の生命に対する危険を回避するためにやむを得ずに為されたもので緊急避難に該当し無罪であるとする主張の他、誤想避難や適法行為の期待可能性の不存在による無罪を主張した。

裁判所の見解　有罪。被告人の生命に対する現在の危難は存在しないが、「被告人の身体の自由に対する現在の危難が存在したことは明らか」であり、「被告人が身体拘束状態から解放されるためには、Aを殺害するという方法しかとり得る方法がなかったものと認めざるを得」ず、「このような行為に出ることが条理上肯定できないとまではいえない」。結局、「被告人のA殺害行為は、被告人の身体の自由に対する現在の危難を避けるために、已むことを得ざるに出でたる行為とは認められるが、他方、被告人は、自己の身体の自由に対する危難から逃れるために、Aを殺害したのであって、法益の均衡を失していることも明らかであるから、結局、被告人の行為には、過剰避難が成立するといわなければならない」。

解説　本件は、いわゆる強要緊急避難の事案である。強要緊急避難は、ある者に強要されて犯罪を実行する場合で、人の暴行・脅迫に起因している点に特徴がある。緊急避難の法的性質に関する違法性阻却一元説によれば、緊急避難行為は常に適法となり、避難行為に対する正当防衛が不可能になる。この前提の下では、強要緊急避難の場合、背後者は、緊急避難によって適法とされる道具を用いることで、正当防衛による対抗を受けるリスクを回避しつつ、自己の意思の実現を図ることができる。この点を捉えて、強要緊急避難の場合に緊急避難の成立を否定する主張も一部で見られるが、本判決は、強要緊急避難の場合も、それ以外の緊急避難の場合と同様に扱った上で、法益の均衡を否定して、過剰避難の成立を肯定している。三七条一項本文は、「現在の危難」と定めるのみで、明文上、人の暴行・脅迫から生じる危難も当然ここに含まれる。その意味で、本判決は、文言に忠実な解釈を展開したものと見ることができよう。なお、東京高判平成二四年一二月一八日判時二二一二号一二三頁は、けん銃を突き付けられて覚せい剤を注射するよう強要された事案で、覚せい剤使用行為につき、緊急避難の成立を肯定し、被告人を無罪としている。

▼**評釈**——大嶋一泰・平成8年重判（刑法3）

避難行為の相当性

90 東京高判昭和57・11・29刑月一四巻一一＝一二号八〇四頁

関連条文　三七条、道交六五条（当時）

①「やむを得ずにした行為」の内容。②行為の一体的評価と過剰避難。

事実　被告人甲の弟Aは酒乱で粗暴癖があり、甲に対してもしばしば暴力をふるうことがあった。そのAが甲の自宅に鎌を持って暴れ込んできたのを見て甲の内妻と子供が、「おとう、逃げろ。」と叫んだため、甲は、前庭に駐車してあった普通貨物自動車の中に逃げ込んだ。甲が上記自動車に乗っているのを発見したAは、駐車してあった白色の普通乗用自動車に乗ってエンジンをかけた。甲は、当日飲酒していたが、Aの車により進路を阻まれ逃げ場を失いAに手ひどい暴行、場合によっては命にかかわる傷害を加えられると考え、自宅前から酒気帯び運転で逃走を図った。南へ一㎞走行した地点で一四〇m位後方に白い車を認めたので、Aが追ってきているものと思った甲は、警察に行って助けを求めるほかないと判断し、そのまま段丘上の市道を下り、橋を渡って市街地に入り、A車に追い越されないよう狭い道を選びながら、この間A車追跡の有無を確かめることなく、約二〇分間運転を継続し、警察に到着、助けを求めた。原判決は、補充性を否定して、緊急避難のみならず、過剰避難の成立をも否定した。これに対し、弁護人は、緊急避難の成立を主張して控訴した。

裁判所の見解　破棄自判。過剰避難の成立を肯定し刑を免除。市街地に入るまでの被告人の行為は、自己の生命・身体に対する現在の危難を回避するために、「やむを得ない方法であって、かかる行為に出たことは条理上肯定しうる」し、害の均衡も充たしている。市街地に入った後は、適当な場所で運転をやめ、警察に電話連絡等の方法をとることもできた。「被告人の行為を全体として見ると、自己の生命、身体に対する現在の危難を避けるためやむを得ず行なったものではあるが、その程度を越えたものと認めるのが相当である」。

解説　三七条一項の「やむを得ずにした行為」とは、現在の危難を回避する他の手段が存在しないこと（補充性）と当該行為に出たことが条理上肯定しうること（相当性）を指すとされ、本判決もこの理解に従っている。本判決は、被告人の市街地に入るまでの行為は緊急避難の要件を充足するが、市街地に入ってからは補充性が欠如するとした上で、一連の避難行為を全体的に評価して、一個の過剰避難を成立させている。本判決では、警察署到着まで現在の危難が継続していたと認定されており、いわゆる典型的な量的過剰避難は問題とならない。本件は、分断的評価によれば、緊急避難と過剰避難が成立するところ、一体的評価に基づいて一個の過剰避難とされたものであり、量的過剰避難類似の事案ということができる。

▼**評釈**――小田直樹・百選Ⅰ31

自招危難

91 大判大正13・12・12刑集三巻八六七頁

危難が避難行為者自身の有責行為から生じた場合に緊急避難は成立するか。

事実　被告人甲が中央に電車軌道のある道幅一〇間程の通りを夜間に自動車で南下していたところ、数間程前方に同一方向に進む歩行者がおり、甲が警笛を鳴らしても容易に道を譲らなかった。また、その前方数間の位置に同一側の電車軌道上を北進する荷車がおり、さらに、同一側を北に向かって自動車が接近していた。甲は、このまま前進することはできないので上記荷車の西側をすれ違おうと考え、業務上必要な注意を怠り、上記荷車の背後等に十分な注意を向けることなく漫然と時速八マイルの急スピードで進路変更を行った。その際、突然荷車の背後からAの孫が道路を西に横切ろうとしたことから、甲は、これを避けるためにさらに右に進路をとり、電車軌道面を北に向かっていたAに自動車を衝突させ、Aを死亡させた。原判決は、緊急避難の趣旨から、「刑法に直接の規定なきも公平の観念上危難が緊急避難を為す本人の故意又は過失に因りて生じたるものに非らざることを必要と解するを相当とす」と述べて、緊急避難の成立を否定した。これに対して弁護人は、危難は現在のものであれば足りるとし、緊急避難の成立を主張して上告した。

関連条文　三七条・二一一条（当時）

裁判所の見解　上告棄却。刑法三七条は、公平正義の観念に立脚するもので、「其の危難は行為者が其の有責行為に因り自ら招きたるものにして社会の通念に照し已むを得ざるものとして其の避難行為を是認する能はざる場合に之を適用することを得ざるものと解すべき」であり、また、甲にはAと出会した際に回避措置をとらなかった過失がある以上、他に避くべき方法があったにもかかわらずAと衝突したものであり、やむを得ずにした衝突とはいえない。

解説　自招危難とは、自己の故意または過失によって危難を招来した場合をいう。自ら危難を生じさせておきながら、その危難を第三者に転嫁することは公平の観点から許されず、この場合、緊急避難の成立を否定するか少なくともその成立範囲を制限すべきであるとする点は、ほぼ異論なく支持されているところである。本判決も、公平正義の観念に立脚しつつ緊急避難の成立を否定しており、同様の趣旨に出たものと思われる。もっとも、原判決は、この公平の観念を刑法に直接の規定がないもの、即ち、不文の要件と解しているのに対して、本判決は、公平正義の観念をやむを得ずにした行為かどうかという明文の要件に関連づけて捉えている。被告人に有利な規定を明文によらずに制限することを否定するという意味では、本判決の方が原判決よりも罪刑法定主義に忠実といえる。

▼**評釈**――山本輝之・百選Ⅰ32

誤想過剰避難

92 大阪簡判昭和60・12・11判時一二〇四号一六一頁

誤想された危難の存在を前提としても、避難行為がやむを得ない程度を超えている場合の処理如何。

事　実　駅構内中央コンコースの二階に上る階段に座っていた被告人甲は、やくざ風の男二人に話しかけられ、駅から出ようと手を引っ張られたが、彼らに蛸部屋のような飯場にでも連れて行かれるのではと不安になり、座ったまま立ち上がらなかったところ、その内の一人から頭を小突かれる等した。二人の男は「また戻ってくるからそこにいろ」といってその場から立ち去ったが、甲は両名が恐ろしくなり、逃げようとして地下一階に下り、護身用になるものを探した。そこで、甲は、A理容室のガラス越しに散髪バサミが置いてあるのを見て咄嗟にこれを護身用にしようと思い、同店に飛び込み散髪バサミを勝手に持ち出した。弁護人は、窃盗罪につき、誤想避難が成立し故意が阻却され、被告人は無罪であると主張した。

裁判所の見解　有罪（確定）。誤想過剰避難として、三七条一項ただし書により刑を減軽。「被告人の本件所為当時いまだ身体に対する切迫した危難があるということはできないが、被告人はいまにも二人のやくざ風の男から身体に危害を加えられると思い込み、この危難を避けるため護身用具が必要と考えて本件の散髪バサミを持ち出したことは疑いがない」。しかし、被告人は、地上に出て逃げたり、警察に連絡してもらって救助をもとめたりできたにもかかわらず、専ら護身用具を探していたもので、「被告人の本件所為は現在の危難の誤想に基づく避難行為といえても止むを得ない程度をこえた過剰避難であるといわざるを得ない」。

関連条文　三七条・二三五条

解　説　現在の危難が存在しないのにそれがあると誤信して避難行為に出たが、誤信した危難を前提としてもなお避難の程度を超えている場合が狭義の誤想過剰避難であり、本件はこれに当たる（ちなみに、広義の誤想過剰避難には、現に存在する危難に対する過剰な避難行為で、避難の程度を超えたことにつき行為者の認識が欠ける場合が含まれる）。誤想過剰避難で問題となるのは、①故意の成否と②過剰避難規定の適用（準用）の可否である。①に関して、本判決は、補充性を欠く認識が行為者にあったことを示唆した上で、故意犯の成立を肯定している。これは、違法性を基礎づける事実の認識の有無で故意の成否を判断する通説的流れに沿うものである。②について、本判決は、三七条一項ただし書を適用して刑を減軽しているが、適用と準用の違いが十分に意識されていない段階のものであることには注意が必要である。なお、誤想過剰避難が肯定された他の裁判例としては、東京地判平成9・12・12判時一六三二号一五二頁がある。

▼**評釈**――井上宜裕・百選Ⅰ33

特別義務者と緊急避難

93 大判昭和7・3・7刑集一一巻二七七頁

業務上特別の義務を負う者に対して、緊急避難規定が適用可能か。

事実 被告人甲は産婆名簿に登録を受けることなく、昭和六年一月九日より同年八月中に至るまで六回にわたって村内六カ所において六名の産児を取り上げ、謝礼として金品もしくは饗応を受け、もって産婆の業務を行った。原判決は、甲の本件行為は産婆名簿への登録を義務づけた産婆規則一六条違反に当たるとして甲を罰金に処した。弁護人は、いずれも難産で直ちに適切な処置をしなければ産婦または胎児の生命に現在の危険を発生すべき状態であり、同村が山間僻地にあることもあって産婆に来診を求める暇がない場合あるいは貧困で産婆を迎えることができない場合等、他に何らの方法もない場合に近隣の者より処置を頼まれてした行為はやむことを得ずにした行為であって、甲の本件行為は緊急避難行為で違法性が阻却されると主張して上告した。

裁判所の見解 上告棄却。「凡そ業務として産婆の行為を為すには産婆の登録を受くることを要するものなること産婆規則の規定する所にして即ち右登録を受くることは産婆業務を行う者の特別の義務に属すること明白なりとす而して業務上特別の義務ある者に付ては緊急避難を認むべきものに非さること刑法第三七条第二項の明規する所なるが故に原判示の如く産婆の登録を受けずして産婆の業務を為したる本件事案に付緊急避難を主張する論旨は之を採用せず」

関連条文 三七条、産婆規則一六条（当時）

解説 本判決は、産婆業務従事者による産婆登録を三七条二項の「業務上特別の義務」と解した上で、緊急避難の成立を否定したものである。そもそも、三七条二項が想定していたのは、消防士や警察官のように、危難に立ち向かうことが職務内容として含まれている者であった。例えば、火事の現場において消防士が自己の生命・身体に及ぶ危難を理由に持ち場を離れるような事態を回避するのが目的と考えられる。しかしながら、特別義務者だからといって、自己の生命または身体に重大な危険が及んでいる場合にまで危難に立ち向かうことが義務づけられるわけではないのであって、近時では、三七条二項の存在意義を疑問視する者も多い。本件事案は、産婆登録をすることなく産婆業務に従事したというものであって、三七条二項が想定している典型例とは趣を異にする。産婆の仕事を業として行う以上は、産婆登録義務の履行は必須であり、仮に個々の出産の場で、産婦または胎児の生命に現在の危険が存在したとしても、産婆登録義務違反が正当化されるものではない。本判決は便宜上、三七条二項を根拠に緊急避難の主張を排斥しているが、本件は本来的に緊急避難の事案ではない。

▼**評釈**——木村亀二・法時四巻九号

責任能力の判断基準(1)

94 最2判昭和53・3・24刑集三二巻二号四〇八頁

関連条文　三九条・一九九条

結論において完全責任能力であることを示した鑑定に反して、裁判所は限定責任能力との判断を下すことができるか。

事実

被告人甲は結婚話のもつれから、結婚を申し込んだ相手Ａの家族の殺害をついに決意し、テープを巻きつけて偽装した鉄棒を携えて、その家族宅を訪れたが帰宅を家人に促されハイヤーに乗せられいったんは帰された。だが、憤激やるかたなく、ハイヤーを引き返させ、運転手を同行させ家に侵入し、前記鉄棒でまず運転手を殴打し、さらに就寝中のＡの姉の子三名、かけつけた近隣者二名及び姉も殴打し五名を殺害し二名に重傷を負わせた。一審段階のＫ鑑定の結論は「犯行時、是非善悪の弁別、理性の運用には大きな欠陥がなかったものと思われる」とするものであり、一審判決は、Ｋ鑑定に基づき完全責任能力とし、死刑を言い渡した。二審段階のＩ鑑定は「被告人は犯行当時精神分裂病（破瓜型）に罹患していたが、是非善悪の判断をなし得ない程の重症ではない」とし、二審は、とくにＩ鑑定に依拠して、精神分裂病はすでに寛解していたなどとして控訴を棄却した。これに対し弁護人は上告した。

裁判所の見解

破棄差戻。被告人の病歴、犯行態様にみられる奇異な行動及び犯行以後の病状等を総合考察すると、被告人は本件犯行時に精神分裂病の影響により行為の是非を弁識する能力又はその弁識に従って行動する能力が著しく減退していたとの疑いを抱かざるをえない。だが、原判決は、犯行が被告人の精神分裂病の寛解期になされたこと、犯行の動機の存在、犯行が病的体験と直接のつながりなしに周到な準備の下で計画的に行われたこと等を重視し、Ｉ鑑定を裏付けとして被告人の精神状態の著しい欠陥、障害はなかったと認定している。すると、原判決は限定責任能力を認めなかった点において判決に影響を及ぼすべき重大な事実誤認の疑いがある。

解説

本判決は、Ｋ・Ｉ鑑定が結論において統合失調症（かつて精神分裂病と呼ばれた）の症状は認められるが、それによる是非善悪判断が可能な状態であった旨を示している（完全責任能力を示唆する）にも拘わらず、限定責任能力を認める余地がある旨示した判断である。責任能力を肯定する鑑定を排斥して責任能力をより低減させる方向での判断を行った点で注目される。責任能力を否定する方向であれ肯定する方向であれ、責任能力判断を内容とする判断（判決）は、合理性を有していなければならないことを示した一つの例といえよう。限定責任能力を認める余地があるとの判断自体は、行為時の精神状態に統合失調症の影響が窺われる場合に完全責任能力とする裁判例はほとんどなく、少なくとも限定責任能力とするのが裁判例の傾向といえ、かかる傾向に合致するものといえる。

▼評釈——林美月子・百選Ⅰ34、松本光雄・最判解昭和53年度

責任能力の判断基準(2)

95 最3決昭59・7・3刑集三八巻八号二七八三頁

心神喪失・心神耗弱に該当するか否かの判断はいかなる性質の判断か。統合失調症に罹患した者による行為の責任能力判断はどのようになされるべきか。

事実　94判決の第二次上告審（事案はそれに同じ）。差戻後控訴審では、新たにT鑑定とH鑑定が行われた。T鑑定は、本件犯行時における被告人の精神状態は、緊張病の一旦寛解した状態であったが、本件犯行の動機が妄想の基盤の上に形成された了解不能なものであること、犯行が衝動的に着手され、その経過中、精神活動停止と精神運動興奮が現れたと推測され、犯行後無感動状態であったとみられること、逮捕後の取調中に供述の無意味な変動が認められたことからみて、本件犯行には分裂病の強い影響の存在を認めるべきであり、従って行為の不法性を認識し、この認識に従って意思を統禦することは、全く不可能であったとした。H鑑定は、犯行当時、被告人は、統合失調症の寛解状態であって社会生活が可能であり病状が憎悪していたとは認められず、その病状の程度は社会適応能力のやや低下であり、通常の社会生活は可能であり一応の判断能力を備えているとした。控訴審は、H鑑定を支持し、T鑑定につき、統合失調症は原則として責任無能力であるとの学説の立場からのものであり、必ずしも裁判実務で承認された考え方ではないとした上で、行為当時普通に社会生活を営み、親族・知人らも行動に格別異常な様子を感じなかったことなどを指摘し、心神耗弱とし無期懲役とした。これに上告がなされた。

裁判所の見解　上告棄却。被告人の精神状態が刑法三九条にいう心神喪失・耗弱にあたるかどうかは法律判断であるから、専ら裁判所の判断に委ねられているのであり、鑑定書の結論部分に心神喪失の状態にあった旨の記載があってもその部分を採用せず、鑑定書の記載内容、被告人の犯行当時の病状、犯行前の生活状態、犯行の動機・態様等を総合して、心神耗弱の状態にあったと認定することは是認できる。

解説　心神喪失・耗弱とは、精神の障害により行為の違法性を認識する能力又はその認識に従って行為を思いとどまる能力が喪失・著しく減少している場合であるとするのが広く受入れられている理解といえる（大判昭和6・12・3参照）。この心神喪失・耗弱の判断につき、本決定では、法律判断であり専ら裁判所の判断に委ねられるとされ、精神鑑定に拘束されないことが示されており、この点を確認するものとして重要な判断である（最3決昭和58・9・13でもこの旨示されていた）。また、統合失調症者の行為は原則として責任無能力とする見解を排斥した原判決を是認し、総合判断にあたっての考慮要素が明示されており、この点でも注目すべき判断である。

▼**評釈**――安田拓人・百選Ⅰ（五版）31

関連条文　三九条・一九九条

責任能力の判断基準(3)

96 最2判平成20・4・25刑集六二巻五号一五五九頁

関連条文 三九条・二〇五条

専門家たる精神科医の鑑定を裁判所はいかに評価すべきか。

事実　統合失調症を患い幻視幻聴にも悩まされていた被告人甲は、元雇い主Aの声が頭の中に聞こえるなどしたため、それをやめさせようとAの店に出向き、Aの顔面を数回殴り頭部を路面等に打ち付けさせるなどし、Aを死亡させた。一審は、甲は行為当時統合失調症の激しい幻覚妄想状態にあり、直接その影響下で行為に及んでおり心神喪失と解され、日常生活をそれなりに送っていることも「二重見当識」と呼ばれる現象で説明可能とする旨示したS鑑定に依拠し心身喪失で無罪とした。二審でのF鑑定は、甲の行為は幻覚妄想に直接に支配された行為ではないが、統合失調症が介在しなければ本件行為は引き起こされなかったことは自明であり、本件暴行は異常体験に基づくもので弁識能力があるとするのは困難で、制御能力は全く欠けていたとした。二審は、動機形成、犯行までの行動経過、犯行態様に特別異常な点はなく、了解が十分可能であるなど正常性を窺わせる事情を示し、S・F鑑定を批判的に検討し、これを斥け心神耗弱とした。これに上告がなされた。

裁判所の見解　破棄差戻。心神喪失・耗弱の判断は法律判断であり専ら裁判所に委ねられるべき問題であり、その前提となる生物学的、心理学的要素についても究極的には裁判所の評価に委ねられるべき問題である。だが、生物学的要素たる精神障害の有無・程度、これが心理学的要素に与えた影響の有無・程度については、その診断が臨床精神医学の本分であることに鑑みれば、専門家たる精神医学者の意見が鑑定等として証拠となっている場合には、鑑定人の公正さや能力に疑いが生じたり、鑑定の前提条件に問題があったりするなど、これを採用し得ない合理的事情が認められるのでない限り、その意見を十分に尊重して認定すべきである。基本的に信用に足るS・F鑑定を不採用とした原判決は相当とはいえない。ただし、更なる検討事項もあるため自判に適さず原審に差戻す。

解説　95決定同様に、責任能力判断は法律判断であり最終的に裁判所がその判断を行うことになり鑑定に拘束されないとの立場は、本判決でも前提にされているといえる。だが、かかる立場は、ともすると安易な素人視点から合理性無き責任能力評価に陥ることにもなりうる。本判決は、こうした立場（不拘束説）を採りつつ、鑑定は一般にその証明力が高く、通常は尊重されるべきことを示し、専門家の見解に対してより慎重、入念な検討を求めたものと解され、この点で重要な判断といえる。なお、差戻し審（東京高判平成21・5・25）はS・F鑑定に関する要検討事項を検討した上で信用性を否定し再び心神耗弱とし、これに対する上告が棄却され確定している。

▼評釈――前田巌・ジュリ一三六七号、水留正流・判プラ243

責任能力の判断基準(4)

97 最1決平成21・12・8刑集六三巻一一号二八二九頁

責任能力の最終的な判断者は誰か。鑑定に拘束力はあるか。

事実　統合失調症の疑いとの診断歴がある被告人甲が、精神状態悪化により、隣家の被害者Aの家族から嫌がらせをうけていると思い込みAらとトラブルを起こし、その後、バットとサバイバルナイフを持ってA宅に侵入しAを刺殺し、Aの二男に殺意をもって切りつけ重傷を負わせた。捜査段階のN鑑定は、甲を統合失調症型障害だとし、完全責任能力を示唆しつつも心神耗弱とみることに異議はないとした。一審判決は、統合失調型障害とは断定できないとしつつ統合失調症の周辺領域の精神障害には罹患しているとしたが、完全責任能力とした。二審のS鑑定は、甲は統合失調症で犯行時に一過性に急性増悪しており、本件犯行は統合失調症の病的体験に直接支配されて引起こされたもので責任無能力とした。二審判決は、S鑑定は信用性があり、甲は統合失調症に罹患していたとしつつ、なおS鑑定につき、犯行前後の言動等の前提資料の検討が不十分で結論を導く推論過程に疑問があり心神耗弱とした。

上告棄却。責任能力判断は法律判断であって

裁判所の見解　専ら裁判所に委ねられているのであり、その前提となる生物学的、心理学的要素についても究極的には裁判所の評価に委ねられるべきである。従って、専門家たる精神医学者の鑑定等が証拠となっている場合にも、鑑定の前提条件に問題があるなど、合理的な事情が認められれば、裁判所は、その意見を採用せずに、責任能力の有無・程度について、被告人の犯行当時の病状、犯行前の生活状態、犯行の動機・態様等を総合して判定することができる。すると、裁判所は、特定の鑑定の意見の一部を採用した場合でも、責任能力の有無・程度について、当該意見の他の部分に事実上拘束されることなく、上記事情等を総合して判定することができる。S鑑定につき心神喪失との意見は採用せず、それ以外の点ではS鑑定等を参考にしつつ、従前の生活状態から推認される被告人の人格傾向等を総合考慮し心神耗弱としたのは、その判断手法に誤りはない。

解説　96判決はこれが出された当初は、裁判所の責任能力判断が鑑定の信用性判断に尽きるのではないかといったインパクトを与え、また、このような方向での鑑定尊重に強く重点を置く在り方を好ましいものとする見解も提示されていたが、本決定は、責任能力判断において、鑑定の拘束力がないことや証拠方法の一つである鑑定の評価の在り方につき、最3決昭和58年・95決定が基本であることを強調したものといえる。また、被告人の本来の人格からの乖離の程度を統合失調症の場合の責任能力判断における考慮要素の一つとした原審の判断方法を是認している点でも注目される。

関連条文　三九条・一九九条・二〇三条

▼**評釈**——安田拓人・百選Ⅰ35、任介辰哉・ジュリ一四一四号

実行行為と責任能力

98 長崎地判平成4・1・14判時一四一五号一四二頁

関連条文 三九条二項・二〇五条

犯行途中での心神耗弱の場合、三九条二項は適用されるか。

事実　被告人甲は妻Aと口論になり、約九時間の間、酒を飲んで酩酊の度を強めながら数次にわたりAの顔面等を殴打するなどし、ついには肩叩き棒で頭部等を滅多打ちするなどし、Aを死亡させた。弁護人は致命傷を与えた最終段階では飲酒により心神耗弱であったとし減軽を主張した。

裁判所の見解　傷害致死を認めた。甲は、酩酊に至る程度に飲酒し、これにより犯行初期には単純酩酊状態にあったが、その後の犯行の中核的な行為の時期には複雑酩酊状態になっていた。すなわち甲は犯行途中より心神耗弱状態になったと認められる。本件は、同一の機会に同一の意思の発動にでたもので、実行行為は継続的あるいは断続的に行われたものであるところ、甲は、心神耗弱下で犯行を開始したのではなく、犯行開始時には責任能力に問題はなかったが、犯行開始後飲酒を継続したために、その実行行為途中で心神耗弱状態に陥ったにすぎないから、かかる場合に、右事情を量刑上斟酌すべきことは格別、甲の非難可能性の減弱を認め必要的減軽とする実質的根拠はない。すると、三九条二項の適用はない。

解説　実行行為開始時に責任能力に問題はないが、飲酒酩酊等により実行行為途中から責任能力が低下した場合にも、能力低下後の行為・結果につき三九条の適用を認めるべきかは議論が存するところである。そしてこれについては、責任能力に問題のない状態で実行行為が開始された以上、それ以後の一連の行為態様が同一性を有する限り（実行行為の一体性・一個性）、これと相当因果関係を有する結果については責任を肯定でき、三九条の適用は排除され特に原因において自由な行為の法理（同理論については99判決以下も参照）を媒介させる必要はないとの見解が有力に主張されている。本判決も、実行行為につき、同一の機会に同一意思の発動にでたもの、継続的あるいは断続的に行われたものとし、かつ、その途中での心神耗弱にすぎないとし、非難可能性減少を否定して三九条二項不適用としていることから、上記見解と整合的ともいえよう（理論構成は必ずしも明確といえない面もあるが、原因において自由な行為の法理への言及はない）。ただし、学説には、いわゆる実行途中の責任能力低下事例については原因において自由な行為の法理適用の一場合と考える立場も有力である。なお、この種の事例に関するリーディングケースともされる東京高判昭和54・5・15では責任能力低下前段階で故意が認められ重大加害行為もあったが、本件ではそうした重大加害行為は能力低下前にはなくむしろ低下後であったもので、この点で違いがあるが同様に三九条二項不適用としていることになる。

▼評釈――伊東研祐・百選Ⅰ（六版）34、小池信太郎・百選Ⅰ36

故意犯と原因において自由な行為

99　大阪地判昭和51・3・4判時八二二号一〇九頁

関連条文　三九条・二三六条、暴力行為一条

原因において自由な行為の法理を適用して故意犯を認めることができるか。

事　実　被告人甲は、アルコール嗜癖があり飲酒すると他人に暴力を振うことが多く、本件以前にも飲酒酩酊による心神耗弱状態下での強盗未遂の事案で執行猶予付懲役刑の判決を受けており、かつ、裁判官から特別遵守事項として禁酒を命じられていた。そのような甲は、犯行当日、飲酒し酩酊状態で深夜タクシーに乗り、その運転手Aに牛刀を示して金員を要求し脅すなどしたが、Aは隙をみて車外に逃げた。甲は強盗未遂で起訴された。

裁判所の見解　示凶器暴行脅迫罪を認め一年六月の刑。故意犯の原因において自由な行為では、行為者が責任能力状態下で自ら招いた精神障害による責任無能力又は減低責任能力状態を犯罪の実行に利用しようという積極的意思があるから、その意思は犯罪実行時にも作用しているというべきであって、犯罪実行時の行為者は責任無能力者としての道具又は減低責任能力者としての道具であると同時に責任能力ある間接正犯たる地位を持つ。従って故意犯の実行行為時に責任能力ある間接正犯としての行為の法的定型性の具備、行為と責任の同時存在を共に認めることができる。甲は、責任能力ある状態で任意に飲酒を開始・継続し、その飲酒時に、少くとも減低責任能力の状態で他人に暴行脅迫を加えるかもしれないことを認識予見しながら飲酒を続けているため、暴行脅迫の未必の故意はある。だが、飲酒時に強盗の意思はなく、減低責任能力者としての道具以上に回復した状態で金員強取を表象認容し所為に出たともいえない。犯罪事実は示凶器暴行脅迫罪にとどまる。

解　説　責任主義、個別行為責任の要請から有責性を認めるには構成要件該当行為（実行行為）時に責任能力も存在する必要がある（行為と責任の同時存在の原則）。だが、自ら飲酒等により責任能力の喪失・減少状態を招きその下で犯罪を遂行した場合にも三九条の適用があるとすることを不当とし、完全な責任を問うための理論構成が、原因において自由な行為の法理として多様に展開されてきた（もっとも、同法理を不要とする見解もある）。本判決は、原因において自由な行為の法理による責任を認め、故意犯成立を肯定した数少ない裁判例である。また、その根拠を間接正犯を援用して示した点でも注目される。ただし、裁判例の多くは、他人に害悪を及ぼす危険な性癖・素質の存在とその認識があっても故意犯までは認めず、（過失犯処罰規定の存在を前提に）過失犯成立にとどめているといえる（100判決も参照）。なお、本件において示凶器の未必の故意まで認めた点では学説上批判も存するところである。

▼**評釈**——中空壽雅・百選Ⅰ（六版）36、長井圓・百選Ⅰ38

過失犯と原因において自由な行為

100 最大判昭和26・1・17刑集五巻一号二〇頁

関連条文 39条・199条・210条

心神喪失状態下の故意による犯罪行為の場合に過失犯処罰は可能か。

事　実　被告人甲は、飲食店でAと飲食中に話しかけられた女性店員Bに対して肩に手をかけ顔を近寄せたが拒絶されたため、Bを殴打したところAに制止され憤激し、咄嗟《とっさ》に肉切包丁でAを刺し即死させた（殺人罪で起訴）。原審は甲には精神病の遺伝的素質が潜在し、著しい回帰性精神病者的顕在症状もあるため、犯時甚だしく多量に飲酒したことで病的酩酊に陥り、心神喪失状態で殺人行為を行ったとして、殺人につき無罪とした。これに対し検察官は、酩酊時に暴行の習癖のある者が自招酩酊で心神喪失になり人を殺傷した場合は、犯行時の精神状態だけでなく、その直前の責任条件・責任能力も審査を要し、その結果、酩酊前に殺傷の故意を有してその酩酊状態を利用した場合を除き、過失致死罪とすべきとして上告した。

裁判所の見解　破棄差戻。本件甲の如く、多量に飲酒するときは病的酩酊に陥り、因って心神喪失の状態において他人に犯罪の害悪を及ぼす危険ある素質を有する者は居常右心神喪失の原因となる飲酒を抑止又は制限する等前示危険の発生を未然に防止するよう注意する義務あるものといわねばならない。しからば、たとえ原判決認定のように、本件殺人の所為は甲の心神喪失時の所為であったとしても（イ）甲にして既に前示のような己れの素質を自覚していたものであり且つ（ロ）本件事前の飲酒につき前示注意義務を怠ったがためであるとするならば、甲は過失致死の罪責を免れ得ない。

解　説　本判決は、多量の飲酒による心神喪失状態下で他人に犯罪の害罪を及ぼす危険な素質を有する者は心神喪失の原因となる飲酒を抑止、制限等しその危険発生を未然に防止すべき注意義務があるとした上で、自己の危険な素質の自覚と上記注意義務懈怠の場合に過失犯が成立するとしたものである。これを伝統的な見解は、酩酊による心神喪失下の犯罪に対して原因において自由な行為の法理を適用した最初の最高裁判例と解してきた。だが今日、本件のような場合、一般的な過失理論による過失犯の基礎付けが可能であり、また、妥当ではないかとの理解が多数といえる。この見解では、過失犯につき、あえて原因において自由な行為の法理の適用はなく、単に過失犯一般の問題として処理されることになり、同法理は専ら故意犯において問題とされることになる。本判決でも、原因において自由な行為についての言及はとくになく、同法理が用いられたのかは明らかではない。いずれにせよ本判決における過失犯を認めるための判断枠組みは、以後の同種事案の裁判例で多くみられるところである。

▼**評釈**――成瀬幸典・百選Ⅰ（六版）35、丸山治・百選Ⅰ37

限定責任能力と原因において自由な行為

101　最3決昭和43・2・27刑集二二巻二号六七頁

限定責任能力状態下での酒酔い運転罪につき三九条二項を適用せず、完全な責任を認めることができるか。

関連条文　三九条二項、道交一一七条の二第一号

事実　被告人甲は、自分の車を運転して酒を飲みにバーに行き、飲み終われば酔った状態で再び運転することを認識しながら四時間ほどでビール二〇本位を飲んだ。その後、自分の車とA所有の車を取り違えて乗り込み、アルコールの影響で正常な運転ができないおそれある状態で運転し、途中で乗車させたBを畏怖させ金員を交付させた。これらの行為時に甲は心神耗弱状態であった。一審はこれらすべてにつき心神耗弱による減軽を認めたが、二審は、酒酔い運転の罪については、心神に異常の無い時に酒酔い運転の意思があり、それにより結局酒酔い運転をしているため、運転時に心神耗弱状態であるにせよ、三九条二項の適用はないとした。これに上告がなされた。

裁判所の見解　上告棄却。酒酔い運転の行為当時に飲酒酩酊により心神耗弱の状態にあったとしても、飲酒の際酒酔い運転の意思が認められる場合には三九条二項を適用して刑の減軽をすべきではない。

解説　原因において自由な行為の法理に関する従来の通説は、原因において自由な行為の構造を間接正犯と同様に把握し自己の責任なき状態を道具として利用する行為を実行行為と考えるもの（間接正犯類似説・道具理論）であった。つまり同説では、限定責任能力状態では道具と同視しうる状態がなく、結果惹起行為に実行行為性が認められ三九条二項が適用されることになり、この点で、責任無能力を招来した者が完全な責任を問われることとの関係で不均衡で不合理であって難点があるとされてきた。本決定は、自己を限定責任能力に陥れた事案につき完全な責任を認めたもので、上記のような道具性の強調によって原因において自由な行為を説明する考え方を採らないことを示したものといえる。だが、本決定が三九条二項を不適用としたことにつき、いかなる理論構成によるのかは（原因において自由な行為の法理を適用したか否かも含めて）必ずしも明らかではない。他方、「飲酒の際酒酔い運転の意思が認められる場合には」としていることから、飲酒時には酒酔い運転の意思がなく、その後飲酒酩酊による心神耗弱状態で運転意思が生じた場合には三九条二項が適用されることを示唆したものともいえ、この点でも注目すべき判断の一つといえる。なお、本決定の事案については、原因において自由な行為をめぐる学説上、構成要件モデル、例外モデル（責任モデル）などと呼ばれるいずれの見解からも、三九条二項不適用を説明でき、よって結論も支持できるとの指摘も存するところである。

▼**評釈**――中空壽雅・百選Ⅰ39、相川俊明・研修455号

違法性の意識(1)……黒い雪事件

102 東京高判昭和44・9・17高刑集二二巻四号五九五頁

関連条文　三八条一項・三項・一七五条

わいせつ性を具備する映画が映倫管理委員会（映倫）の審査を通過したため、その上映は法律上許容されると信じて上映した場合、故意犯の責任を問えるか。

事　実　被告人甲（制作監督）、乙（映画会社配給部長）は、映画「黒い雪」を都内劇場にて上映し多数の観客に観覧させたところ、一七五条のわいせつ図画公然陳列罪に問われた。一審は同映画そのもののわいせつ性を否定し甲、乙を無罪とした。これに控訴がなされた。

裁判所の見解　控訴棄却。本件映画に客観的にわいせつ性が具備することを認めた上で故意責任につき次のように判示している。被告人らは映倫審査の意義を認めて映画をその審査に付し、審査員の勧告に応じて一部修正、削除して右審査の通過に協力し、いわゆる確認審査を経て映倫審査を通過したものである。被告人らが、右審査通過により、本件映画上映が刑法上のわいせつ性を帯びるものであるなど全く予想せず、社会的に是認され法律上許されたものと信じて上映したものであることは明白である。諸般の事情にかんがみれば、被告人らにおいて、映画上映が刑法上のわいせつ性を有するものではなく、法律上許されたものと信ずるにつき相当の理由があったというべきであり、一七五条の犯意を欠くと解する。

解　説　違法性の錯誤とは一般に、違法性を基礎づける事実の認識はあるが、にもかかわらず自己の行為が違法性はないと誤診した場合であるとされる。この違法性の錯誤により違法性の意識（認識）が欠けた場合いかに処理されるのかは問題である。故意犯成立に（あるいは有責性を肯定するために）、違法性の意識ないしその可能性を要するとするのが学説の大勢であるが（違法性の意識必要説）、判例は違法性の意識不要説を堅持しているとされる（最大判昭和23・7・14）。本判決では、事実認識（意味の認識も含めた事実的故意）と違法評価（違法性の認識）のいずれが問題とされたのか明確でない感もあるが（規範的構成要件要素の認識に関連する事案であることも影響していると思われるが）、被告人らは問題となる場面の存在を認識しこれを上映することの認識を有していたことは明らかであるから犯意ありとするに十分であるとの認定を前提とし、他方で、法律上許容されたものと信じるにつき相当の理由があり犯意を欠くとしていることから、違法性の錯誤が問題にされたものといえよう。そうだとすれば、違法性の錯誤につき相当の理由があれば故意を阻却するとするもので、不要説を堅持する判例状況の下では注目すべき判断ということになる。もっとも、こうした態度は、複数の下級審判例にみられるところである（103決定解説も参照）。

▼**評釈**——大野真義・昭和44年重判（刑法4）

違法性の意識(2)……百円紙幣模造事件

103　最1決昭和62・7・16刑集四一巻五号二三七頁

関連条文　三八条三項

違法性の意識の欠如に相当の理由があれば犯罪は不成立か。

事実　被告人甲は百円紙幣と紛らわしい外観を有するサービス券αを作成した。作成前、甲は警察署に知り合いの巡査を訪ね同人らに相談したところ、同人らから紙幣と紛らわしいものを作ることは通貨及証券模造取締法に違反すると告げられ、紛らわしくないようにするよう具体的に助言を受けていたが、甲は警察官らの態度が好意的で助言も断定的なものとは受け取れなかったこと等から処罰されることはあるまいと楽観し、助言に従わずサービス券の作成に及んでいたというもの。甲は、さらにその後、ほぼ同様の形状のサービス券βも作成した。一方、被告人乙は、甲の承諾を得て同様のサービス券を作成した。乙は、甲からこのサービス券は百円札に似ているが警察で問題ないと言っているなどと聞かされ、格別不安を感じることもなく作成に及んでいたというもの。一審および二審は、違法性の錯誤に相当な理由はないとして通貨及証券模造取締法一条違反により有罪とした。これに被告人らが上告した。

裁判所の見解　上告棄却。行為の各違法性の意識を欠いていたとしても、それにつきいずれも相当の理由がある場合には当たらないとした原判決の判断は、これを是認することができるから、この際、行為の違法性の意識を欠くにつき相当の理由があれば犯罪は成立しないとの見解の採否についての立ち入った検討をまつまでもなく、本件各行為を有罪とした原判決の結論に誤りはない。

解説　102判決解説でも示したように、判例は故意犯成立につき違法性の意識を不要との立場を採り、学説の大勢はこれを必要とする。その主要な学説の中で、厳格故意説は違法性の意識を故意の要件とし、制限故意説は違法性の意識の可能性を故意の要件とし、責任説は違法性の意識の可能性を故意・過失に共通の別個独立の責任要素と解しこれが認められなければ責任を阻却するというものである。またこの点もすでに言及したが、違法性の意識を欠き、かつそれに相当の理由があれば故意を阻却するとの下級審での判断は複数存在している(例えば、東京高判昭和27・12・26、102判決、東京高判昭和55・9・26など)。かかる裁判例の状況において、本決定は下された最高裁判断である。そして、本決定は、相当の理由がある場合には当たらないとした原判決判断を是認したことから、不用説であれば本来必要のない相当の理由の有無に実質的に踏み込むものとも解されるため、学説からは将来の判例変更を示唆した判断とも評されている。なお、上記下級審の流れは近時の裁判例(大阪高判平成21・1・20)でも継続しており、こうした判断のあり方は、制限故意説に比較的親和的といえる。

▼**評釈**——松原久利・百選Ⅰ(五版)45、齋野彦弥・百選Ⅰ48

刑法三八条三項ただし書の意義……関根橋事件

104 最2判昭和32・10・18刑集一一巻十号二六六三頁

関連条文　三八条三項ただし書、爆発物取締罰則一条

自己の行為の違法性の意識はあるが刑罰法令の規定や法定刑につき不知であった場合、三八条三項ただし書は適用可能か。

事実　被告人甲、乙は腐朽した村有の木橋の架け替えがなかなか実現しなかったため、雪害による落下を装い、災害補償金の交付を受ければ架け替えも容易であると考え、ダイナマイトで橋を損壊した。本件の原審は、被告人らは死刑又は無期もしくは七年以上の懲役又は禁錮に処せられるべき爆発物取締罰則一条を知らなかったというべきと判示し、三八条三項ただし書により減軽していた。これに上告がなされた。

裁判所の見解　破棄差戻。刑法三八条三項ただし書は、自己の行為が刑罰法令により処罰されることを知らず、このためその行為の違法であることを意識しなかったに拘わらず、それが故意犯として処罰される場合において、右違法の意識を欠くことにつき斟酌又は宥恕すべき事由があるときは、刑の減軽をなし得べきことを認めたものと解される。従って自己の行為に適用される具体的な刑罰法令の規定ないし法定刑の寛厳の程度を知らなかったとしても、その行為の違法であることを意識している場合は、故意の成否につき同項本文の規定をまつまでもなく、また前記のような事由による科刑上の寛典を考慮する余地はあり得ないため、ただし書により減軽をなし得べきものでない。被告人は所為の違法につき意識しており、ただその罰条又は法定刑の程度の不知にすぎない。だが原判決は同項ただし書を適用しており解釈適用を誤っている。

解説　本件では三八条三項ただし書の適用の可否が争われており、これにより同規定の意義が問題となっている。この問題に対する結論は、違法性の錯誤を犯罪の成立につきどう考えるのかにより違いが生じるとされてきた。判例は「違法性の意識不要説」を、大審院以来ほぼ一貫して採っている（近時の変化と下級審の状況については103、102判決解説参照）。そしてこの立場では、三項の「法律」とは「違法性」との意味であり、三項本文は違法性の意識が欠けても故意を阻却しない旨規定したものであり、同ただし書は違法性の意識が欠けた場合に斟酌・宥恕できる理由があれば減軽しうる旨規定したものと解されることから、違法性の意識のあった本件では、故意阻却も減軽もないのは当然ということになる（ゆえに「当たり前の判決」と評される）。なお、違法性の錯誤をめぐる（下級審）裁判例の主流と親和的な制限故意説についても本件では結論は同じと考えられ、主要な学説では、厳格故意説のみがただし書の適用があることになるであろう。もっとも、違法性の意識の内容につき可罰的刑法違反の認識を必要とする立場から、ただし書が適用される場合であるとの主張もある。

▼**評釈**――丹羽正夫・百選Ⅰ49、斎藤誠二・百選Ⅰ（三版）50

失業保険料不納付と期待可能性

105 最1判昭和33・7・10刑集一二巻一一号二四七一頁

関連条文 失業保険五三条

失業保険料不納付につき納付できないような事情がある場合、犯罪は成立するか。

事実　A社の工場長であった被告人甲は、保険料納付義務者Aの代理人として保険料を納付しなかったため、失業保険法五三条二号・五五条違反で起訴された。なおこの場合、本社からの送金が遅れ、手持資金もなく、独自に融資を受ける方法もなかったという状況下であった。本件原審（東京高判昭和28・10・29）は期待可能性がないとの弁護人の主張を受け入れ無罪とした。検察官は判例違反を理由に上告した。

裁判所の見解　上告棄却。検察官引用諸判例はいまだ期待可能性の理論を肯定又は否定する判断を示したものではない。判例違反主張はその前提を欠く。五三条における保険料をその納付期日に納付しなかった場合とは、少なくとも事業主が保険料の納付期日までに代理人等に納付すべき保険料を交付する等、事業主において、代理人等が納付期日に保険料を現実に納付しうる状態に置いたに拘わらず、これをその納付期日に納付しなかった場合をいう。本件ではかかる事実は認められず五三条の構成要件を欠く。原判決の結論は正当である。

解説　今日支配的な規範的責任論からは、行為者が違法行為を思いとどまることを期待しえない状況では、当該行為につき非難可能性がなく責任が否定されることになる。こうした考え方は現行法上の刑の減免事由にも見出されるとされる（例えば三六条二項、一〇五条、二五七条などは期待可能性の欠如・低減に基づくと解されている）。さらには、具体的な行為状況の下で適法行為に出ることが真に期待できない場合には、法文上の根拠がなくとも超法規的に責任阻却を認めるのが責任主義の要請であり、通説は超法規的責任阻却事由たる期待可能性の不存在を肯定している。もっとも、かかる超法規的な期待不可能性を肯定する考え方は実務においては必ずしも受け入れられているわけではない。確かに、戦後初期の下級審判例にはこの考え方を肯定したものもあるが（東京高判昭和23・10・16など）、最高裁は否定もしていないが積極的に肯定しているともいえない状況にあるといえる（最3判昭和31・12・11参照。同判決はむしろ肯定方向のものとして評されることが多い）。本判決もこうした状況を示す判断の一つといえる。なお、具体的な事案の解決としては、構成要件不該当としたことにつき不作為犯における作為義務がない、あるいは作為可能性がないとして支持する見解が多いといえる。なお、昭和三十年代後半以降、期待可能性を扱う例は減少しているとされる。ただし比較的近時、少数ながら期待可能性の存否を問題とした殺人罪の裁判例も報告されている（東京地判平成8・6・26等）。

▼**評釈**――宮沢浩一・百選Ⅰ（三版）62

窃盗罪における実行の着手……煙草売場事件

106 最2決昭和40・3・9刑集一九巻二号六九頁

関連条文 四三条・二三五条・二三八条・二四〇条

窃盗の目的で店舗内に侵入した後、現金を窃取するため、煙草売場の方へ近づいた時点で窃盗の着手は認められるか。

事実 被告人甲は、某日午前零時四〇分頃、電気器具商A方店舗内に窃盗目的で侵入し、真っ暗な店内を懐中電燈で照らしてあたりを見渡したところ、電気器具類が積んであり、電気器具店だとわかったが、なるべく現金を盗りたいので、現金が置いてあると思われる同店舗内の煙草売場に近づこうとしたところ、帰宅したAに発見されたので、逮捕を免れるため、所携のナイフでAの胸部を突き刺して失血死させたうえ、Aの妻Bに対し、顔面を手拳で殴打する等の暴行を加えて負傷させた。第一審および控訴審は、煙草売場に近づく行為の時点で窃盗の着手が認められるとし、Aに対する強盗致死罪とBに対する強盗致傷罪を認めた。甲側が上告。

裁判所の見解 上告棄却。「甲は……本件被害方店舗内において、所携の懐中電燈により真っ暗な店内を照らしたところ、電気器具類が積んであることが判ったが、なるべく金を盗りたいので自己の左側に認めた煙草売場の方に行きかけた際、本件被害者らが帰宅した事実が認められるというのであるから、原判決が甲に窃盗の着手行為があったものと認め、刑法二三八条の『窃盗』犯人にあたるものと判断したのは相当である。」

解説 本件は、罪名としては事後強盗による強盗致死傷罪の成否が問題となった事案である。甲が事後強盗犯人にあたるといえるためには、AおよびBに対する暴行の時点で、既に窃盗に着手していたことが必要である。そのため、窃盗の着手時期が争点となった。判例は、一般論として、窃盗の着手は財物に対する他人の占有を侵害するのに密接な行為を開始したときに認められるとしている（大判昭和9・10・19刑集一三巻一四七三頁）が、事例類型ごとに予備と未遂の限界線はある程度固まっている。本件のような住居侵入窃盗の類型では、判例は、財物を物色する行為があれば窃盗の着手を認め（最2判昭和23・4・17刑集二巻四号三九九頁）、他方で、家屋への侵入だけでは着手を認めていない（東京高判昭和24・12・10高刑集二巻三号二九二頁）。しかし、常に物色行為が必要だとしているわけではない。本決定も「煙草売場の方に行きかけた」という侵入と物色の中間に位置する行為の時点で窃盗の着手を認めた。本決定は、いわゆる「なお書き」で前記のような判示をしたが、第一審および控訴審が煙草売場の方へ「近づく行為」という表現を用いたのに対し、あえて「行きかけた」という表現を用いていることから、煙草売場に実際に近づく行為よりも前の時点で着手を認めたものといえる。

▼**評釈**――松澤伸・百選Ⅰ62

強姦罪における実行の着手

107 最3決昭和45・7・28刑集二四巻七号五八五頁

女性をダンプカーに引きずり込み、別の場所に移動して車内で姦淫することを意図していた場合、女性をダンプカー内に引きずり込もうとした時点で強姦の着手は認められるか。

関連条文　四三条・一七七条・一八一条

事実　被告人甲は、ダンプカーに乙を同乗させ、ともに女性を物色して情交を結ぼうとの意図のもとに徘徊していたところ、一人で通行中のAに目をつけ、声をかけたが相手にされなかった。これに苛立った乙は下車し、Aに近づいて行った。一方、甲は、付近の空き地にダンプカーを止めて待ち受け、乙がAを背後から抱きすくめてダンプカーの助手席前まで連行してくるや、乙と強姦の意思を相通じた上、必死に抵抗するAを乙とともに運転席に引きずり込み、発進して同所より約五八〇〇m離れた所にある護岸工事現場に移動し、運転席内でAを強姦した。Aは、ダンプカーに引きずり込まれた際に、全治一〇日間を要する傷害を負った。第一審および控訴審は強姦致傷罪を認めた。甲側が上告。

裁判所の見解　上告棄却。本件の事実関係の下では、「被告人が同女をダンプカーの運転席に引きずり込もうとした段階においてすでに強姦に至る客観的な危険性が明らかに認められるから、その時点において強姦行為の着手があったと解するのが相当」である。

解説　強姦罪または強姦未遂罪を犯し、よって女子を死傷させた場合、強姦致死傷罪が成立する。本件では、Aはダンプカーに引きずり込まれた際に負傷していることから、同時点で強姦の着手が認められるか否かが問題となった。自動車に引きずり込む行為はそれ自体姦淫に向けられた暴行とはいえない。そのうえ、本件では、同行為と姦淫行為との間に相当の時間的・場所的離隔が存在した。本決定以前の下級審判例の中には、同種の事案につき、形式的客観説の立場から、自動車に引きずり込む行為を「強姦の手段としての定型性を有するものでもなく……その準備行為に過ぎない」として着手を否定したものもあった（大阪高判昭和45・6・11判タ二五九号三一九頁）。しかし、本決定は、本件事情の下では甲らが被害者をダンプカーに引きずり込んだ時点で「すでに強姦に至る客観的な危険性が明らかに認められる」とし、実質的な危険性の見地から強姦の着手を認めた。この種の事案では、被害者が一旦自動車内に引きずり込まれてしまった場合、姦淫される危険性が格段に高まる。したがって、被害者が自動車に引きずり込まれる危険性の高低が、着手の有無を分けるポイントとなる。この危険性の判断にあたっては、犯人の意図の強固さの程度、犯行の時刻および場所、犯人による暴行脅迫の程度、犯人と被害者との間の年齢および体格差などが重要な考慮事情となる。

▼**評釈**――西村秀二・百選Ｉ63

放火罪における実行の着手

108 横浜地判昭和58・7・20判時一一〇八号一三八頁

関連条文　四三条・一〇八条

後に点火する意図で密閉された家屋内に大量のガソリンを撒いた場合、その時点で放火の着手は認められるか。

事　実　被告人甲は、本件家屋に放火して焼身自殺をはかろうと決意し、各和室の床並びに廊下などにガソリン約六・四リットルを撒布した。甲は、死ぬ前に最後のタバコを吸おうと思い、口にくわえたタバコにライターで点火したところ、ライターの火が撒布したガソリンの蒸気に引火し、本件家屋を全焼させた。甲は、現住建造物等放火罪で起訴された。これに対し、弁護人は、タバコに火をつける行為は放火を意図したものではないから放火の着手があったとはいえないとして、放火予備罪が成立するにとどまると主張した。

裁判所の見解　有罪。本件家屋は木造であり、特に不燃性の材料が使われていたわけではないこと、本件犯行当時、本件家屋は雨戸や窓が全部閉められて密閉された状態にあったこと、六、四リットルの量のガソリンが本件家屋の床面の大部分に満遍なく撒布され、これによりガソリンの臭気が室内に充満していたこと、ガソリンは強い引火性を有することなどの事情を考慮すれば、「そこに何らかの火気が発すれば本件家屋に撒布されたガソリンに引火し、火災が起こることは必定の状況にあったのであるから、被告人はガソリンを撒布することによって放火について企図したところの大半を終えたものといってよく、この段階において法益の侵害即ち本件家屋の焼燬を惹起する切迫した危険が生じるに至ったものと認められるから、右行為により放火罪の実行の着手があったものと解するのが相当である。」

解　説　本件では結果的に家屋が全焼しているにもかかわらず、放火の着手が争点となった。その理由は、焼損の直接の引き金となったライターの点火行為が、放火を意図したものではなかったからである（そのため、「早すぎた結果発生」の問題が生じる。110決定参照）。弁護人の主張の趣旨は、放火の実行行為にあたらない行為から焼損結果が生じても放火罪の既遂は認められないというものだと理解できる。これに対し、本判決は、前記のような諸事情に鑑み、本件ではガソリンを撒布した時点で既に家屋の焼損に至る切迫した危険が認められるとし、放火の着手を認めた。ここでは、密閉された室内で大量のガソリンを撒くという行為の高度の物理的危険性が着手を認める根拠となっている。これに対し、ガソリンよりも揮発性が低く引火点が高い灯油等の媒介物を用いる場合には、媒介物に着火する行為に至る具体的な危険性が、着手の有無を分ける重要なポイントとなる（千葉地判平成16・5・25判タ一一八八号三四七頁など）。

▼**評釈**——佐藤拓磨・判プラI 276

覚せい剤輸入罪における実行の着手

109 最3判平成20・3・4刑集六二巻三号一二三頁

外国で覚せい剤を密輸船に積み込んだうえ、海上に投下し、回収担当者が小型船舶を用いてこれを回収し、わが国の領土に陸揚げする方法による密輸の場合、海上に投下した時点で覚せい剤取締法上の輸入罪の着手は認められるか。

事実　被告人甲は、共犯者らと共謀の上、外国で覚せい剤を密輸船に積み込んでわが国に向けて出港し、目印のブイを付けた覚せい剤入りの包みを陸地から約二・七㎞離れた湾上に投下し、回収担当者に小型船舶を用いてこれを回収させようとした。回収担当者は、投下地点等の連絡を受けたものの、悪天候のため、覚せい剤を発見することができなかった。第一審は覚せい剤輸入罪の未遂を認めたが、控訴審は予備罪にとどまるとした。これに対し、検察官が上告受理の申し立てを行った（関税法上の輸入罪の未遂も問題となるが、割愛する）。

裁判所の見解　上告棄却。「本件においては、回収担当者が覚せい剤をその実力的支配の下に置いていないばかりか、その可能性にも乏しく、覚せい剤が陸揚げされる客観的な危険性が発生したとはいえないから、本件各輸入罪の実行の着手があったものとは解されない。」

解説　覚せい剤取締法上の輸入罪の既遂は、船舶を用いた密輸の場合は陸揚げの時点で、航空機を用いた場合には陸上への取りおろしの時点で認められる（最1判昭和58・9・29刑集三七巻七号一一一〇頁、最3決平成13・11・14刑集五五巻六号七六三頁）。したがって、船舶を利用した本件では、陸揚げとの関係で着手が認められるか否かにより未遂の成否が分かれることになる。第一審は、密輸船側と回収担当者側が携帯電話で連絡を取り合っていたこと、投下した覚せい剤の包みに重しを付け、目印のブイを付けるなど回収を確実にするための措置を講じていたこと、回収担当者側はGPSによって投下地点を正確に把握し得たことなどを理由に、投下の時点で覚せい剤が領土に陸揚げされる現実的な危険性が生じているとした。これに対し、控訴審は、本件のような方法の密輸の場合、回収担当側が覚せい剤をその実力支配下に置き、陸揚げするために船舶で陸地への接岸を図る行為、あるいはこれと同視できる行為がなければ陸揚げの現実的な危険性は認められないとした。本判決は、控訴審と同様に未遂を否定したが、「覚せい剤をその実力的支配の下に置いていないばかりか、その可能性にも乏しし」かったということに言及している点で、控訴審よりも若干緩やかに考えているようにも読める。もっとも、回収担当者が覚せい剤をその実力的支配下に置いていないにもかかわらず、その可能性が高く未遂が認められる場合とはどのような場面を指すのかは、本判決からは明らかでない。

関連条文　四三条、覚せい剤取締法四一条

▼**評釈**――松澤伸・平成20年重判（刑法5）

早すぎた結果の発生……クロロホルム事件

110 最1決平成16・3・22刑集五八巻三号一八七頁

関連条文　四三条・一九九条

①被害者にクロロホルムを吸引させて失神させたうえ、別の場所に移動して殺害しようとした場合、クロロホルムを吸引させる行為の時点で殺人の着手は認められるか。②計画した殺害行為の前に被害者が死亡していたとしても、殺人罪は認められるか。

事　実　被告人甲および乙は、実行犯三名とともに、Aを事故死にみせかけて殺害することを計画した。実行犯三名は、Aを自動車内に誘い込み、クロロホルムを吸引させて失神させた上（第一行為）、約二km離れた港に運び、Aを車ごと海に転落させて死亡させる（第二行為）という計画を立てた。実行犯三名は計画を実行してAを死亡させたが、鑑定によるとAの死因は明らかでなく、第一行為によって既に死亡していた可能性もあった。第一審および控訴審は殺人罪を認めた。甲および乙は、殺人罪は成立しないと主張し、上告した。

裁判所の見解　上告棄却。実行犯三名の計画によれば、「第一行為は第二行為を確実かつ容易に行うために必要不可欠なものであったといえること（①）、第一行為に成功した場合、それ以降の殺害計画を遂行する上で障害となるような特段の事情が存しなかったと認められること（②）や、第一行為と第二行為との間の時間的場所的近接性（③）などに照らすと、第一行為は第二行為に密接な行為であり、実行犯三名が第一行為を開始した時点で既に殺人に至る客観的な危険性が明らかに認められるから、その時点において殺人罪の実行の着手があったものと解するのが相当である」。「また、実行犯三名は、クロロホルムを吸引させてAを失神させた上自動車ごと海中に転落させるという一連の殺人行為に着手して、その目的を遂げたのであるから、たとえ、実行犯三名の認識と異なり……Aが第一行為により死亡していたとしても、殺人の故意に欠けるところはな」い。

解　説　本件では、殺人の準備行為である第一行為によりAが死亡していた可能性があったため、殺人の故意が認められるか否かが争点となった。本決定は、まず、第一行為の時点で殺人の着手があったといえるかを検討した。これが肯定されれば第一行為と第二行為は一連の殺人行為とみることができ、その一連の行為で他人を殺害する認識があれば殺人の故意が認められるというのが本決定の考え方である。着手判断にあたり、本決定は、犯行計画を基礎に置いた。その上で、前記①～③の事情を指摘し、第一行為は第二行為に密接な行為であり、第一行為の時点で殺人に至る客観的危険性が認められるとした。本決定の着手判断方法は、その後の裁判例に大きな影響を与えている。

▼評釈――古川伸彦・百選Ⅰ64

間接正犯における実行の着手

111 大判大正7・11・16刑録二四輯一三五二頁

関連条文 四三条・一九九条

食用品を装って毒物を郵送する場合、どの時点で殺人の着手が認められるか。

事実　被告人甲は、Aに対し、致死量の毒物が混入した白砂糖を贈品のごとく装って郵送した。Aはこれを受領したが、調味のために使用する際に毒物の混入に気づき、食するには至らなかった。第一審および控訴審は殺人未遂罪の成立を認めた。甲側が上告。

裁判所の見解　上告棄却。他人が食用して中毒死に至る可能性があることを予見しながら毒物を他人の「飲食し得べき状態」に置けば、毒殺行為の着手が認められる。原判決によれば、甲は致死量を超える毒物を混入させた白砂糖をA宛に郵送し、Aはこれを純粋の白砂糖だと思って受領し、調理に使用する際に毒物混入に気づいたというのであるから、Aがこれを受領した時点でAおよびその家族の「食用し得べき状態」に置かれたといえ、殺人の着手が認められる。

解説　本件のように郵便システムを利用して犯罪を行おうとする場合、行為と予想される結果発生との間に時間的・場所的離隔が生じる。そこで、どの時点で実行の着手を認めるべきかについて議論がある。学説は、毒物等を発送した時点で着手を認める発送時説、毒物等が相手方に到達した時点で着手を認める到達時説、結果発生の現実的危険性の発生時期によって、発送時に着手が認められる場合と到達時に着手が認められる場合のどちらもあり得るとする個別化説に分かれる。一方、判例は、一貫して到達時説を採用しており、本判決でも毒物の受領時に着手が認められるとされた。郵便を利用したケースではないが、被害者の行為を利用して毒殺を試みた事例に関する裁判例としては、ほかに宇都宮地判昭和40・12・9下刑集七巻一二号二一八九頁がある。この事案は、被害者が日常通行する農道の道端に毒入りジュースを置き、これを拾得飲用させて殺害しようとしたというものであったが、宇都宮地裁は、農道に単に食品が配置されただけではそれが直ちに他人の食用に供されたとはいえないとして、殺人の着手は認められないとした。なお、郵便物の区分業務に従事していた者が、他人宛の郵便物を窃取しようと企て、密かに郵便物の宛名等を書き換えるなどしたうえ、それを郵便物区分棚に置き、配達担当者を利用して自宅に届けさせようとした事案につき、区分棚に郵便物を置いた時点で窃盗の着手を認めた裁判例があるが（東京高判昭和42・3・24高刑集二〇巻三号二二九頁）、この事例では遅くとも郵便物が行為者宅に到達した時点で窃盗が既遂に達するので、本件とは事情が異なる。したがって、この裁判例によって従来の判例の立場が覆されたとはいえない。

▼**評釈**――佐藤拓磨・百選Ⅰ65

中止犯における任意性(1)

112 最3決昭和32・9・10刑集一一巻九号二二〇二頁

関連条文 四三条ただし書・二〇〇条

被害者である母親が血を流し痛苦する姿をみて殺人を中止した場合、任意性は認められるか。

事実 自殺を決意した被告人甲は、自分の死後の母Aの人生を悲観し、Aの苦悩を取り除く意図で殺害することを決意した。甲は、就寝中のAの頭部を野球バットで一回殴打したところ、Aがうめき声をあげたので死亡したものと思い隣室に入ったが、間もなくAが甲の名を呼ぶ声を聞いたため戻ってみると、Aが頭部より血を流し痛苦していたので、その姿をみてにわかに驚愕恐怖し、殺害行為を続行することができなかった。第一審は、中止未遂を認めて刑の免除を言い渡した。控訴審は、犯行の中止は任意のものとはいえないとして第一審判決を破棄し、懲役三年六月を言い渡した。甲側が上告。

裁判所の見解 上告棄却。Aが流血痛苦した状態で甲の名を呼び続けるような事態は、甲にとって「全く予期しなかったところであり、いわんや、これ以上更に殺害行為を続行し母に痛苦を与えることは自己当初の意図にも反するところであるから」、「更に殺害行為を継続するのがむしろ一般の通例であるというわけにはいかない」。甲は、「Aの流血痛苦の様子を見て今さらの如く事の重大性に驚愕恐怖するとともに、自己当初の意図どおりに実母殺害の実行完遂ができないことを知り、これらのため殺害行為続行の意力を抑圧せられ、他面事態をそのままにしておけば、当然犯人は自己であることが直に発覚することを怖れ」、外部からの侵入者の犯行であるかのように偽装した。このような事情の下では、甲による犯行の中止は、自己の意思に基づくものであったとはいえない。

解説 四三条ただし書の「自己の意思により」の要件は、任意性の要件と呼ばれている。学説では、行為者を基準に、「やろうと思えばやれるのにやめた場合」には任意性が認められ、「やろうと思ってもやれなかった場合」には任意性が認められないとする主観説も主張されているが、判例は、中止の原因となった事情が一般的にみて犯罪遂行の障害となるか否かを基準とする客観説を採用している（本決定のほか、113、114判決）。本件では、Aの苦悩を取り除くという甲の当初の意図に照らせば、頭部から流血しながら自己の名を呼ぶ母の姿を目にするというのは、まったく想定外であったことから、一般的にみて犯罪遂行を妨げる事情にあたるとされた。なお、判例は、任意性を肯定する場合、反省・悔悟という動機の存在に言及することが多いが（113判決）、本件は、甲が偽装工作を行っていることから、そのような動機の存在も認められない事案であったといえる。

▼**評釈**——金澤真理・判プラⅠ303

中止犯における任意性(2)

113 福岡高判昭和61・3・6高刑集三九巻一号一頁

関連条文 四三条ただし書・一九九条

大量の流血を見て驚愕して犯行を中止した場合、任意性は認められるか。

事実 被告人甲は、殺意をもってAの頸部を果物ナイフで一回突き刺したが、Aが大量の血を口から吐き出すのを見て、驚愕すると同時に大変なことをしたと思い、直ちにタオルをAの頸部にあてて血が吹き出ないようにしたり、Aに声をかけるなどしたうえ、消防署に架電し、救急車の派遣を依頼した。甲は、救急車の到着後、消防署員とともにAを救急車に運び込み、駆け付けた警察官に自らの犯行を告げ、その場で逮捕された。第一審は、障害未遂を認定した。甲側が控訴。

裁判所の見解 破棄自判。「中止行為が流血等の外部的事実の表象を契機とする場合のすべてについて……中止未遂の成立を否定するのは相当ではなく、外部的事実の表象が中止行為の契機となっている場合であっても、犯人がその表象によって必ずしも中止行為に出るとは限らない場合に敢えて中止行為に出たときには、任意の意思によるものとみるべきである。これを本件についてみるに……被告人が自己の罪責を免れるために、Aを放置したまま犯行現場から逃走することも十分に考えられ、通常人であれば、本件の如き流血のさまを見ると、被告人の前記中止行為と同様の措置をとるとは限らないというべきであり、また……本件犯行直後から逮捕されるまでにおける被告人の真摯な行動やAに対する言葉などに照らして考察すると、『大変なことをした。』との思いには、本件犯行に対する反省、悔悟の情が込められていると考えられ、以上によると、本件の中止行為は、流血という外部的事実の表象を契機としつつも、犯行に対する反省、悔悟の情などから、任意の意思に基づいてなされたと認めるのが相当である。」

解説 中止行為の任意性の判断につき、判例は、中止の原因となった事情が一般的にみて犯罪遂行の障害となるか否かを基準とする客観説を採用している（112決定、114判決）。ただ、任意性を肯定する場合には、本判決のように、反省・悔悟の情があったことに言及する場合が多い。一般的に、犯行を決意した者が何らかの事情により規範意識を取り戻して中止行為に出ることが通常とはいえないとすれば、反省・悔悟の存在は、任意性を肯定する方向に働く重要な事情だといえよう。本件と112決定は、流血を見たことが中止のきっかけになったという点では事案が類似するが、流血の目撃が行為者の心理に与えた影響が異なっている。本件では、甲が、「驚愕すると同時に大変なことをした」と思ったとされているが、流血を見てこのような心理状態になったからといって、犯行を中止するというのは一般的だとはいえないということであろう。

▼**評釈**――野澤充・百選Ⅰ69

中止犯における任意性(3)

114 札幌高判平成13・5・10判タ一〇八九号二九八頁

被害者からの助命懇願を受けて犯行を中止した場合、任意性は認められるか。

事実　被告人甲は、不倫関係にあったAと自動車内で口論した際、Aに絶縁をつきつけられたことに絶望し、Aを殺して自分も死のうと考え、あらかじめ用意してあった包丁でAの左胸部を二回突き刺した。Aは、甲に対し、本当は甲のことが好きだったなどと言いながら、病院に連れて行くよう繰り返し懇願した。甲は、逡巡しながらも最終的にAの言葉を信じることに心を決め、Aを病院に搬送した。病院に到着後、甲は自己の犯行を申告し、駆け付けた警察官により逮捕された。第一審は、本件中止は悔悟の情に基づくものではなかったとして任意性を否定し、障害未遂を認定した。甲側が控訴。

裁判所の見解　破棄自判。中止行為の契機となったのはAの言動ではあったが、一般的にみて、一旦無理心中を決意した者が、そのような言葉にたやすく心を動かされ、犯行を断念するとは必ずしもいえない。「被告人は、同女の、店をやめるとか被告人のことが好きだったとかいう言葉に触発されて心を動かされたものではあるが、苦しい息の中で一生懸命訴え続けている同女に対する憐憫の気持ちなども加わって、あれこれ迷いつつも、最後には無理心中しようなどという思いを吹っ切り、同女の命を助けようと決断したと解されるのであって、このような事情を総合考慮すると、被告人は自らの意志で犯行を中止したものと認めるのが相当である。」

関連条文　四三条ただし書・一九九条

解説　任意性の判断基準につき、客観説を採用している。112決定、113判決の解説でも述べたように、判例は、本件では、甲が犯行を中止するきっかけとなったのは、Aによる巧みな命乞いであった。だが、それにより一般的に犯行の障害になるといえるような心理状態が引き起こされたわけではなく、甲は犯行の続行と中止との間で逡巡した挙句、中止を決断したことから、任意性が肯定された。また、本判決は、Aに対する「憐憫の気持ち」が中止の動機になったことにも言及している。一般的にみて、他人の殺害を決意した者が、殺人の着手後に被害者に憐みを感じて犯行を中止することが通常とはいえないとすれば、このような動機の存在は、任意性を肯定する方向に働く事情といえよう。一方、第一審は、悔悟に基づく中止ではなかったとして任意性を否定した。これは、任意性を肯定する際に、反省・悔悟の情に言及する判例（113判決参照）の傾向を踏まえたものだと思われる。しかし、任意性の判断においては中止の動機の倫理性が問題となっているわけではないとすれば、判例の立場からも、反省・悔悟の情がないからといって、即座に任意性が否定されることにはならないであろう。

▼**評釈**――金澤真理・判プラI307

実行未遂と着手未遂

115 東京高判昭和62・7・16判時一二四七号一四〇頁

実行行為の終了時期はどのように判断すべきか。

事　実　被告人甲は、Aの経営する店への出入りを断られたため憤慨し、自宅から牛刀を持ち出してAの店に赴き、Aを路上に連れ出して、「この野郎、殺してやる。」などと言いながら、牛刀を振りかざし、逃げまわるAを執ように追いかけ、Aの頭部付近をめがけて牛刀を振り下ろした。Aは、これを左腕で防いだが、その際、同腕に全治約二週間の傷害を負った。その後、Aが「命だけは助けて下さい。」などと何度も哀願したため、甲はAに対する憐憫の情を催し、犯行を中止した。第一審は、殺人罪の障害未遂を認めた。甲側が控訴。

裁判所の見解　破棄自判。「被告人は、Aを右牛刀でぶった切り、あるいはめった切りにして殺害する意図を有していたものであつて、最初の一撃で殺害の目的が達せられなかった場合には、その目的を完遂するため、更に、二撃、三撃というふうに追撃に及ぶ意図が被告人にあったことが明らかであるから、原判示のように、被告人が同牛刀でAに一撃を加えたものの、その殺害に奏功しなかったという段階では、いまだ殺人の実行行為は終了しておらず、従って、本件は、いわゆる着手未遂に該当する事案であるといわねばならない。」「そして、いわゆる着手未遂の事実にあっては、犯人がそれ以上の実行行為をせずに犯行を中止し、かつ、その中止が犯人の任意に出たと認められる場合には、中止未遂が成立する……。」

関連条文　四三条ただし書・一九九条

解　説　「犯罪を中止した」といえるためには、犯行の継続を中止すれば足りるのか、積極的な結果防止措置をとらなくてはならないのかが問題となる。判例は、実行行為がいまだ終了していない場合（着手未遂）は前者で足り、実行行為が終了している場合（実行未遂）は後者が必要だとしている。実行行為の終了時期の判断基準としては、行為開始時の計画を基準にする主観説や、客観的にみて結果を発生させる可能性のある行為があった否かを基準とする客観説などがある。本判決は、行為者の意図に言及していることから、主観説を採用しているようにもみえる。だが、本件のように犯行計画が明確な場合はともかく、とっさに犯行に及んだケースでは、主観説の基準は機能しないといえる。そこで、学説では、中止行為時を基準に、積極的結果防止措置が必要な状況か否か、および行為者がその状況を認識していたか否かにより、要求される中止行為の内容を定める見解が有力となっている。本件でも、着手未遂とされた理由として重要なのは、最初の一撃では死亡につながりうる重大な傷害が生じなかったこと、また、中止行為時に甲もそれを認識していたことだったといえよう。

▼**評釈**——城下裕二・百選Ⅰ70

不作為による中止

116 福岡高判平成11・9・7判時一六九一号一五六頁

関連条文 四三条ただし書・一九九条

不作為による中止は、どのような場合に認められるか。

事実 被告人甲は、自動車内において、運転席に座っていたAに対し、助手席から、両手でいきなり頸部をその意識が薄らぐ程度まで力一杯絞め、一旦逃げ出したAを連れ戻したのち、更に左手で力任せに頸部を絞め、Aが気を失ったのちも約三〇秒間絞め続けた。その後、甲は行為を中止したが、Aは三〇分ないし一時間位意識を失ったままであった。これにより、Aは、五日間の入院治療が必要な状態となった。第一審は、本件実行行為は終了しており、積極的な結果防止行為もないとして、中止未遂を認めなかった。甲側が控訴。

裁判所の見解 控訴棄却。「被告人は、被害者の頸部を絞め続けている途中、翻然我に返り、被害者が死亡することをおそれてこれを中止したというのであるが、その際は、前示のとおり、客観的にみて、既に被害者の生命に対する現実的な危険性が生じていたと認められる……うえ、被告人においても、このような危険を生じさせた自己の行為、少なくとも、被害者が気を失ったのちも約三〇秒間その頸部を力任せに絞め続けたことを認識していたものとみ得るから、その時点において、本件の実行行為は終了していたものと解され、被告人に中止犯が認められるためには、原判決が説示するとおり、被害者の救護等結果発生を防止するための積極的な行為が必要とされるというべきであり、被告人がそのような行為に及んでいない本件において、中止犯の成立を認めなかった原判決は、正当というべきである。」

解説 115判決の解説で述べた通り、判例は、実行行為が終了していない場合は犯行の継続の中止という不作為態様の中止行為で足りるが、実行行為が終了している場合は積極的な結果防止措置がなければ中止行為の要件は充足されないとしている。本件は、115判決の事案とは異なり、甲が激昂してとっさに殺人の実行に及んでいるため、実行行為の終了時期を行為開始時の行為者の計画を基準に判断する主観説では解決が困難な事案であった。本判決は実行行為の終了を認めたが、その際に重視されたのは、Aの生命に対する現実的危険性が客観的に生じていたこと、およびそのことを甲が認識していたという事情である。行為を継続しなくても結果が発生しうるような危険状態を惹起した以上、行為者にその危険を除去する措置をとることを求めることは当然の価値判断だといえる。そうだとすると、逆にそのような危険状態が認められない場合には、不作為による中止で足りるということになろう。本判決は、行為開始時の計画が明確でない事案における中止行為の要件の判断の一例として参考になる。

▼**評釈**——金澤真理・判プラⅠ295

結果防止行為の真摯性(1)

117 大阪高判昭和44・10・17判タ二四四号二九〇頁

関連条文 四三条ただし書・一九九条

中止未遂が認められるためには、どのような行為が必要か。

事実　被告人甲は、Aの腹部を包丁で突き刺し、肝臓に達する刺創を負わせたが、Aが「病院へ連れて行ってくれ」と哀願したため、Aに対する憐憫の情を生ずるとともに事の重大さに恐怖驚愕し、Aを病院に連れて行った。一方で、甲は、犯行を隠滅するため、病院到着前に凶器の包丁を川に捨て、病院では医師やAの母親らに対して自分は犯人ではないと嘘を言った。第一審は障害未遂を認定した。甲側が控訴。

裁判所の見解　破棄自判（中止未遂の成否が破棄の理由となったものではない）。本件のように、被害者をそのまま放置すれば死亡結果が発生する可能性が大きい場合に中止未遂が認められるためには、「結果発生を防止するため被告人が真摯な努力を傾注したと評価しうることを必要とするものと解すべきである」。しかしながら、甲は、「被告人、被害者の共通の友人数名や被害者の母等に犯人は自分ではなく、被害者が誰か判らないが他の者に刺されていたと嘘言を弄していたこと及び病院に到着する直前に兇器を川に投げ捨てて犯跡を隠蔽しようとし」ており、「被害者を病院へ運び入れた際、その病院の医師に対し、犯人が自分であることを打明けいつどこでどのような兇器でどのように突刺したとか及び医師の手術、治療等に対し自己が経済的負担を約するとかの救助のための万全の行動を採ったものとはいいがたく、単に被害者を病院へ運ぶという一応の努力をしたに過ぎないものであつて、この程度の行動では、未だ以て結果発生防止のため被告人が真摯な努力をしたものと認めるに足りないものといわなければならない。」

解説　甲がAに与えた刺創は肝臓に達するほど深いものであり、それ自体でAを死亡させる危険性が認められたことから、本件は実行未遂の事案にあたる。実行未遂の場合、結果防止のためにどのような措置をとれば中止未遂が認められるのかが問題となる。本判決は、「真摯な努力」が必要だとしたうえで、甲が犯跡を隠滅する行動をとっていたこと、凶器の性状や刺突時の状況を医師に説明しなかったこと、治療費等の負担を申し出なかったことなどを指摘し、甲には真摯な努力は認められないとした。「真摯」という表現を用いた本判決に対しては、中止未遂の判断に倫理的観点を持ち込むものだという批判も強い。しかし、本件で重要なのは、犯跡隠滅等を行った結果、刺突時の状況など救命措置に必要な情報が医師に対して提供されなかったことにあるとみるべきであろう。一一九番通報をするといった「一応の努力」にとどまらず、自分自身が救命措置を行うのと同視するに足りる最善の努力をせよというのが本判決の趣旨であるといえよう（118判決も参照）。

▼**評釈**――金澤真理・判プラⅠ299

結果防止行為の真摯性⑵

118 東京高判平成13・4・9高刑速三一三二号五〇頁

関連条文　四三条ただし書・一〇八条

中止未遂が認められるためには、どのような行為が必要か。

事　実　被告人甲は、アパートの自室に放火して自殺しようと企て、畳の上に積み上げられていた衣類にライターで点火した。甲は、火勢を見た後、燃えていない衣類を炎の上からかぶせて消火を試みたものの、煙で息苦しかったことから、鎮火を確認せずに現場から逃走した。甲は、現場を離れた後に一一九番通報をしたが、その内容は断片的な情報を一方的に伝えただけのものであった。また、現場を離れる際、アパートの住人に火事を知らせ、消火の助力を求めることもしなかった。本件放火行為の結果、室内にあった木製の小物入れや畳などに火が燃え移ったが、本件アパートを焼損するには至らなかった。第一審は、甲は自ら結果発生を防止する行為を行っていないし、これを行ったと同視するに足りる程度の努力をしたともいえないとして、中止未遂を否定した。甲側が控訴。

裁判所の見解　控訴棄却。「被告人が、燃えていない洗濯物を燃えた衣類にかぶせて押さえつけた後に、火が室内の木製三段の小物入れや畳などに燃え移っていることが認められるのであるから、被告人の所論の行為をもって結果発生を防止したと同視し得る行為ということはできず、被告人が一一九番通報をしたことをあわせてみても、被告人がアパートの居住者に火事を知らせ、消火の助力を求めるなどの措置を執っていない以上、結果発生を防止したと同視し得る行為と認めるに足りない……。」

解　説　甲は、衣類への点火により本件アパートを焼損する危険を発生させたことから、本件は実行未遂の事案にあたる。そのため、甲による点火行為後の結果回避措置が中止行為として十分なものであったか否かが争点となった。結果発生を防止するためには、他人の助力を必要とする場合がある。その場合、自力で結果防止をしなかったからといって、直ちに中止未遂が否定されることにはならない。しかし、自己が防止措置をとったのと同旨するに足りる程度の努力をする必要がある。たとえば、放火後に自ら消火せず、近隣住民に「よろしく頼む」と叫びながら走り去っただけでは中止行為とは認められない（大判昭和12・6・25刑集一六巻九九八頁）。本件では、甲は一応消火を試みてはいるが完全に鎮火させるには至らず、通報の際も現場の外から断片的な情報を伝えるにとどまり、相手方が必要とする十分な情報を提供していない。さらに、アパートの住人に出火による危険を伝えずに現場を離れている。このような事情から、甲には中止行為として評価しうる程度の真摯な努力（117判決参照）がないとされたものと理解することができよう。

▼**評釈**——金澤真理・百選Ⅰ71

予備の中止

119 最大判昭和29・1・20刑集八巻一号四一頁

関連条文　四三条ただし書・二三七条

予備罪の中止について、中止犯規定の準用を認めるべきか。

事　実　被告人甲は、乙、丙および丁と相談の上、A方で強盗をしようと企て、四名でA方に赴いた。第一審および控訴審は、この行為について強盗予備罪（二三七条）の共同正犯を認めた。甲側が上告。甲は、乙がA方の表戸を叩き、「警察の者だが」と言って家人を起こしているのを眺めているうちに自分の罪業の深さに気づき、無意識に現場を立ち去ったのであるから、四三条但書が適用されるべきだと主張した。

裁判所の見解　破棄自判（ただし、破棄の理由は予備の中止の論点とは無関係である）。「予備罪には中止未遂の観念を容れる余地のないものであるから、被告人の所為は中止未遂であるとの主張も亦採ることを得ない。」

解　説　中止犯の規定は、未遂に関する四三条ただし書に置かれているため、文理上、犯罪の未遂段階での中止を想定しているとみるのが自然である。また、予備罪に関する規定が各則に置かれている我が国の刑法では、予備行為と同時に予備罪が完成するため、論理的にも中止を認める余地がないといえそうである。他方で、犯罪が予備の段階を超えて未遂にまで達した場合には、その後に行われた任意の中止行為により刑の免除の可能性があるのに、未遂の手前の予備段階での中止の場合には、その可能性がないというのは不均衡であるようにも思える。そのため、通説は、予備段階での中止の場合に四三条ただし書を適用することは無理にせよ、その準用は認めるべきだと主張するのである。しかし、この議論は、予備罪の中でも情状により刑が免除できるとされている放火予備罪（一一三条）や殺人予備罪（二〇一条）との関係では実益はなく、自首を条件とした刑の免除が定められている内乱予備罪（八〇条、必要的免除）、私戦予備罪（九三条、必要的免除）および身代金目的略取等予備罪（二二八条の三、必要的減免）との関係でもその実益は限定的である。通説の主張が実際上意味を持つのは、本件で問題となった強盗予備罪のほか、外観予備罪（八八条）、通貨偽造準備罪（一五三条）および支払用カード電磁的記録不正作出準備罪（一六三条の四第三項）のみである。判例は、本判決以前においても、予備の中止に中止犯規定の適用または準用を認めることには否定的であった（殺人予備に関し、大判大正5・5・4刑録二二輯六八五頁。強盗予備に関し、最3判昭和24・5・17裁集刑一〇号一七七頁）。しかし、本判決は、より明確に「予備罪には中止未遂の観念を容れる余地のない」と述べることにより、何罪の予備かを問わず、およそ予備罪一般について中止犯規定の適用および準用を否定する態度を明らかにしたのである。

▼**評釈**――森住信人・百選Ⅰ72

方法の不能(1)……硫黄事件

120 大判大正6・9・10刑録二三輯九九九頁

関連条文 四三条・一九九条

硫黄粉末を混ぜた飲食物等を飲ませて他人を殺害しようとしたが死亡しなかった場合、殺人未遂罪は成立するか。

事実 被告人甲および乙は、殺意を持って、病床にあるAに硫黄を混ぜた飲食物等を飲ませたが、Aの疾苦が増したのみで死亡させるには至らなかった。これを見た甲と乙は、Aを絞殺した。控訴審は、硫黄を飲ませた行為については傷害罪を、絞殺行為については殺人罪を認めた。甲は、硫黄を飲ませる行為は殺人未遂にあたり、後続する殺人と連続犯（当時の五五条）にあたると主張して上告した。

裁判所の見解 上告棄却。殺意をもって二個の異なる殺害方法を他人に用いたところ、第一の方法では殺害の結果を惹起することが絶対に不能であり、第二の方法を用いてはじめて殺害の目的を達した場合、二個の行為がいずれも同一の殺意によるものであったとしても、第一の行為は殺人の罪にはあたらないから、両行為は連続犯の関係には立たない。硫黄を飲ませる行為では絶対に人を殺すことはできないから傷害罪のみが成立し、後続して行われた殺人罪とは別罪となる。

解説 本件で主たる争点となったのは、昭和二二年に削除された五五条の連続犯規定の適用の可否であった。硫黄を飲ませる行為が殺人未遂にあたれば、後続する殺人と連続犯の関係となり一罪として扱われ、甲・乙にとって有利になるという事情があった。そのため、同行為が不能犯にあたるか否かが争われた。未遂犯と不能犯の区別について、判例は、伝統的に、絶対的不能・相対的不能区別説を採用してきた。同説は、手段または客体の性質上、結果発生に至ることが絶対に不能な場合を不能犯とし、たまたま偶然の事情により結果が発生しなかった場合を未遂犯とする見解である。本判決も、硫黄では絶対に人を殺害することはできないとしていることから、本説にしたがったものといえる。同様に結果が絶対に発生しないとして不能犯を認めた例として、東京高判昭和29・6・16高刑集七巻七号一〇五三頁や同昭和37・4・24高刑集一五巻四号二一〇頁がある。これに対し、使用した手段の分量・程度が足りなかった場合には、未遂犯が認められている（122判決）。下級審判例の中には、行為時に一般人が認識し得た事情および行為者が特に認識していた事情を基礎に、行為時の一般人の法則知識を基準にして危険判断を行う具体的危険説を採用したとみられるものもある（121、124判決）。しかし、同説の基準を用いる場合でも、科学的な見地からみた危険性について同時に言及されることが多い（123判決参照）。手段の性質が問題となる場合、その危険性を専門知識のない一般人の視点から判定することは困難だからであろう。

▼**評釈**――石川友佳子・判プラⅠ283

方法の不能(2)……空ピストル事件

121 福岡高判昭和28・11・10判特二六号五八頁

関連条文　四三条・一九九条

勤務中の巡査から拳銃を奪い引き金を引いたが、実弾が装填されていなかった場合、殺人未遂罪は認められるか。

事　実　被告人甲は、巡査Aに緊急逮捕されるに際し、逃走しようとしてAと格闘し、隙をみてAが右腰に着装していた拳銃を奪取し、その銃口をAの右脇腹に当てて引き金を引いたが、実弾が装填されていなかったため殺害の目的を遂げなかった。実弾が込められていなかったのは、Aが多忙のためたまたま当夜に限り、実弾を拳銃に装填することを忘れていたためであった。第一審は殺人未遂罪を認めた。甲側が控訴。

裁判所の見解　「制服を着用した警察官が勤務中、右腰に着装している拳銃には、常時たまが装てんされているべきものであることは一般社会に認められていることであるから、勤務中の警察官から右拳銃を奪取し、苟しくも殺害の目的で、これを人に向けて発射するためその引鉄を引く行為は、その殺害の結果を発生する可能性を有するものであって実害を生ずる危険があるので右行為の当時、たまたまその拳銃にたまが装てんされていなかったとしても、殺人未遂罪の成立に影響なく、これを以て不能犯ということはできない。」

解　説　本件では、甲が使用した拳銃の中には実弾が入っていなかったため、結果的にみれば引き金を引く行為はAを死亡させることができる手段ではなかった。それにもかかわらず、殺人未遂罪が認められるか否かが争点となった。本判決は、「制服を着用した警察官が勤務中、右腰に着装している拳銃には、常時たまが装てんされているべきものであることは一般社会に認められている」という理由から殺人未遂罪を認めた。そのため、本件は、120判決や122判決とは対照的に、具体的危険説を採用したものと理解されている。絶対的不能・相対的不能区別説によった場合、本件行為は、「実弾の入っていないピストル」というレベルで考えれば殺人の手段として絶対に不能なものであり、他方、「勤務中の警察官が腰に着装している拳銃」というレベルで考えればたまたま結果が発生しなかった相対的不能といえるため、どちらの結論も取りうることになってしまう。そのため、本件のように、行為の科学的性質ではなく、事実の不存在が結果不発生の原因となっているケースでは、裁判所は、具体的危険説的な判示をする傾向がある（124判決、大判大正3・7・24刑録二〇輯一五四六頁参照）。もっとも、本判決は、Aが多忙のため実弾を込め忘れたという事実を指摘し、実弾が込められていなかったのは偶然によるものだという趣旨のことも述べているので、単純に行為時の一般人の視点のみを用いて不能犯と未遂犯の区別を行っているわけではないことに注意する必要がある。

▼**評釈**——石川友佳子・判プラⅠ289

方法の不能(3)……空気注射事件

122 最2判昭和37・3・23刑集一六巻三号三〇五頁

関連条文 四三条・一九九条

静脈に空気を注射して空気栓塞により死亡させようとしたが、致死量に至らなかった場合、殺人未遂罪は成立するか。

事　実　被告人甲は、Aを殺害して保険金を取得しようと考え、Aの両腕の静脈に一回ずつ蒸留水五ccとともに空気合計三〇～四〇ccを注射したが、致死量に至らなかったため殺害の目的を遂げなかった。第一審および控訴審は殺人未遂罪を認めた。控訴審の判示は次のようなものであった。「医師でない一般人は人の血管内に少しでも空気を注入すればその人は死亡するに至るものと観念されていたことは……明らかであるから、人体の静脈に空気を注射することはその量の多少に拘らず人を死に致すに足る極めて危険な行為であるとするのが社会通念であったというべきである。……そればかりでなく、静脈内に注射した空気の量が致死量以下であったとしても注射された相手方の健康状態の如何によっては、死亡することもあり得る」ため不能犯にはあたらない。甲側が上告。

裁判所の見解　上告棄却。「原判決並びにその是認する第一審判決は、本件のように静脈内に注射された空気の量が致死量以下であっても被注射者の身体的条件その他の事情の如何によっては死の結果発生の危険が絶対にないとはいえないと判示しており、右判断は、原判示挙示の各鑑定書に照らし肯認するに十分であるから、結局、この点に関する所論原判示は、相当であるというべきである。」

解　説　本件で提出された鑑定書によれば、空気栓塞により人を死亡させるためには、七〇cc～三〇〇ccの量の空気を注射することが必要だとされている。しかし、本件で注射された空気の量は合計三〇～四〇ccだったため、不能犯にあたるのではないかが争点となった。控訴審は、前記のように、行為当時の一般人の視点を問題にする具体的危険説の基準に言及したが、本判決はその部分には触れず、「被注射者の身体的条件その他の事情の如何によっては死の結果発生の危険が絶対にないとはいえない」として絶対的不能・相対的不能区別説の基準を用いて未遂犯を認めた。本件のような殺害方法は当時は世間に知られていなかったものであったことから、控訴審のように断言することには躊躇があったのだと思われる。本件のほか、致死量不足の例で未遂犯を認めたものとして、大判昭和2・12・6法律新聞二七九一号一三頁や大判昭和15・10・16刑集一九巻六九八頁がある。また、覚せい剤の製造の際に用いた触媒の量が不十分だったという例で、覚せい剤取締法上の製造罪の未遂を認めたものとして、最3決昭和35・10・18刑集一四巻一二号一五五九頁がある。他方、用いた手段の分量や程度が不足していたことを理由に不能犯を認めた例は見当たらない。

▼**評釈**――清水一成・百選Ⅰ66

方法の不能(4)……天然ガス漏出事件

123 岐阜地判昭和62・10・15判タ六五四号二六一頁

中毒死のおそれのない天然ガスである都市ガスを閉め切った室内に漏出させる行為は、殺人未遂罪にあたるか。

事実　被告人甲は、自宅でAおよびBと無理心中することを決意し、両人を寝かしつけたうえ、玄関ドア等の隙間を目張りするなどして閉め切り、都市ガスを室内に充満させたが、訪問者に発見されたため、目的を遂げなかった。甲側は、漏出させた都市ガスは天然ガスであり、これを吸引しても人が死に至ることはないから、不能犯にあたると主張した。

裁判所の見解　有罪。都市ガスによる中毒死のおそれはないが、ガスの濃度が一定以上になれば電気器具や衣類などから発する静電気を引火源としてガス爆発事故が発生する可能性がある。さらにガス濃度が高まれば酸素濃度が低下して酸素欠乏症になり窒息死するに至ることもある。甲は、約四時間五〇分にわたって都市ガスが漏出させたから、これらの原因により室内の人が死亡する危険が十分に認められる。加えて、一般人は都市ガスを本件のような態様で漏出させることは、その室内に寝ている者を死亡させるに足りる極めて危険な行為であると認識しているものと認められるから、甲の行為は不能犯にはあたらない。

解説　甲が放出した都市ガスには一酸化炭素が含まれていなかったため、AおよびBが中毒死するおそれはなかった。そこで、甲の行為が不能犯にあるか否かが問題となった。本判決は、判示の前半部分で本件ガス漏出行為の危険性を科学的な見地から検討し、ガス爆発または酸素欠乏症という他の原因による死亡の危険性が認められるとした。加えて、後半部分では、本件当時一般人は本件ガス漏出行為がAおよびBを死亡させる危険性を有するものだと認識していたと認定し、結論として、殺人未遂罪を認めた。判例は、伝統的に絶対的不能・相対的不能区別説を採用しているが、判示の前半部分は甲の行為が殺害手段として絶対に不能なものではなかったことを示したものといえよう。後半部分は、具体的危険説の基準をあてはめたものであるが、本判決のように、両説の根拠づけを併用して未遂犯を認めるものは、手段の性質が問題となった事案に関する下級審判例の中にしばしばみられる。本件は具体的危険説からは当然に未遂犯が認められる事案であるが、絶対的不能・相対的不能区別説からは故意の問題が生じる。なぜなら、甲が予想していた中毒死という因果経過とガス爆発または酸素欠乏症による死亡の危険との間にはズレがあるからである。しかし、因果関係の錯誤は故意を阻却しないという通説にしたがえば、故意は阻却されないという結論になろう。

関連条文　四三条・一九九条

▼評釈――伊藤渉・百選Ⅰ68

客体の不能……死体殺人事件

124 広島高判昭和36・7・10高刑集一四巻五号三一〇頁

関連条文　四三条・一九九条

死亡直後の死体をまだ生きているものと誤信し、殺意を持ってそれに日本刀を突き刺す行為は、殺人未遂罪にあたるか。

事実　被告人甲および乙は暴力団組員であったが、かねてよりAに対し不快の念を抱いていた。某日、甲が同組事務所玄関で作業をしていた際、拳銃音がしたので、乙がAを銃撃したものと直感し外に出てみたところ、乙がAを追いかけており、さらにその後銃声が聞こえたが、乙の銃撃が急所を外れている場合を慮り、乙に加勢してAに止めを刺そうと企て、日本刀を携えて銃声が聞こえた所に急行し、同所に倒れていたAの胸部等を日本刀で突き刺した。第一審は、甲が日本刀を突き刺した時点ではAはまだ生存していたと認定し、甲および乙に殺人罪を認めた。これに対し、甲側は、Aは既に死亡していたため死体損壊罪が成立するにすぎないとして控訴した。

裁判所の見解　破棄自判。控訴審で新たに行われた鑑定によれば、甲がAを刺した時点では、Aは乙によって加えられた銃撃により「既に死に一歩を踏み入れて」おり「純医学的には既に死亡していた」。本判決は、同鑑定を採用した上で、Aの生死については専門家の間でも見解が分かれるほど医学的にもその限界が微妙であるから、単に甲が当時Aの生存を信じていただけではなく、一般人もまた当時その死亡を知り得なかったであろうこと、したがって甲の行為によりAが死亡するであろうとの危険を感じるであろうことはいずれも当然だとし、甲の行為はその性質上結果発生の危険がないとはいえないとして、殺人未遂罪を認めた。

解説　甲が日本刀で突き刺した時にAが既に死亡していたとすれば、殺人罪の客体が存在しなかったことになる。そこで、甲の行為は不能犯にあたるのではないかが争われた。本判決は、甲はAが生きていると思っていたことに加え、行為当時の一般人もAが死亡していたとは知り得なかったとして殺人未遂を肯定していることから、具体的危険説に依拠したものだといえる。本件に限らず、客体の不能の事例では、裁判所は具体的危険説的な判示を好む傾向がある。通行人から懐中物を強取しようとした事例につき、仮に通行人が懐中物を所持していなかったとしても強盗未遂罪が認められるとした大判大正3・7・24刑録二〇輯一五四六頁も、「通行人が懐中物を所持するが如きは普通予想し得」るとしてこれを理由づけている。ただ、本件は、Aの生死が医学的にも非常に微妙だった事案であり、甲の行為がわずかでも早く実行されていればAを殺害することができた。したがって、伝統的な判例の立場である絶対的不能・相対的不能区別説からも未遂犯を肯定する結論を導くことは不可能ではなかったといえる。

▼**評釈**——和田俊憲・百選Ⅰ67

刑事未成年者の利用(1)……四国巡礼事件

125 最1決昭和58・9・21刑集三七巻七号一〇七〇頁

関連条文 二三五条

意思を抑圧されている一二歳の養女を利用した場合、同女が是非弁別能力を有していたとしても、間接正犯が成立するか。

事実 被告人甲は、一二歳の養女を連れて四国八十八ケ所等を巡礼中、日頃から甲の言動に逆らう素振りを見せるつど顔面にタバコの火を押しつけたりドライバーで顔をこすったりするなどの暴行を加えて自己の意のままに従わせていた同女に対し、一三回にわたり、そのつど命じて、現金および菓子缶等を窃取させた。第一審・控訴審は、甲に窃盗罪の間接正犯の成立を認めた。弁護人は、同女は是非弁別能力を有しており、いまだ絶対的強制というには至らないので、窃盗の教唆になるのは格別、正犯にはならないとして上告した。

裁判所の見解 上告棄却。「被告人が、自己の日頃の言動に畏怖し意思を抑圧されている同女を利用して右各窃盗を行ったと認められるのであるから、たとえ所論のように同女が是非善悪の判断能力を有する者であったとしても、被告人については本件各窃盗の間接正犯が成立する」。

解説 間接正犯は、他人を道具として利用して犯罪を実現した場合に成立する。その典型は、被利用者が①是非弁別能力を欠く場合、②意思を抑圧されている場合、③犯罪の故意を欠く場合である。本件の養女は、一二歳の刑事未成年者とはいえ、是非弁別能力を有しており、窃盗の故意を欠くわけでもない。そこで、②の場合にあたるかが問題となる。本決定は、被告人が日頃から言動に逆らう素振りを見せるつど同女の顔面にタバコの火を押しつけたりドライバーで顔をこすったりするなどの暴行を加えて同女を自己の意のままに従わせていた点に着目して、同女は意思を抑圧されていたと認定し、窃盗罪の間接正犯が成立するとした。それは、②の場合に間接正犯が成立することを最高裁として初めて明らかにした点に意義があるほか、②の場合の具体例としても参照価値がある。とくに、被利用者が絶対的強制下にはない本件のような場合であっても、②の場合の間接正犯にあたるとされた点が注目される。

本件の養女は刑事未成年者であるが、本決定は、それを理由に間接正犯の成立を認めたわけではなく、この点も重要である。かつては刑事未成年者との間に共犯は成立しないとする極端従属性説を前提として刑事未成年者の利用を一律に間接正犯とする見解もあったが、本決定により、この見解は否定されたことになる。もっとも、刑事未成年者であることが意思の抑圧の有無・程度の判断に影響を与えることはありうる。本件でも、同女が一二歳でいまだ幼かったことは、意思の抑圧を肯定する方向に働く事情であったといえる（関連して、大阪高判平成7・11・9判時一五六九号一四五頁参照）。

▼**評釈**――松生光正・百選Ⅰ74

刑事未成年者の利用(2)……スナック強盗事件

126 最1決平成13・10・25刑集五五巻六号五一九頁

関連条文 六〇条・二三六条

一二歳の少年を利用した場合、間接正犯が成立するか。間接正犯の成立が否定された場合、共謀共同正犯と教唆犯のいずれが成立するか。

事実 被告人である母親甲は、スナックの経営者Aから金品を強取しようと企て、一二歳一〇か月の長男乙に強盗を指示命令した。乙は、当初嫌がっていたが、結局承諾し、甲から与えられた犯行道具を携えて同スナックに赴き、甲から指示された方法によりAを脅迫したほか、自己の判断により、同スナック出入口のシャッターを下ろしたり、Aをトイレに閉じ込めたりするなどしてその反抗を抑圧し、Aの現金等を強取した。甲は、乙からそれらを受け取り、現金を生活費等に費消した。第一審・控訴審は、甲を強盗罪の共同正犯とした。甲側は、強盗罪の間接正犯であるとして上告した。

裁判所の見解 上告棄却。「乙には是非弁別の能力があり、甲の指示命令は乙の意思を抑圧するに足りる程度のものではなく、乙は自らの意思により本件強盗の実行を決意した上、臨機応変に対処して本件強盗を完遂した」のであるから、甲に強盗罪の間接正犯は成立しない。そして、「甲は、生活費欲しさから本件強盗を計画し、乙に対し犯行方法を教示するとともに犯行道具を与えるなどして本件強盗の実行を指示命令した上、乙が奪ってきた金品をすべて自ら領得したことなどからすると」、甲には強盗罪の共謀共同正犯が成立する。

解説 本決定は、刑事未成年者の利用を間接正犯ではなく共謀共同正犯とした点で注目される。かつては極端従属性説を前提として刑事未成年者の利用を一律に間接正犯とする見解もあったが、これは125決定により否定され、刑事未成年者が是非弁別能力を欠いていたか、意思を抑圧されていたかを実質的に判断する方向が示された。本決定は、これに従い、乙には是非弁別能力があり、意思を抑圧されてもいないとして間接正犯の成立を否定した。意思の抑圧を否定した事例判断としても、本決定は参考になる。

共謀共同正犯とした点については、まず、責任無能力者との間にも共同正犯が成立するとした点が注目される。これにより共同正犯について責任は行為者ごとに個別に判断されることが確認された。責任判断の個別性は共犯一般にあてはまるとする通説によれば、本決定は、極端従属性説を否定して制限従属性説（または最小従属性説）を採用したものと評価することもできる。次に、教唆犯ではなく共謀共同正犯が成立するとした点も参考になる。甲が本件強盗において重要な役割を果たしたこと、あるいは本件強盗が甲にとって自己の犯罪であったことは明らかであり、本件は共謀共同正犯の事例の典型といえる。

▼**評釈**——増井敦・判プラⅠ329

被害者を利用した殺人

127 最3決平成16・1・20刑集五八巻一号一頁

関連条文 一九九条

被害者を利用した殺人(未遂)の間接正犯が成立するか。

事実 被告人甲は、Aを被保険者とする保険金を入手するために、甲のことを極度に畏怖していたAに対し、事故死に見せ掛けた方法で自殺することを暴行、脅迫を交えて執ように迫っていた。甲は、Aに対し、車ごと海に飛び込んで自殺することを命じ、Aをして、自殺を決意するには至らせなかったものの、甲の命令に従って車ごと海に飛び込んだ後に車から脱出して甲の前から姿を隠す以外に助かる方法はないとの心境に至らせて、車ごと海に飛び込む決意をさせ、普通乗用自動車を運転させて海中に車ごと転落させたが、Aは死亡を免れた。第一審・控訴審は、殺人未遂罪の成立を認めた。これに対し、弁護人は、仮にAが車ごと海に飛び込んだとしても、それはAが自らの自由な意思に基づいてしたものであるから、甲の行為は殺人罪の実行行為とはいえないとして上告した。

裁判所の見解 上告棄却。「被告人は、事故を装い被害者を自殺させて多額の保険金を取得する目的で、自殺させる方法を考案し、それに使用する車等を準備した上、被告人を極度に畏怖して服従していた被害者に対し、犯行前日に、漁港の現場で、暴行、脅迫を交えつつ、直ちに車ごと海中に転落して自殺することを執ように要求し、猶予を哀願する被害者に翌日に実行することを確約させるなどし、本件犯行当時、被害者をして、被告人の命令に応じて車ごと海中に飛び込む以外の行為を選択することができない精神状態に陥らせていたものということができる。」「被告人は、以上のような精神状態に陥っていた被害者に対して、本件当日、漁港の岸壁上から車ごと海中に転落するように命じ、被害者をして、自らを死亡させる現実的危険性の高い行為に及ばせたものであるから、被害者に命令して車ごと海に転落させた被告人の行為は、殺人罪の実行行為に当たるというべきである。」

解説 被害者を利用した間接正犯には、被害者を錯誤に陥れる場合と、その意思を抑圧する場合とがある。本件は、後者に関する、それも殺人罪についての最高裁判例として重要である。殺人罪に関しては、自殺関与罪との関係が問題となりうるが、まずは重い殺人罪に当たるかを検討することになる。本件のような意思抑圧型の場合、どのような意味において意思を抑圧すれば殺人罪の実行行為性が認められるかが問題となる。本決定は、Aをして死亡の現実的危険性の高い行為以外の行為を選択できない精神状態に陥らせたことを理由に殺人罪の実行行為性を認めた。このような意味において被害者の意思を抑圧すれば殺人罪の実行行為性を肯定できるとした点に本決定の意義がある。

▼**評釈**——園田寿・百選Ⅰ73

コントロールド・デリバリー

128 最1決平成9・10・30刑集五一巻九号八一六頁

コントロールド・デリバリーが実施された場合、禁制品輸入罪の間接正犯の既遂が成立するか。

関連条文　関税一〇九条一項

事実　被告人甲らは、共謀の上、大麻の輸入を企て、フィリピンから大麻を隠匿した航空貨物を甲が経営する東京都内の居酒屋あてに発送し、右貨物が新東京国際空港に到着した後、情を知らない通関業者が輸入申告をし、税関検査が行われたが、その結果、大麻の隠匿が判明したことから、税関および捜査当局の協議により、麻薬特例法四条に基づいていわゆるコントロールド・デリバリーが実施されることになり、税関長の輸入許可を経て、配送業者が、捜査当局と打合せの上、右貨物を受け取って前記居酒屋に配達し、甲がこれを受け取った。第一審・控訴審は、大麻輸入罪の既遂と関税法上の禁制品輸入罪の既遂の観念的競合とした。甲は、コントロールド・デリバリーの実施により配送業者は犯行の道具ではなくなったので、禁制品輸入罪の既遂は成立しないとして上告した。

裁判所の見解　上告棄却。「被告人らは、通関業者や配送業者が通常の業務の遂行として右貨物の輸入申告をし、保税地域から引き取って配達するであろうことを予期し、運送契約上の義務を履行する配送業者らを自己の犯罪実現のための道具として利用しようとしたものであり、他方、通関業者による申告はもとより、配送業者による引取り及び配達も、被告人らの依頼の趣旨に沿うものであって、配送業者が、捜査機関から事情を知らされ、捜査協力を要請されてその監視の下に置かれたからといって、それが被告人らからの依頼に基づく運送契約上の義務の履行としての性格を失うものということはできず、被告人らは、その意図したとおり、第三者の行為を自己の犯罪実現のための道具として利用したというに妨げないものと解される。そうすると、本件禁制品輸入罪は既遂に達したものと認めるのが相当であ」る。

解説　間接正犯は他人を道具として利用して犯罪を実現した場合に成立する。途中で事情を知るなどして道具性を失えば未遂にとどまる。では、コントロールド・デリバリーが実施された場合、配送業者に道具性が認められるか。本決定は、運送契約による拘束支配を根拠に道具性を認め、禁制品輸入罪の既遂の成立を肯定した。これに対し、遠藤裁判官の意見は、配送業者の引取り行為は委託者甲のためではなく専ら捜査に協力することを目的として行われたものであるから、配送業者は甲の道具としての地位を失ったとし、未遂にとどまるとする。この意見と対比すれば、本決定は道具性を緩やかに認めたものといえるが、その射程は禁制品の輸入につきコントロールド・デリバリーが実施された場合に限定されるであろう。

▼**評釈**――増井敦・判プラI333

故意ある幇助道具

129 横浜地川崎支判昭和51・11・25判時八四二号一二七頁

関連条文 六二条

覚せい剤を手渡した者について、覚せい剤譲渡しの正犯が成立せず、幇助犯が成立するにとどまることがあるか。

事実 被告人甲は、乙から覚せい剤の調達を依頼されて丙に連絡し、取引の日時場所も丙に知らせた。甲は、丙が自ら取引場所に赴く旨を聞いたため、乙と丙を引き合わせるため乙と共に同所に行った。甲に次いで同所付近に来た丙は、取引相手が快く思っていない乙であることを知って乙と会うことを嫌い、甲に覚せい剤を託して立ち去った。甲は、本件覚せい剤の取引当事者は丙と乙であることを認識しながら、これを乙に手渡した。甲は、乙からその代金を受け取ると、そのままこれを丙に渡し、丙からは一円ももらわなかった。

裁判所の見解 有罪。「甲が覚せい剤五〇グラムを乙に手渡した客観的事実は動かしえないものであるところ、右所為における甲は、覚せい剤譲渡の正犯意思を欠き、丙の乙に対する右譲渡行為を幇助する意思のみを有したに過ぎないと認めざるをえないので、いわゆる正犯の犯行を容易ならしめる故意のある幇助的道具と認むべく……これを正犯に問擬することはできない」。これは、「客観面において被告人の実行行為の分担的行為即ち構成要件的行為を認めながら、主観面において正犯意思を否定し……幇助犯とした認定であ」る。

解説 本判決は、甲が覚せい剤譲渡しの実行行為を行ったと認めながら、正犯意思を欠いていたとして、甲を正犯ではなく幇助犯とした。学説には、本判決のように「実行行為を行う従犯」を認めることに否定的な見解もある。しかし、共謀共同正犯を認める判例を前提とするなら、実行行為を行ったかどうかは決定的ではない。重要なのは正犯性の有無であり、それは重要な役割を果たしたといえるか、自己の犯罪に関与したといえるかによって判断される（132、134決定参照）。本判決は、正犯意思の欠如を理由に正犯性を否定したが、本件覚せい剤取引が主観・客観両面において甲にとって自己の犯罪ではないと判断したものと理解できる。

しかし、そもそも甲の手渡し行為は覚せい剤譲渡しの実行行為だろうか。賄賂罪などの取引型犯罪については、取引主体による観念的な取引行為が実行行為であり、事実的な受渡しは実行行為ではないと解することができる。最高裁も、食糧管理法違反の米の「運搬」について、実際に米を運んだ使用人ではなく、使用人に米を運ばせた会社の代表取締役を「運搬」の実行行為者としている（最1判昭和25・7・6刑集四巻七号一一七八頁）。本件についても、覚せい剤の取引主体は乙と丙であり、甲はその手足にすぎないとみて、甲の手渡し行為は覚せい剤譲渡しの実行行為に当たらないと解することができる。

▼**評釈**――増井敦・判プラⅠ347

他人の適法行為の利用

130 大判大正10・5・7刑録二七輯二五七頁

自己の行為によって生じた他人の緊急避難を利用した場合、間接正犯が成立するか。

事実　妊婦から堕胎の嘱託を受けた被告人甲が自ら堕胎手術をしたところ、堕胎の結果が生じる前に妊婦の身体に異状が生じ、その生命に危険を及ぼすおそれをきたしたので、医師に胎児の排出を求めた。医師は、妊婦の生命を守るための緊急避難として、胎児を排出させた。控訴審は、医師を無罪とし、甲を堕胎罪の正犯とした。これに対し、甲は、医師の行為が緊急避難として正当とされるのに、それを利用する甲の行為が違法となるのは矛盾であるとして上告した。

裁判所の見解　上告棄却。妊婦より堕胎の嘱託を受けた者が自ら堕胎手段を施したため、堕胎の結果を生ずる前に妊婦の身体に異状が生じ、医術により胎児を排出しなければ妊婦の生命に危険を及ぼすおそれをきたしたのに乗じて堕胎を遂行しようとして、医師に対して胎児の排出を求め、よって医師をして妊婦の生命に対する緊急避難の必要やむことを得ないとして胎児排出するに至らしめた場合、医師については緊急避難が成立するので堕胎罪は成立しないが、堕胎受託者は、違法行為である自己の堕胎手段により緊急危難の状態を発生させ、その発生を機として医師に胎児の排出を求めたものであり、その行為と胎児の排出との間には因果関係がある。換言すれば、医師の前記正当業務行為を利用して堕胎を遂行した者にほかならないので、堕胎罪の間接正犯として論ずべきである。

関連条文　二一三条・二一四条・三七条一項本文

解説　他人の適法行為を利用した場合に間接正犯が成立するか。これが問題となるのは、被利用者の行為が適法であれば、それを利用する行為も適法になると考えることもできるからである。通説は、他人の適法行為を利用した間接正犯を認める。たとえば、AとBが不仲であることを知ったXが、内心ではAが返り討ちにあって殺されることを期待しつつ、Aにナイフを手渡してBを殺すよう唆し、AがナイフでBに襲いかかったところ、Bの返り討ちにあってAが殺害されたという場合、XはBの正当防衛を利用した殺人の間接正犯とされる。これと同じように考えれば、緊急避難を利用した場合にも間接正犯の成立が認められることになる。そして、本判決は、その例とされるのが一般的である。このような本判決の理解に対しては、甲は堕胎の直接正犯としての実行に着手しており、医師は妊婦の死を防止したにすぎないとして、本判決を適法行為を利用した間接正犯の例とすることに批判的な見解もある。しかし、医師に堕胎を依頼して堕胎させた行為を間接正犯の実行行為とみることは可能であり、これによれば、本判決は適法行為を利用した間接正犯の例ということができる。

▼**評釈**――増井敦・判プラⅠ331

共謀共同正犯(1)……練馬事件

131 最大判昭33・5・28刑集一二巻八号一七一八頁

関連条文 六〇条・二〇五条

共謀共同正犯の成立要件は何か。共謀は順次になされた場合でも認められるか。

事実 被告人甲は、製紙会社の争議に関連して、同社の第二組合の幹部Aと練馬警察署の巡査Bを襲撃することを被告人乙と計画し、その実行を乙が指導することにした。翌日、被告人丙ほか数名が丙方に集合し、乙も加わってA襲撃の具体的計画を協議した。一方、被告人丁ほか数名がA襲撃の計画を協議していたが、乙の連絡によって丁ほか数名もB襲撃に合流することになった。丙ほか数名はBを襲撃し、Bは死亡した。実際に襲撃現場に赴いたのは丙ほか数名であり、甲と乙は襲撃には参加しなかった。第一審・控訴審は、甲乙両名を含め、被告人全員に傷害致死罪の共同正犯が成立するとした。被告人側は、襲撃現場に参加しなかった甲と乙を共同正犯とするのは個人責任の法理に違反するなどとして上告した。

裁判所の見解 上告棄却。「共謀共同正犯が成立するには、二人以上の者が、特定の犯罪を行うため、共同意思の下に一体となって互に他人の行為を利用し、各自の意思を実行に移すことを内容とする謀議をなし、よって犯罪を実行した事実が認められなければならない。したがつて右のような関係において共謀に参加した事実が認められる以上、直接実行行為に関与しない者でも、他人の行為をいわば自己の手段として犯罪を行つたという意味において、その間刑責の成立に差異を生ずると解すべき理由はない。」「数人の間に順次共謀が行われた場合は、これらの者のすべての間に当該犯行の共謀が行われたと解するを相当とする。」

解説 判例は古くから共謀共同正犯を認めてきた。本判決もその一つであるが、最高裁として初めてその成立要件を具体的に示した点に意義がある。とくに注目されるのは、「謀議」を要求することにより、その成立範囲に絞りをかけた点である。謀議の意義については、これを（客観的な）謀議行為と解する見解もある。しかし、本判決以降も、現場共謀の事案を中心に、謀議行為に参加していない者について共謀共同正犯の成立が肯定されている。このことからすると、判例は、謀議行為を共謀共同正犯の一般的な成立要件としているわけではないと解される。もっとも、本件は、問題となる関与者が実行行為の現場にいなかった現場不在型の事案であり、このような場合に関与者に共謀が認められるためには原則として謀議行為への参加が必要になると解することは可能であり、このことを明らかにしたのが本判決であると理解することができる。

本判決は、いわゆる順次共謀も共謀となりうることを確認した。この点にも意義がある。

▼**評釈**——高橋則夫・百選Ⅰ75

共謀共同正犯(2)……スワット事件

132 最1決平成15・5・1刑集五七巻五号五〇七頁

関連条文 六〇条

明示的な意思連絡がない場合にも共謀共同正犯が成立するか。

事実 被告人甲は、暴力団の組長で、甲にはスワットと称されるボディガードが複数名いた。スワットは、甲の外出中終始甲と行動を共にし、けん銃で甲を警護する役割を担っていた。甲とスワットらとの間には、スワットは甲の指示で動くのではなく、甲の気持ちを酌んで警護するという共通認識があった。甲から上京すると伝えられた乙は、スワットの丙と相談して警護計画を立て、これに基づき、甲が上京した際、甲の乗車する自動車の前後にけん銃を携帯したスワットらが乗車する自動車が付き、隊列を組んで移動した。このとき、けん銃所持が発覚した。スワットらは、甲を警護する目的でけん銃を所持し、甲も、スワットらが甲の警護のためけん銃を携行していることを概括的とはいえ確定的に認識していた。また、甲は、スワットらにけん銃を持たないように指示命令することもできる地位、立場にいながら、そのような警護を当然のこととして受入れ、認容し、スワットらも、甲のこのような意思を察していた。第一審・控訴審は、甲をけん銃所持の共謀共同正犯とした。甲側は、謀議が存在しないのに共謀共同正犯としたのは判例（131判決）に反するとして上告した。

裁判所の見解 上告棄却。「前記の事実関係によれば、被告人とスワットらとの間にけん銃等の所持につき黙示的に意思の連絡があったといえる。そして、スワットらは被告人の警護のために本件けん銃等を所持しながら終始被告人の近辺にいて被告人と行動を共にしていたものであり、彼らを指揮命令する権限を有する被告人の地位と彼らによって警護を受けるという被告人の立場を併せ考えれば、実質的には、正に被告人がスワットらに本件けん銃等を所持させていたと評し得るのである。したがって、……共謀共同正犯が成立する」。

解説 本決定は、甲がスワットらのけん銃所持を確定的に認識・認容し、そのことをスワットらも承知していたことから、けん銃所持につき黙示の意思連絡があったとした。そして、スワットらが終始甲の近辺で行動を共にしていたことや甲の地位・立場を根拠に正犯性を認め、けん銃所持の共謀共同正犯が成立するとした。これにより、明示的な意思連絡がなくても共謀共同正犯が成立しうることが明らかになった。

131判決は、共謀共同正犯の成立には「謀議」が必要であるとするので、これとの関係が問題となる。131判決の事案では被告人が犯行時に現場にいなかったのに対し、本件では被告人が犯行時に現場で実行行為者と行動を共にしていた。本決定は、後者については謀議行為を必要としない場合があることを示し、131判決の射程を画したといえる。

▼**評釈**——井田良・百選Ⅰ76

未必の故意による共謀共同正犯

133 最3決平成19・11・14刑集六一巻八号七五七頁

関連条文 六〇条

未必の故意しかない者に共謀共同正犯が成立するか。

事　実　港湾運送事業等を営む被告会社の代表取締役等であった被告人甲ら五名は、被告会社が保管中のいわゆる硫酸ピッチ入りのドラム缶約六千本の処理を、下請会社の代表者乙に委託したところ、そのうち三六一本が北海道内の土地で捨てられた。甲ら五名は、乙や実際に処理に当たる者らが、ドラム缶を不法投棄することを確定的に認識していたわけではないものの、不法投棄に及ぶ可能性を強く認識しながら、それでもやむを得ないと考えて処理を委託していた。第一審・控訴審は、甲ら五名は、被告会社の業務に関し、乙らと共謀の上、みだりに廃棄物を捨てたものとして、廃棄物の処理及び清掃に関する法律所定の不法投棄罪の共謀共同正犯を認定した。甲らは、不法投棄罪の共謀は認められないとして上告した。

裁判所の見解　上告棄却。「被告人五名は、乙や実際に処理に当たる者らが、同ドラム缶を不法投棄することを確定的に認識していたわけではないものの、不法投棄に及ぶ可能性を強く認識しながら、それでもやむを得ないと考えて乙に処理を委託したというのである。そうすると、被告人五名は、その後乙を介して共犯者により行われた同ドラム缶の不法投棄について、未必の故意による共謀共同正犯」となる。

解　説　本決定は、共謀共同正犯についても故意が未必の故意で足りることを初めて明示的に認めたものとして重要である。共謀共同正犯の成立に必要な故意については、132決定が、けん銃所持を確定的に認識していることを要求したようにも理解できることから、未必の故意では足りないのではないかが問題となった。しかし、この決定は、黙示の意思連絡の有無が争われた事案についての事例判断であるから、かりに右のように理解したとしても、それを共謀共同正犯一般に及ぼすことはできない。また、本決定以前にも、未必の殺意しかなかった者にも殺人の共謀共同正犯が成立することを前提にしていると解される160決定があった。理論的にも、共謀共同正犯の場合に限って未必の故意では足りないとする根拠はない。

他方で、132決定からも明らかなように、およそ未必の故意で足りるとするのは過度の一般化である。本件の場合、甲らが委託した硫酸ピッチ入りのドラム缶の処理について未必の故意で足りるとされたのであって、委託とは別個の行為についてもそのようにいえるとは限らない。たとえば、硫酸ピッチ入りのドラム缶の処理を委託された者がトラックで運搬する際に制限速度違反を犯すことについて委託者に未必の故意があったとしても、道交法違反の共謀共同正犯は成立しないと解される。

▼**評釈**――大谷實編『判例講義刑法Ⅰ総論〔第二版〕』一五一頁〔川崎友己〕

共同正犯と幇助犯の区別(1)……大麻密輸入事件

134 最1決昭和57・7・16刑集三六巻六号六九五頁

関連条文 六〇条

大麻密輸入に際し、身代わりを立て、その資金の一部を提供した行為につき、大麻密輸入の共謀共同正犯が成立するか。

事実 被告人甲は、タイ国からの大麻密輸入を計画した乙から実行担当を依頼された。大麻を入手したい欲求にかられた甲は、執行猶予中の身であることを理由に実行担当を断ったが、身代わりとして丙を紹介し、さらに、大麻密輸入の資金の一部として金二〇万円を提供するとともに、大麻を入手したときには金額に見合う大麻をもらい受けることを乙と約束した。乙は、丁を誘い、丙を交えて協議した末、丁がタイ国現地における大麻の買付け役、丙がこの大麻をタイ国から日本国内に持ち込む運び役とそれぞれ決めたうえ、丙、丁の両名がタイ国へ渡航し、大麻の密輸入を実行した。第一審・控訴審は、いずれも甲に大麻密輸入の共謀共同正犯の成立を認めた。甲側は、幇助犯の成立にとどまるとして上告した。

裁判所の見解 上告棄却。「被告人は、タイ国からの大麻密輸入を計画した乙からその実行担当者になって欲しい旨頼まれるや、大麻を入手したい欲求にかられ、執行猶予中の身であることを理由にこれを断ったものの、知人の丙に対し事情を明かして協力を求め、同人を自己の身代りとして乙に引き合わせるとともに、密輸入した大麻の一部をもらい受ける約束のもとにその資金の一部（金二〇万円）を乙に提供したというのであるから、これらの行為を通じ被告人が右乙及び丙らと本件大麻密輸入の謀議を遂げたと認めた原判断は、正当である。」

解説 本決定は、犯罪の実行担当者を紹介し、資金の一部を提供した行為について、共謀共同正犯が成立しうることを示した。その具体的な考慮要素は、共謀共同正犯の正犯性を検討する際の参考になる。

共謀共同正犯の正犯性は、他人の犯罪ではなく自己の犯罪に関与した、あるいは犯行において重要な役割を果たしたといえる場合に認められる。本件では、実行担当者の紹介が単なる紹介ではなく自己の身代わりの紹介であったこと、資金提供は自己が大麻をもらい受けるためのものであったこと、これらの行為に出た動機が自ら大麻を入手したい点にあったことから、甲にとって大麻密輸入は自己の犯罪であった、あるいは甲が大麻密輸入において果たした役割は重要なものであったといえる。

なお、本決定は、「謀議を遂げた」と認めた原判断を正当としたが、この表現は「共謀共同正犯が成立する」という意味に解してよい。共謀共同正犯の成立に謀議行為が必要かは事案によるが（131判決、132決定参照）、本件は、それが必要な事案であったと思われる。

▼**評釈**——橋本正博・百選Ⅰ77

共同正犯と幇助犯の区別(2)

135 福岡地判昭和59・8・30判時一一五二号一八二頁

強盗殺人未遂の実行行為を分担したとされる者について、その共同正犯ではなく幇助犯が成立することはありうるか。

事実　被告人甲は、本件強盗殺人未遂に次のように関与した。乙、丙、丁および戊は、Aを殺害して覚せい剤を奪取しようと企て、戊が覚せい剤取引を口実にしてAをホテルにおびき出して丁がけん銃でAを殺害し、戊がAの持参した覚せい剤を強取する旨の共謀をした。戊は、Aをホテル三〇三号室におびき出すとともに、覚せい剤取引の仲介を装い、Aの持参した覚せい剤を買主に検分させると称してAから受け取り、同室から搬出した。その直後、丁は、戊と入れ替わりに三〇三号室に入り、Aに向けてけん銃を発射して命中させ（Aは死亡しなかった）、覚せい剤を強取した。その際、戊の知人である甲は、右共謀内容を詳しく知りながら、戊の指示命令により、丁とともにAをおびき出すホテルを探して二室を予約し、覚せい剤の買手とAとの取次役を装って、戊とAのいる三〇三号室と売手がいると称する三〇九号室を行き来したりして、Aの面前において覚せい剤の売買に関する戊との問答で三〇九号室には真実覚せい剤の買手がいるかのように装い、Aが覚せい剤を買手に検分させることを了承するや、三〇三号室から三〇九号室に覚せい剤を搬出・運搬し、それを持って戊とともにただちにホテルを脱出した。検察官は、甲は強盗殺人未遂の実行行為の一部を分担したから共同正犯が成立すると主張した。

関連条文　六〇条・二四三条・二四〇条

裁判所の見解　有罪。ただし、次のように述べて甲を幇助犯とした。共同正犯の成立には共同実行の意思が認められることが必要だが、行為者が実行行為の一部を分担する場合、一般に共同実行の意思が問題にならないのは、実行行為一部分担の事実のみから共同実行の意思が推認されるからである。しかし、実行行為一部分担の事実も共同実行意思認定の有力な判断材料にすぎないことから、実行行為の一部を分担したことのみで常に共同実行の意思ありと解するのは相当でなく、前記推認を覆すに足りるような特段の事情がある場合には、実行行為の一部を行なった場合であっても、共同実行の意思の存在を否定して幇助犯の成立を認めるべきである。本件では、甲自身、実行行為の一部を担当した事実はあるが、他の共犯者と共同して本件強盗殺人を遂行しようとするような正犯意思、すなわち共同実行の意思は認めることができない。

解説　学説は、「実行行為を行う従犯」を認めることに否定的であるといってよい。しかし、共謀共同正犯を認める判例を前提とするなら、実行行為を行ったかどうかは決定的ではない（129判決参照）。本判決は、このような理解を前提にしたものと解される。

▼評釈——植村立郎・百選Ⅰ78

見張りと共同正犯

136 最3判昭和23・3・16刑集二巻三号二二〇五頁

窃盗の共謀に参加した者が窃盗の現場の外で見張りをした行為について、窃盗罪の共同正犯が成立するか。

関連条文　六〇条・二三五条

事実　被告人甲は、乙ほか五名の者と共謀のうえ、A工業株式会社作業所内から、Bが保管する綿糸三梱包を窃取した。その際、甲は、現場まで案内し、現場においては、塀の外で見張りをし、他の一名が塀の中で見張りをし、乙ほか二名が作業所に忍び込んで綿糸三梱包を持ち出した。これに対し、控訴審は、甲に窃盗罪の共同正犯が成立するとした。これに対し、甲は、乙らを現場に案内したものの、塀の外で見張りをしただけなので、幇助犯が成立するにとどまると主張して上告した。

裁判所の見解　上告棄却。「数人が強盗又は窃盗の実行を共謀した場合において、共謀者のある者が屋外の見張りをした場合でも、共同正犯は成立するということは、大審院数次の判例の示すところであって今これを改むべき理由は認められない、従って被告人が相被告人乙外五名と共謀して、A工業株式会社作業場内の綿糸三梱包を窃取した行為につき見張をした被告人を、窃盗罪の共同正犯と認めた原判決は正当であ」る。

解説　甲は、現場への案内と見張りをしただけで、窃盗の実行行為を行っていないが、共謀者であることから窃盗の共謀共同正犯とされた。共謀共同正犯を認める判例の立場からすれば、本件に限らず、見張りをしただけの者にも共同正犯が成立しうる。しかし、もちろん、見張り行為のすべてについて共同正犯が成立するわけではない。共謀共同正犯も正犯である以上、正犯性、すなわち犯罪の遂行において実行行為に準ずる重要な役割を果たしたといえること、あるいは自己の犯罪に関与したといえることが必要である（132決定、134決定参照）。見張り行為が正犯性を欠く場合には、幇助犯が成立するにとどまる（そのような例として、殺人罪につき大阪地堺支判昭和46・3・15判タ二六一号二九四頁、賭博罪につき大判大正7・6・17刑録二四輯八四四頁がある）。本件で甲の見張り行為について窃盗の共謀共同正犯の成立が肯定されたということは、甲が本件窃盗の遂行において重要な役割を果たした、あるいは本件窃盗は甲にとって自己の犯罪であると評価されたことを意味する。

なお、学説には、実行行為の概念を広げて見張りを実行行為に含める見解があり、古い判例にも同様のものがある（大判明治44・12・21刑録一七輯二二七三頁）。しかし、監禁罪など、見張りを実行行為と解しうる特殊な犯罪を除けば、見張りを実行行為の一部とみることには無理がある。本判決が甲を窃盗の共謀共同正犯としたのも、そのためであると考えられる。

▼**評釈**――齊藤彰子・百選Ⅰ（六版）77

犯罪の不阻止と共同正犯

137 東京高判平成20・10・6判タ一三〇九号二九二頁

犯行現場にいたが実行行為を行わなかった者に不作為による共同正犯が成立するか。

関連条文　六〇条・一九九条

事　実　被告人甲は、Aから性交渉を求められたことにショックを受け、友人乙に打ち明けたところ、甲から話を聞いた乙ほか遊び仲間の丙、丁ら六名は、Aに腹を立てた（丙は甲が強姦されたと誤解した）。Aの呼び出しを説得された甲は、Aを呼び出し、丙らがAを問いつめたところ、Aが逃げ出したので、丙ら六名と乙は一層怒りを募らせ、戊にAを連行させて、丙らがAに暴行を加え、さらに場所を移して丙らが凄惨な暴行を加えたため、Aは意識を失った。この間、丙は甲に「お前がやられたって言ったから俺ら動いたんだよ」などと言った。丙らは、Aを一旦解放したが、警察への通報を恐れてAを殺害することとし、戊とAを呼び戻して戊にAの殺害を命じ、甲ら全員が殺害場所付近に移動して、戊がAを池に落として殺害した。第一審は、甲と乙は丙らと車に分乗しAを運搬する行為を共同することで暗黙のうちに相互の犯意を認識し、殺害を共謀したと認定して、甲乙を殺人の共謀共同正犯とした。

裁判所の見解　控訴棄却。甲乙には不作為による殺人の共同正犯が成立する。すなわち、現場に同行し実行行為を行わなかった者については、その者に不作為犯が成立するかを検討し、その成立が認められる場合には他の作為犯との意思の連絡による共同正犯の成立を認めるほうが事案にふさわしい場合がある。この場合の共謀は意思の連絡で足りるが、作為義務の有無が重要となる。甲は、丙がAに暴力を振るう可能性があることを十分認識しながらAを呼び出しており、これは身体に危険の及ぶ可能性のある場所にAを誘い入れたものといえる。そして、丙、丁、乙のいずれもがAに対して怒りを持っていたことを考えると、Aを救うことのできる者は甲のほかにいなかった。また、共犯者らは甲のためにAに怒りを発していたから、甲は、強姦されていないという事実を説明すべきであった。乙も、身体に危険の及ぶ可能性のある場所にAを積極的に誘い入れたものということができ、警察や知人等に通報するなどして犯行の阻止に努めるべきであった。

解　説　犯行現場にいたが実行行為は行っていない者に共同正犯が成立するかという問題は、第一審がそうしたように、共謀共同正犯の問題として処理されることが多い。しかし、本判決は、実行行為の不阻止に注目し、不作為による共同正犯の問題として処理した。たしかに、幼い子を守るために親が他人の犯罪を阻止する義務を負うことはありうる。しかし、甲乙とAとの間に特別の関係はない。本判決が指摘する事実だけで阻止義務を肯定できるかについては疑問の余地がある。

▼**評釈**――中森喜彦・近畿大学法科大学院論集七号一二五頁

殺人予備罪の共同正犯

138 最1決昭和37・11・8刑集一六巻一一号一五二二頁

関連条文 六〇条・二〇一条

殺人予備罪の共同正犯は認められるか。

事案 被告人甲は、乙からAを殺害したいと打ち明けられ、青酸カリの入手方の依頼を受け、これを承諾して、青酸ソーダを乙に手交した。しかし、乙は、これを使用せず、丙と共謀して、Aを絞殺した。甲は、殺人予備罪で起訴された。第一審は、予備罪は自己予備（自ら行う犯罪のための準備行為）の場合に限られるところ、本件は他人予備（他人が行う犯罪ための準備行為）の事案であり、殺人予備罪は成立しないが、予備も実行行為であり、その幇助が認められるとして、本罪の幇助犯の成立を認めた。これに対し、控訴審は、内乱予備幇助（七九条）のような明文規定がない限り予備罪の幇助は不可罰と解すべきであるとして第一審を破棄し、殺人予備罪の共同正犯の成立を認めた。弁護人は、実行行為のない予備に共同正犯は成立しないとして上告した。

裁判所の見解 上告棄却。甲の行為を殺人予備罪の共同正犯に問擬した原判決の判断は正当と認める。

解説 予備罪にも共同正犯が認められるか。肯定説は、予備罪は独立の犯罪であり、予備も実行行為であるから、これを共同すれば予備罪の共同正犯になるとする。否定説は、共同正犯にいう「実行」は実行の着手（四三条）にいう「実行」と同義であり、実行の着手以前の予備を「実行」と解することはできないとして、予備罪の共同正犯を否定する。通貨偽造準備罪等の独立予備罪には共同正犯を認め、殺人予備罪等の通常の予備罪には共同正犯を認めない二分説もある。肯定説に立った場合には、さらに、本件のような他人予備も共同正犯になりうるかが問題となり、これを認める見解と、これを否定して自己予備に対する幇助犯とする見解とが対立する。

本決定は、甲に殺人予備罪の共同正犯が成立することを認めた。これにより、判例上、他人予備の場合を含め、予備罪にも共同正犯が認められることが明らかとなった。もっとも、その理論的根拠は示されておらず、予備罪にも「実行」行為が認められるのか、認められるとしてその根拠は何か、予備罪の幇助犯がありうるのか、他人予備における共同正犯と幇助犯の区別はどのようになされるのかなどの点は、依然明らかではない（なお、大阪高判昭和38・1・22高刑集一六巻二号一七七頁は、実質上は密出国の予備罪である密出国企図罪について幇助犯の成立を認めている。判プラI319参照）。

本決定以降、予備罪の共同正犯を肯定する傾向が定着し、それは共謀共同正犯にまで広がっている。たとえば、オウム真理教サリン生成用化学プラント建設をめぐる一連の殺人予備の事案について、他人予備の共謀共同正犯の成立が肯定されている（東京高判平成10・6・4判時一六五〇号一五五頁等）。

▼**評釈**——川口浩一・百選I 81

過失犯の共同正犯(1)……メタノール事件

139 最2判昭和28・1・23刑集七巻一号三〇頁

関連条文 六〇条

過失犯に共同正犯を認めることができるか。認めることができるとして、その成立要件は何か。

事実　被告人甲と乙は、共同経営する飲食店において、ある者から仕入れたウイスキーと称する液体にメタノールが含有されているかどうかを検査せず、法定の除外量以上のメタノールを含有したこの液体を、意思を連絡して数名の者に販売した。控訴審は、被告人両名の共同経営にかかる飲食店で、出所の不確かな液体を客に販売するには、メタノールを含有するか否かを十分に検査した上で販売しなければならない義務があるとし、被告人等はいずれも不注意にもこの義務を怠り、必要な検査もしないで、この液体は法定の除外量以上のメタノールを含有しないものと軽信してこれを客に販売した点において、(旧)有毒飲食物等取締令四条一項後段にいわゆる「過失ニ因リ違反シタル」ものと認め、過失によるメタノール含有飲食物販売罪の共同正犯が成立するとした。被告人側が上告し、過失犯の共同正犯は理論上認められない旨主張した。

裁判所の見解　上告棄却。「原判決の確定したところによれば、右飲食店は、被告人両名の共同経営にかかるものであり、右の液体の販売についても、被告人等は、その意思を連絡して販売をしたというのであるから、此点において被告人両名の間に共犯関係の成立を認めるのを相当とするのであって原判決がこれに対し刑法六〇条を適用したのは正当であ」る。

解説　過失犯に共同正犯が認められるか。この問題につき、大審院は否定的な態度を示していた。本判決にも、刑法六〇条を適用するのは失当であるとする少数意見が付いている。しかし、本判決は、過失犯の共同正犯の成立を認めた。そして、これ以後、肯定説に立つ裁判例が増えた。戦後の判例は肯定説に立っていると考えてよい。学説においても、現在の通説は肯定説であるといってよい。本判決は、判例・通説が肯定説にシフトするきっかけとなったものであり、肯定説のリーディング・ケースとして重要である。

もっとも、本判決では、過失犯の共同正犯が認められる理論的根拠や、その成立要件は示されていない。この点につき、学説では、共同の注意義務に共同して違反したこと（共同義務の共同違反）を成立要件と解する立場が支持を広げている。下級審にも、同様の見解に立って、過失犯の共同正犯の成立を肯定したものがある（141判決）。そして、近時、最高裁は、この見解を明示的に採用した（最3決平成28・7・12公刊物未登載）。これにより、「共同義務の共同違反」は、実務上の基本枠組みになったといえよう。

▼**評釈**――内海朋子・判プラⅠ352

過失犯の共同正犯(2)……喫煙失火事件

140 秋田地判昭和40・3・31下刑集七巻三号五三六頁

関連条文 六〇条・一一七条の二

監督者と従業員との間に過失犯の共同正犯が成立するか。

事案 被告人甲は、工務店の工事責任者として、従業員乙、丙ほか四名を指揮監督し、同人等とともに屋根の葺替工事をしていたものであるが、この工事に際して、甲、乙、丙が喫煙したところ、甲、乙、丙のいずれかの吸殻または破片により下葺の板が着火し、建物が焼損した。検察官は、甲ら三名による重失火罪の共同正犯が成立すると主張した。

裁判所の見解 有罪。ただし、甲ら三名の間に「屋上工事についての共同目的ないし共同行為関係というものは存したが、喫煙については、たんに時と場所を同じくしたという偶然な関係があるにすぎなく、これらの者が喫煙について意思を通じ合ったとか、共同の目的で喫煙をしたというような関係があったとみることはできなく、本件について、過失の共同正犯の理論を適用するのは相当でない」として、甲についてのみ、次のように述べて、重失火罪が成立するとした。

「本件のような気象条件、木造建物の屋上工事の際中においては、被告人自身率先して喫煙などを慎しむべき注意義務を有するとともに、配下の従業員に対しても喫煙などを避けしめるように措置すべき注意義務を有していたのに拘らず、被告人が同時に右二個の注意義務を怠り、その結果、被告人自身を含む三名いずれかの喫煙により火を失して、他人の現在する建造物を焼燬したものであり、……右二個の注意義務違反はいずれも刑法にいう重過失と評価するのが相当である」。

解説 甲については、乙と丙の喫煙に対する監督義務を介して（重）失火罪の成立を肯定することができる。これに対し、乙と丙については、甲、乙、丙の三名に共同正犯の成立を認めない限り、失火罪で処罰することはできない。三名のいずれの喫煙により着火したかが不明、つまり単独正犯としては因果関係が認められないからである。ここに過失犯の一種である失火罪の共同正犯の成立を肯定する実益がある。

現在の判例・通説によれば、過失犯の共同正犯は「共同義務の共同違反」があった場合に認められる（139判決、141判決参照）。本件では、喫煙による火災を防止すべき共同の注意義務があったかが問題となる。この点、甲は工事責任者として乙と丙を指揮監督する立場にあったのに対し、乙と丙は甲の指揮監督に服する立場にあり、甲とは役割が異なることから、三名に右のような共同の注意義務は認められないと解することができる。本判決は、喫煙について意思連絡がなかったことなどを理由に共同正犯の成立を否定したが、この結論は、右のように説明することも可能である。

▼**評釈**——内海朋子・判プラＩ357

過失犯の共同正犯(3)……世田谷ケーブル事件

141 東京地判平成4・1・23判時一四一九号一三三頁

関連条文 六〇条・一一七条の二

過失犯の共同正犯はどのような場合に成立するか。

事案 被告人甲と乙は、世田谷電話局付近の地下洞道内において、点火したトーチランプ各一個を各自が使用して、電話ケーブルの接続部の鉛管をトーチランプの炎で溶かして断線箇所を探す業務に共同して従事していた。断線箇所を発見した甲と乙は、いったん洞道外に退出した。その際、甲と乙は、トーチランプの炎が確実に消火しているかを相互に確認せず、トーチランプを布製の防護シートの近くに置いたまま立ち去ったため、どちらか一個のトーチランプの炎が防護シートに着火し、それが電話ケーブル等に延焼して電話ケーブル等が焼損し、公共の危険が生じた。出火の原因となった一個のトーチランプを甲と乙のどちらが使用していたかは不明であった。甲と乙に業務上失火罪の共同正犯が成立するかが争われた。

裁判所の見解 有罪。「数名の作業員が数個のトーチランプを使用して共同作業を行い、一時、作業を中断して現場から立ち去るときには、……各作業員が自己の使用したランプのみならず共同作業に従事した者が使用した全てのランプにつき、相互に指差し呼称して確実に消火した点を確認し合わなければならない業務上の注意義務が、共同作業者全員に課せられていたことが認められる」。「被告人両名は、前記共同の注意義務を履行すべき立場に置かれていたにも拘らず、これを怠り、前記二個のトーチランプの火が完全に消火しているか否かにつき、なんら相互の確認をすることなく、トーチランプを……防護シートに近接する位置に置いたまま、被告人両名が共に同所を立ち去ったものであり、……被告人両名が過失行為を共同して行ったことが明らかである」。「社会生活上危険かつ重大な結果の発生することが予想される場合においては、相互利用・補充による共同の注意義務を負う共同作業者が現に存在するところであり、しかもその共同作業者間において、その注意義務を怠った共同の行為があると認められる場合には、その共同作業者全員に対し過失犯の共同正犯」が成立する。

解説 過失犯の共同正犯は、どのような場合に成立するか。多数説は、「共同義務の共同違反」を過失犯の共同正犯の要件とする。「共同義務」とは共同の注意義務のことであり、危険な作業を共同して行っている場合に結果が発生しないように相互に注意する共同の義務をいう。そして、これに共同して違反する行為が「共同違反」である。本判決は、これと同様の理解から、甲と乙にはトーチランプの火が完全に消火したかを相互に指差し呼称して確認し合うべき共同の注意義務があり、両名はこれに共同して違反したとして、業務上失火罪の共同正犯の成立を認めた。

▼**評釈**――嶋矢貴之・百選Ⅰ80

結果的加重犯の共同正犯

142 最3判昭和26・3・27刑集五巻四号六八六頁

関連条文 六〇条・二四〇条

強盗現場からの逃走中に共犯者の一人が行った強盗致死につき、他の共犯者も共同正犯となるか。

事　実　被告人甲、乙、丙、丁は強盗を共謀し、現金を強取した際、家人が非常ベルを鳴らしたので、甲がけん銃を発射し、全員で逃走を図った。甲乙両名は、別の家人に追跡されているうちに警察官二名に発見され、甲はその場で逮捕されたが、乙はなおも逃走中、警察官の一人に追いつかれて逮捕されそうになった。乙は、被害者宅から百数十m離れた地点で、所携の包丁で同警察官に斬りつけ、同人を死亡させた。控訴審は、甲ら全員を強盗致死罪の共同正犯とした。丙らは、乙が警察官を死亡させた行為は強盗とは別個に行われたものであるから傷害致死罪をもって論ずべきであるとして上告した。

裁判所の見解　上告棄却。「相被告人乙は被告人と共謀の上原判示の如く強盗に着手した後、家人に騒がれて逃走し、なお泥棒、泥棒と連呼追跡されて逃走中、警視庁巡査に発見され追付かれて将に逮捕されようとした際、逮捕を免れるため同巡査に数回切りつけ遂に死に至らしめたものである。されば右乙の傷害致死行為は強盗の機会において為されたものといわなければならないのであって、強盗について共謀した共犯者等はその一人が強盗の機会において為した行為については他の共犯者も責任を負うべきものである」。

解　説　判例は、傷害致死罪や強盗致死罪などの結果的加重犯について共同正犯が成立するとしてきた。本判決も、これを前提にしている。加重結果に過失を要求しない判例の立場からは、基本犯に共同正犯が成立する以上、これと因果関係のある加重結果について結果的加重犯の共同正犯が成立するのは当然ということになる。学説上も、結果的加重犯の共同正犯を認める立場が通説である。ただし、学説は一般に加重結果に過失を要求している。このため、過失犯の共同正犯を認めない見解によれば結果的加重犯の共同正犯を認めることは困難ではないかと指摘されている。

強盗致死罪が成立する場合は、加重結果の原因行為が強盗の手段である暴行・脅迫の場合と、原因行為が強盗の機会になされた場合の二つに分けられる。丙のように原因行為を行っていない者に強盗致死罪の共同正犯が成立するかについて疑問が生じるのは、主に後者の場合である。本件については、強盗に際し乙が凶器の包丁を携行していたこと、甲がけん銃を発射して全員で逃走を図ったこと、家人らに追跡されながらの逃走であったこと、乙が警察官を斬りつけた場所が強盗の現場から百数十mしか離れていない場所であったことなどから、乙の傷害致死行為は当初の強盗の共謀の射程内にあったといえる。

▼**評釈**――内海朋子・百選Ⅰ79

承継的共犯(1)

143　横浜地判昭和56・7・17判時一〇一一号一四二頁

関連条文　六〇条・六二条・二四九条一項

恐喝罪の承継的共犯は認められるか。恐喝の手段である暴行から生じた傷害についてはどうか。

事　案　乙、丙、丁、戊は、Aから金員を喝取しようと共謀し、Aに対し、手拳等でその頭部、顔面、背部等を殴打するなどの暴行を加えて金員を要求し、その要求に応じないときはさらにいかなる危害を加えるかもしれないような気勢を示して脅迫し、Aを畏怖させていた。そこに偶然現れた被告人甲は、乙、戊から金員を取りに行くよう指示された。甲は、その場の状況等から事情を知り、これを承諾し、Aから現金五万円を受け取った。なお、Aは右暴行により傷害を負った。甲は、恐喝罪と傷害罪の共同正犯として起訴された。

裁判所の見解　有罪。ただし、恐喝罪の幇助犯が成立するとした。「承継的共同正犯において、じごに犯行に加担した者に、それ以前の先行行為者の行為についてまで責任を負担させることができる理由は、先行行為者の行為及び生じさせた結果・状態を単に認識・容認したというにとどまらず、これを自己の犯行の手段として積極的に利用すべく自己の犯罪行為の内容に取り入れて、残りの実行行為を他の共犯者と分担して行うことにあ」る。「被告人は被害者Aが乙らの先行行為により畏怖状態にあることを認識・認容して金員受領行為に加担しているので、これによって恐喝罪の実現に協力したと評価することができるが、傷害の結果を生じさせることやその拡大につながるような暴行等の寄与行為はなんらしていないから、……本件については恐喝罪の限度で承継的共犯の成立を認めることができるが、傷害についてはこれを認め得ない」。「被告人はその財物の交付を受ける行為のみを、情を知ってなした者であり、かつ、これを自らの犯罪遂行としてなしたのではなく、乙、戊に指示され、それらの者のために加担したものであって、恐喝の正犯意思を有していたとまでは認め難いから」、恐喝の幇助犯にとどまる。

解　説　他人の実行行為に途中から関与した者は、関与以前の他人の行為・結果を含めて共犯の責任を負うか。この承継的共犯の問題について、本判決は、先行者の行為・結果を自己の犯行の手段として積極的に利用した場合に承継を認める限定肯定説を採用し、恐喝については承継を認め、傷害については否定した。限定肯定説は、大阪高判昭和62・7・10高刑集四〇巻三号七二〇頁にも採用され、その後の下級審判例の主流となる。144決定は、傷害罪の承継的共犯の成否が争われた事案の判断において、限定肯定説に否定的な態度を示したが、それは傷害罪についての事例判断であるから、この決定により限定肯定説が一般的に否定されたことにはならない。

▼**評釈**――只木誠・百選Ⅰ（六版）84

承継的共犯(2)

144 最2決平成24・11・6刑集六六巻一一号一二八一頁

関連条文　六〇条・二〇四条

傷害罪について承継的共同正犯が認められるか。

事　案　被告人甲は、乙と丙が共謀してAとBに暴行を加えて傷害を負わせた後、乙らに共謀加担し、Bに対し、甲が、角材で背中、腹、足などを殴打し、頭や腹を足で蹴り、金属製はしごを何度も投げつけるなどしたほか、乙らが足で蹴ったり、丙が金属製はしごで叩いたりし、Aに対し、甲が、金属製はしごなどで頭、肩、背中などを多数回殴打し、Aの足を金属製はしごで殴打するなどしたほか、乙が角材で肩を叩くなどする激しい暴行を加え、共謀加担後に暴行を加えた上記部位についてAらの傷害を相当程度重篤化させた。第一審・控訴審は、甲が、乙らの行為と結果を暴行という自己の犯罪遂行の手段として積極的に利用する意思の下に途中から共謀加担し、乙の行為等を現にそのような手段として利用したと認定し、共謀加担前の乙らの暴行による傷害を含めた全体について承継的共同正犯が成立するとした。被告人側が上告した。

裁判所の見解　上告棄却。「被告人は、共謀加担前に乙らが既に生じさせていた傷害結果については、被告人の共謀及びそれに基づく行為がこれと因果関係を有することはないから、傷害罪の共同正犯としての責任を負うことはなく、共謀加担後の傷害を引き起こすに足りる暴行によってAらの傷害の発生に寄与したことについてのみ、傷害罪の共同正犯としての責任を負うと解するのが相当である。原判決の……認定は、被告人において、Aらが乙らの暴行を受けて負傷し、逃亡や抵抗が困難になっている状態を利用して更に暴行に及んだ趣旨をいうものと解されるが、そのような事実があったとしても、それは、被告人が共謀加担後に更に暴行を行った動機ないし契機にすぎず、共謀加担前の傷害結果について刑事責任を問い得る理由とはいえないものであって、傷害罪の共同正犯の成立範囲に関する上記判断を左右するものではない。」

解　説　本決定は、承継的共同正犯に関する最高裁唯一の判断として重要である。下級審は、限定肯定説の立場から傷害の承継を否定する傾向にあり（143判決参照）、本件第一審・控訴審が異例のものであった。障害の承継を否定した本決定は、従来の下級審の傾向に沿うものである。ただし、承継否定の理由は因果関係の欠如に求められており、限定肯定説に基づく控訴審の判断が否定されている。しかし、本決定は傷害罪についての事例判断であるから、限定肯定説が一般的に否定されたことにはならない。なお、因果関係を重視する場合、強盗罪等に承継的共同正犯が認められるかが問題となるが、これについては、後行者も強取という結果に対し因果関係を有するとして強盗罪の共同正犯の成立を認める立場が有力である。

▼**評釈**——小林憲太郎・百選Ⅰ82

承継的共犯(3)

145 大阪地判平成9・8・20判タ九九五号二八六頁

関連条文　六〇条・二〇七条

傷害罪の承継的共同正犯の事例に二〇七条を適用できるか。

事案　被告人甲と乙（後行者）は、友人丙（先行者）がAに対し暴行を加え同人を路上に転倒させたことから、丙に加勢しようと考え、丙と共謀の上、こもごもAの頭部等を多数回にわたり足蹴にするなどの暴行を加え、更に丙において引き続き別の場所でAの頭部等を足蹴にする暴行を加えた。その結果、Aは鼻骨骨折、全身打撲等の傷害を受けたが、その傷害は、共謀成立前の丙の暴行によるものか、共謀成立後の被告人ら三名の暴行によるものかを知ることができなかった。

裁判所の見解　有罪。傷害罪の承継的共同正犯の成立を否定した後、二〇七条を適用し、傷害罪の共同正犯が成立するとした。「一般に、傷害の結果が、全く意思の連絡がない二名以上の者の同一機会における各暴行によって生じたことは明らかであるが、いずれの暴行によって生じたものであるのかは確定することができないという場合には、同時犯の特例として刑法二〇七条により傷害罪の共同正犯として処断されるが、このような事例との対比の上で考えると、本件のように共謀成立の前後にわたる一連の暴行により傷害の結果が発生したことは明らかであるが、共謀成立の前後いずれの暴行により生じたものであるか確定することができないという場合にも、右一連の暴行が同一機会において行われたものである限り、刑法二〇七条が適用され、全体が傷害罪の共同正犯として処断されると解するのが相当である。けだし、右のような場合においても、単独犯の暴行によって傷害が生じたのか、共同正犯の暴行によって傷害が生じたのか不明であるという点で、やはり『その傷害を生じさせた者を知ることができないとき』に当たることにかわりはないと解されるからである。」

解説　本判決は、先行者の暴行に途中から後行者が共謀加担して被害者に傷害を負わせたが、この傷害が共謀加担前後のいずれの暴行から生じたかが不明であったという場合につき、同時傷害の特例（二〇七条）を適用して後行者に傷害罪の共同正犯が成立するとした最初の裁判例である。この種の事案について大審院・最高裁の判断が示されたことはないが、本判決以後、本特例を適用した下級審判例がいくつか出ている。他方、学説では適用肯定説と否定説が対立している。肯定説は、意思連絡がまったくない場合ですら本特例の適用により後行者は傷害罪の罪責を負うのに、意思連絡が一部にではあれ証明されたとたん本特例が適用されず暴行罪にとどまるのは不均衡だとする。これに対し、否定説は、先行者は傷害の責任を負う以上、誰も責任を負わない不都合を回避するための例外規定である本特例を適用すべきでないとする。

▼**評釈**――照沼亮介・判プラⅠ368

教唆の方法

146 最1判昭和26・12・6刑集五巻一三号二四八五頁

教唆行為にはどのような行為が含まれるのか。教唆の方法には制限はあるのか。

事実　被告人である肥料配給公団職員甲らは、傘下の農業会長Aらに対し、農業会が保管していた肥料について、価格統制に違反して売却することを予見しながら、売却するように慫慂（そうするように誘って、しきりに勧めること）した。原審は教唆犯の成立を認めた。弁護側が上告。

裁判所の見解　上告棄却。「教唆犯の成立には、ただ漠然と特定しない犯罪を惹起せしめるに過ぎないような行為だけでは足りないけれども、いやしくも一定の犯罪を実行する決意を相手方に生ぜしめるものであれば足りるものであって、これを生ぜしめる手段、方法が指示たると指揮たると、命令たると嘱託たると、誘導たると慫慂たるとその他の方法たるとを問うものではない。そして、原判決の判示は、判示農業会が保管していた判示蔵置肥料を配給及び価格統制に違反して売却することを予知しながらこれが処分を慫慂して違反販売することとの決意を生ぜしめた旨を判示しているのであるから、特定した犯罪行為の実行を慫慂したものというべく、教唆犯の判示として欠くるところないものといわなければならない。所論の判例は、一定の特定した犯罪行為を為すべきことを教唆することを要する趣旨であって、その手段方法を指示に限るの趣旨でないこと明らかであるから、本件には適切でない」。

関連条文　六一条一項

解説　六一条一項は、「人を教唆して犯罪を実行させた場合」、教唆犯として処罰されることを規定する。「人を教唆して」の意義については、人に犯罪遂行の意思を生じさせることと解されている（通説）。すなわち、教唆行為は、正犯者に犯罪意思を生じさせることに適した行為でなければならない。そこで、教唆行為にはどのような行為が含まれるのか、教唆の方法が問題となる。判例は、この問題について、大審院以来、数多くの事例判断を集積してきた。これを、教唆の手段や方法には制限はないという形で集大成し、最高裁としてこれを踏襲することを明らかにしたのが本判決である。

学説によれば、一般に、使嗾《しそう》、忠告、嘱託、欺罔《ぎもう》、威嚇、哀願、指示、指揮、命令、誘導、慫慂《しょうよう》、利益の供与など各種の方法によることが可能であるとされている。また、欺罔、威嚇などの程度が過ぎた場合には、間接正犯が認められるべきであるとされるが、こうした取扱いは当然として、今日の実務では、教唆行為が行われ、さらに教唆者と正犯者の間に意思の連絡があった場合には、多くの場合、共謀共同正犯が成立するであろうから、これらの行為の多くは、共謀行為として取り扱われるかもしれないことに注意が必要である。

▼**評釈**——豊田兼彦・判プラI325

教唆行為の意義

147 最3決平成18・11・21刑集六〇巻九号七七〇頁

正犯者の犯罪遂行の意思を確定させたことは教唆にあたるか。

事実　被告人甲は、会社の代表取締役として同社の業務を統括していたが、法人税をほ脱していたところ、国税局の調査が入るに及び、Aにその対応を相談した。Aは、内容虚偽の契約書を作ることで脱税額を少なく見せることを教示し、甲にこれを受入れるように強く勧めた。甲はこの提案を受入れ、Aに虚偽契約書作成を依頼・作成させた。（なお、Aにおいては、甲が提案を受入れなかった場合、あるいは、甲が自分に実行を依頼してこなかった場合にまで、本件証拠偽造を遂行する動機その他の事情があったことをうかがうことはできない。）一審、原審は教唆犯の成立を認めた。弁護側が上告。

裁判所の見解　上告棄却。「本件において、Aは、被告人の意向にかかわりなく本件犯罪を遂行するまでの意思を形成していたわけではないから、Aの本件証拠偽造の提案に対し、被告人がこれを承諾して提案に係る工作の実行を依頼したことによって、その提案どおりに犯罪を遂行しようというAの意思を確定させたものと認められるのであり、被告人の行為は、人に特定の犯罪を実行する決意を生じさせたものとして、教唆に当たるというべきである」。

解説　人に特定の犯罪を実行する意思を生じさせた場合、教唆犯として処罰されるところ、被告人甲がAに依頼した内容虚偽の契約書の作成は、Aから見れば、自分が作った計画である。計画を勧められた甲が、その計画を立案し、計画の受入れを強く勧めた張本人のAに依頼したことをもって、Aに新たに特定の犯罪を実行する意思を生じさせたと評価してよいのかどうかが問題点である。

確かに、Aは、計画を立案しており、虚偽契約書を作成する意思も意欲もある。しかし、当該虚偽契約書の作成は、あくまで甲の犯罪（法人税ほ脱）についての証拠偽造であって、甲が提案を受入れなかった場合や、依頼をしてこなかった場合には、その作成自体が無意味であり、実際、Aとしても、そうした場合にまで証拠偽造を行う動機を伺わせる事情もないと認定されている。

そうなると、未確定であったAの犯罪遂行意思を、虚偽契約書の作成依頼によって確定させる「決定的な一押し」を与えた甲の行為は、人に特定の犯罪を実行する意思を生じさせたと評価するに足るものであり、教唆犯の成立を認めることができると解されよう。

▼評釈――前田巖・最判解平成18年度、小林憲太郎・平成19年重判（刑法4）

関連条文　六一条一項・一〇四条

未遂の教唆……おとり捜査

148 最1決昭和28・3・5刑集七巻三号四八二頁

関連条文 六一条一項

被教唆者をはじめから未遂に終わらせるつもりで教唆する行為は可罰的か（いわゆる「未遂の教唆」は可罰的か）。

事　実　被告人甲は、Bから麻薬の入手を依頼され、さらに乙にこれを依頼した。乙は、これに応じて麻薬を入手し、甲に手渡した。甲および乙は、麻薬不法所持罪で起訴された。しかし、甲および乙は、麻薬の入手を依頼したBは、捜査当局のおとりであったこと、また、Bによって麻薬所持の犯意を誘発されたことから、無罪を主張した。一審、原審は有罪。弁護側が上告。

裁判所の見解　上告棄却。「他人の誘惑により犯意を生じ又はこれを強化された者が犯罪を実行した場合に、わが刑事法上その誘惑者が場合によっては……教唆犯又は従犯として責を負うことのあるのは格別、その他人である誘惑者が一私人でなく、捜査機関であるとの一事を以てその犯罪実行者の犯罪構成要件該当性又は責任性若しくは違法性を阻却……せしめるものとすることのできないこと多言を要しない」。

解　説　本決定については、麻薬不法所持行為を行った甲および乙の罪責と、おとりとなって麻薬不法所持を教唆したBの罪責のうち、甲および乙について、たとえおとり捜査の結果であったとしても犯罪が成立するということを示したものであるが、同時に、傍論として、おとりであるBについても、「教唆犯又は従犯として責を負うこと」がある、と述べている。特に、Bの罪責については、被教唆者の実行行為が未遂に終わることを認識して教唆した場合にも教唆犯が成立するかという、いわゆる未遂の教唆が問題となる。

未遂の教唆については、共犯の処罰根拠に遡った検討が必要である。すなわち、共犯の処罰根拠を、正犯を堕落させて罪責と刑罰に陥れたことに求める見解（責任共犯論）、あるいは、正犯を反社会的状態に陥れたことに求める見解（違法共犯論）によれば、正犯を作り出したこと、あるいは違法行為に引きずり込んだことが共犯の処罰根拠であるから、犯罪結果の発生は重要ではなく、たとえ未遂に終わることがわかっていても、教唆犯としての処罰根拠は満たされると考えることになるため、未遂の教唆については、可罰説が帰結される。それに対し、共犯は正犯を介して法益侵害結果を惹起したから処罰されると考える見解（因果共犯論）によれば、結果発生は、教唆犯の成立にとって不可欠な要素であり、結果が発生しないことが初めからわかっていた未遂の教唆については、不可罰説が導かれる。

本決定は、未遂の教唆について可罰説に立つことを示しているが、あくまで傍論であることに注意が必要である。

▼**評釈**――香川達夫＝川端博編『新判例マニュアル刑法Ⅰ総論』二二四頁〔関哲夫〕

再間接教唆

149 大判大正11・3・1刑集一巻九九頁

教唆者を教唆した間接教唆者をさらに教唆した、いわゆる再間接教唆は可罰的か。

事実　被告人甲は乙に対し、Vを脅迫することを教唆し、乙はさらに丙を教唆し、丙はさらに丁ほか四人を教唆して、犯罪を実行させた。原審は有罪。弁護側が上告。

裁判所の見解　上告棄却。「刑法第六一条第二項は教唆者を教唆したる者亦教唆者と等しく正犯に準じ処罰すべきを規定すと雖其の適用範囲に付ては議論の岐るるところにして所論の如く右規定を以て教唆者を教唆したる者即ち間接教唆の処罰を明にしたるものにして更に其の教唆者を教唆したる者即ち再間接教唆の責任を否定するものと為す論者は主として刑法上の因果関係を基礎とし教唆は結果に対する原因に非ず従て間接教唆と正犯の犯罪決意との因果関係は直接教唆の行為に因り中断せらるるが故に特に明文を以て間接教唆の処断を規定する要あり而して同条項以外の再間接教唆は之を処断する限に在らずと為すものの如し然れども教唆者を教唆したる者亦一の教唆者に外ならざるを以て之を教唆したる者亦同条項に所謂教唆者を教唆したる者に該当するのみならず元来教唆者は正犯者に犯意を惹起せしめたるものにして事実上犯罪の根源と云ふを得へく再間接教唆の場合と雖其の教唆行為無かりせば正犯の犯罪行為行はれざりしものにして前者は後者に対する一の条件を成し事実上相当なる因果の連絡あるが故に之を不問に付するが如きは法の精神に適合せざるものと謂はざるべからず要之同条項は教唆関係を間接教唆の限度に制限せんとする旨趣に非ずして再間接教唆以上の場合をも包含せしめて処罰すべきものと解するは毫も失当に非ず」

関連条文　六一条二項・二二二条一項

解説　六一条二項は、教唆犯を教唆した場合についても教唆犯になると規定する。問題は、教唆の教唆だけではなく、さらにこれを教唆した場合（再間接教唆）、また、それ以降についても、順次さかのぼって同規定を適用してよいかどうか、ということである。

現在、通説的見解である因果共犯論によれば、共犯の処罰根拠は、正犯結果を惹起したこと、すなわち、正犯結果に因果性を与えたことにあるから、正犯結果に因果性を与えている以上、教唆の教唆にとどまらず、再間接教唆（およびそれ以降）についても、教唆犯の成立を認めない理由はない、ということになる。本判決の結論は、こうした結論と合致する。

これに対し、六一条二項にいう「教唆者」とは、正犯を教唆した者に限ると解すると、再間接教唆は不可罰という結論になる。

▼**評釈**——豊田兼彦・判例プラⅠ316

過失犯に対する教唆の成否

150 東京高判昭和26・11・7判特二五号三一頁

関連条文 六一条一項

過失犯に対する教唆は認めることができるか。

事　実　被告人甲は、有毒飲食物等取締令の規定量を超えるメタノールを含有する焼酎を製造し、情を知らないAに売却を依頼した。Aは、規定量を超えるメタノールを含有することを確認する方法を講ずる注意義務があるにもかかわらずこれを怠り、その一部を、情を知らないまま売却した。原審は有罪。弁護側が上告。

裁判所の見解　破棄自判。「教唆とは他人をして犯意を起こさせることを要素とする行為であるから過失犯に対する教唆という観念はこれを認める余地がない。……若し被告人が規定量を超えるメタノールを含有するものであることを認識しながら右飲料水を前記Aの過失を利用して販売するという犯意を有していたとしたら被告人にいわゆる間接正犯の責を問うて然るべきであるが被告人にかかる犯意があったことも記録上これを認定することはできないから被告人の所為を間接正犯であるとする訳にも行かない」。

解　説　過失犯に対する教唆犯の成否については、従来は、行為共同説と犯罪共同説の対立が反映すると解されてきた。すなわち、共犯は行為を共同すればよいと解する行為共同説の立場によれば、共犯者の間で成立する罪名が異なることに何ら困難は認められず、過失犯に対する教唆犯が成立することに理論的障害はない。これに対し、犯罪を共同することが必要であるとする犯罪共同説によれば、罪名は正犯者と共犯者の間で一致するのが原則であるから、過失犯に対する故意の関与は想定できないことになる（但し、部分的犯罪共同説に立って、故意犯と過失犯に構成要件の重なり合いを認めるのであれば、これを肯定することは不可能ではないであろう）。なお、過失犯に対する教唆犯の成立を否定する場合は、他人の過失行為を利用した間接正犯が成立することになる。

この問題を現代的視点から見れば、共犯の処罰根拠論との関係を指摘することができるであろう。すなわち、現在の通説的見解である因果共犯論によれば、共犯者が、正犯者を通じて、結果に対して因果性を有している以上は、教唆犯の成立を肯定しうるのである。

しかし、因果性を有するからといって、その行為が常に共犯とされなければならないわけではない。すなわち、他人の過失行為を支配しながら自己の犯罪を実現しようとするような場合は、規範的に見て、背後者を正犯と解するのが妥当である。こうして、この問題は、背後者と過失行為者の関係を具体的にふまえつつ、ケースバイケースで検討すべきであろう。

▼**評釈**——豊田兼彦・判例プラⅠ323

幇助行為の意義……鳥打帽子事件

151 大判大正4・8・25刑録二一巻一二四九頁

関連条文 六二条・二三六条一項

強盗犯人に鳥打帽子と足袋を与えることは幇助にあたるか。

事　実　被告人甲は、AとBが強盗を実行するにあたり、Aに鳥打帽子、Bに足袋を与えた。原審は有罪。弁護側が上告。

裁判所の見解　破棄移送。「鳥打帽子又は足袋の如きは……其性質上強盗罪を容易ならしむることは特殊の場合に属するが故に其理由を説示するにあらざれば之れが交付を以て直ちに強盗罪の幇助を為したるものと即断するを許さず」

解　説　共犯が処罰されるためには、正犯者が実行行為に出たことが必要であるが（実行従属性）、その際、共犯者の行為が、正犯者にどれだけ影響を与えたかが問題となる。これを共犯の因果性の問題といい、幇助犯においては、幇助の因果性の問題という。幇助の因果性は、厳密な意味での条件関係ではなく、結果の発生を促進したという関係があれば足りるとされるが、本判決の事案は、正犯者に、鳥打帽子と足袋を与えたというものであり、それによって結果の発生が促進されたとはいえない。こうして、本件行為には、幇助の因果性が欠けるため、幇助犯として処罰することはできない。本判決については、従来は、基本的に、上記のような説明がなされてきた。

しかし、幇助の因果性以前の問題として、そもそも、幇助行為が存在しない、という処理の仕方も可能であろう。すなわち、幇助犯が成立するには、幇助行為が、正犯者の犯意を強化したり、正犯者の実行を実際に容易にするものでなければならない。そして、因果共犯論によれば、共犯の処罰根拠は、正犯者を通じて、結果発生に因果性を及ぼしたことにあるのだから、共犯行為も、結果に因果性を及ぼすだけの法益侵害の危険性をもった行為である必要があるはずである。こうした観点からすれば、鳥打帽子や足袋を正犯者に与えたとしても、正犯者の犯意が強化されたり、それによって強盗結果の発生が容易になるわけではないから、幇助行為として評価するだけの実質に欠けると解されるであろう。このように、本判決は、幇助の因果性の問題というよりも、幇助行為性の問題について判断したものとして理解することが可能であり、また、妥当であるように思われる。

こうした発想は、客観的帰属論から、許されない危険の創出がなかったと整理することもできるし、従来の通説的な考え方からも、修正された構成要件にあてはまるだけの実質的な危険をもった行為であることが要求されるといった説明の仕方で、同様の理論的帰結に至ることができると思われる。

▼**評釈**――豊田兼彦・判例プラⅠ311

助言による幇助

152　最大判昭和25・7・19刑集四巻八号一四六三頁

関連条文　六二条一項・一九九条

無形的方法による幇助。

事実　被告人甲は、乙らが、たまたま、A殺害の成功謝金額につき、「五万円出す」「五万円は安い。一〇万円出せ」「九万円で辛抱しろ」と折衝を重ねていた際に、傍で、「その位でやってやれ、礼金は引受けた」と述べた。結局、乙から丙らに右謝金として九万円を支払う約束のもとに、A殺害の謀議が成立し、丙らは、これを実行した。原審は丙らに殺人罪の幇助犯を認めた。弁護側が上告。

裁判所の見解　上告棄却。「実行正犯たる丙等において右助言によつて殺意を強固にしたとか、或は殺人の実行を引受けた旨供述した事跡がないとしても、特段の事情の認められない本件においては、判示助言によつて本件殺人の犯行が容易にせられたものと推認することができる。」

解説　幇助犯が成立するには、幇助行為が、正犯者の犯意を強化したり、正犯者の実行を実際に容易にするものでなければならない。前者を有形的幇助（物理的幇助）、後者を無形的幇助（精神的幇助）と呼ぶ。本件は、無形的幇助が問題となった事案である。

判例は、大審院の時代から、無形的幇助を肯定している。殺人を決意している者に対して、「男というものはやるときはやらねばならぬ。もし殺すことがあれば自分が差し入れはしてやる」と激励して殺意を強固にした例（大判昭和7・6・14刑集一一巻七九七頁）などがその典型である。学説も、無形的幇助を否定するものはほぼ見当たらない。

問題は、無形的幇助といえるだけの実質をどのように判断するのか、という点にある。発生結果に因果性を及ぼしたことが共犯の処罰根拠であるとする因果共犯論に立つ場合には、少なくとも、結果を促進しうる危険を有する行為でなければ、幇助行為とはいえないであろう。すなわち、幇助行為も、許されない危険を客観的に創出するだけの行為でなければならないと解される。たとえどれほど正犯者を励ますつもりがあったとしても、それが誰から見ても空回りであったり、日常的によくある行為であったりすれば、幇助犯が成立しないということもある。たとえば、抗争関係にある暴力団の事務所を襲撃するために出発する組員を、その組長ら幹部と共に集結して見送った多数の平組員の全員につき従犯が成立するといえるのか、と問題が指摘されている。無形的幇助は、類型的に、処罰が拡大しやすい傾向があるので、そうした点についての判断は、特に重要であろう。

▼**評釈**——豊田兼彦・判プラⅠ312

不作為による幇助(1)……釧路せっかん死事件

153 札幌高判平成12・3・16判時一七一一号一七〇頁

関連条文　六二条一項・二〇五条

不作為による幇助犯の成立要件（犯罪防止義務があるとされた場合）。

事実　被告人甲は、当時自己が親権者であった元夫Bとの間の長男C及び二男D（当時三歳）を連れてAと内縁関係に入ったが、その後、Aは、Dらにせっかんと称して暴行を繰り返すようになり、ある夜、Aは、マンションの居室内で、Dに対し、顔面、頭部を多数回殴打し、転倒させるなどの暴行を加えて傷害を負わせ、翌日、Dを同傷害に伴う脳機能障害により死亡させたが、甲は、同マンション居室内の台所におり、Aが暴行を開始しようとしたのを認識したが、暴行を静止することなく放置した。原審は無罪。検察官が控訴。

裁判所の見解　破棄自判。「不作為による幇助犯は、正犯者の犯罪を防止しなければならない作為義務のある者が、一定の作為によって正犯者の犯罪を防止することが可能であるのに、そのことを認識しながら、右一定の作為をせず、これによって正犯者の犯罪の実行を容易にした場合に成立し、以上が作為による幇助犯の場合と同視できることが必要と解される」。「DがAから暴行を受けることを阻止し得る者は被告人以外存在しなかったことにかんがみると、Dの生命・身体の安全の確保は、被告人のみに依存していた状態にあり、かつ、被告人は、Dの生命・身体の安全が害される危険な状態を認識していたというべきであるから、被告人には、AがDに対して暴行に及ぶことを阻止しなければならない作為義務があった」。被告人の「作為義務の程度が極めて強度であり、比較的容易なものを含む前記一定の作為によってAのDに対する暴行を阻止することが可能であったことにかんがみると、被告人の行為は、作為による幇助犯の場合と同視できるものというべきである」。

解説　正犯に対して、不作為によって関与する行為が可罰的であることについては、判例・学説上一致を見ている。問題は、それが、どのような場合に共同正犯となり、どのような場合に幇助犯となるのかについてである。判例は、正犯者の犯罪を防止すべき作為義務を有する者がこれに違反してその犯罪を防止しなかった場合、不作為の幇助犯が成立するとしている。すなわち、Aの暴行によりDの生命身体という法益が危険にさらされているところ、甲にはこれを阻止する義務が課されることになり、これを阻止しなかった甲には、幇助犯が成立することになる。ただし、共謀が先行しており、実行者に対する関与が重要な役割を果たしていると評価しうる場合には、共謀共同正犯が成立するであろうから、こうした処理が妥当する領域はかなり例外的な場合に限定されるであろう。

▼**評釈**――安達光治・百選Ⅰ83

不作為による幇助(2)

154 東京高判平成11・1・29判時一六八三号一五三頁

不作為の幇助の成立要件（犯罪防止義務がないとされる場合）。

事　実　Cら四名は、市内のビル内のパチンコ店から売上金を集金した集金人の顔面を殴打して昏倒するなどの暴行を加え、集金人から現金を奪い取り、その際同人に傷害を負わせたが、犯行当日、Cらに集金人が来るのを電話で知らせたAについては、強盗致傷罪の共同正犯が成立するとされたところ、同ゲームセンターの従業員である被告人甲は、Aから犯行を打ち明けられたが、なんら被害を避けるための措置は取らなかった。原審は有罪。弁護側が控訴。

裁判所の見解　破棄自判。甲の罪責について不作為による幇助犯が成立するには、「正犯者の犯罪を防止すべき義務が存在することが必要である」。「犯罪を防止すべき義務は、正犯者の犯罪による被害法益を保護すべき義務（保護義務）に基づく場合と、正犯者の犯罪実行を直接阻止すべき義務（阻止義務）に基づく場合が考えられる」が、甲が「その雇用契約に基づく義務として右の保護義務ないし阻止義務があるか否かが検討されるべきであるといえる」。この点、本件金銭については甲の職務から離れているので保護義務を認めることはできず、Aの行状を監督すべき義務を負っているわけではないから阻止義務を認めることもできない。よって甲に不作為による強盗罪の幇助犯は成立しない。

関連条文　六二条一項・二四〇条

解　説　判例は、正犯者の犯罪を防止すべき作為義務を有する者がこれに違反してその犯罪を防止しなかった場合、不作為の幇助犯が成立するとしているが、本件は、その作為義務が否定された事案である。正犯者の犯罪を防止すべき作為義務について、保護義務と阻止義務をあげ、両者を検討の俎上に乗せた上で、その両者とも、本件事案においては認められない、という判断を示しているのである。

この点、作為義務を、危険状態にある法益を保護すべき義務（法益保護義務）と法益を危険にさらす危険源を管理する義務（危険源管理義務）に分けて、前者に違反した場合を正犯、後者に違反した場合を幇助犯とする見解（機能的二分説）があり、本判決が作為義務を保護義務と阻止義務の二つに分けて検討している点はこの学説に類似するが、その両者を検討の俎上にあげている点で異なっているといわなければならない。やはり、基本的には、結果の発生を阻止すべき義務を最終的に問題とすべきである。そして、犯行の共謀があった場合は作為犯の共謀共同正犯として、それ以外の場合には関与の重大性に応じて不作為による幇助犯の成否を検討するという手順で思考を進めるのが実際的であるように思われる。

▼**評釈**――松生光正・判セ一九九九年（刑法5）

同乗者と危険運転致死傷幇助罪

155 最3決平成25・4・15刑集六七巻四号四三七頁

関連条文 六二条一項（旧規定二〇八条の二 一項）

車両の発進を了解し、同乗し運転を黙認し続けた行為が、危険運転致死傷幇助罪となるか。

事実 運送会社に勤務する被告人甲及び乙は、飲食店で同僚運転手のCらと共に飲酒をしたところ、Cが高度に酩酊した様子をその場で認識していた。その後、さらに飲食するため、別の店に到着したが、開店までの待ち時間に、Cから本件車両に甲及び乙を同乗させて付近の道路を走行させることの了解を求められた折、甲が、顔をCに向けて頷くなどし、乙が、「そうしようか」などと答え、それぞれ了解を与えた。これを受けて、Cは、アルコールの影響により正常な運転が困難な状態で本件車両を時速一〇〇ないし一二〇kmで走行させて対向車線に進出させ、対向車二台に順次衝突させて、その乗員のうち二名を死亡させ、四名に傷害を負わせた。甲及び乙は、その間、先に了解を与えた際の態度を変えず、Cの運転を制止することなく本件車両に同乗し、これを黙認し続けていた。原審は幇助犯の成立を肯定。弁護側が上告。

裁判所の見解 上告棄却。「Cが本件車両を運転するについては、先輩であり、同乗している被告人両名の意向を確認し、了解を得られたことが重要な契機となっている一方、被告人両名は、Cがアルコールの影響により正常な運転が困難な状態であることを認識しながら、本件車両発進に了解を与え、そのCの運転を制止することなくそのまま本件車両に同乗してこれを黙認し続けたと認められるのであるから、上記の被告人両名の了解とこれに続く黙認という行為が、Cの運転の意思をより強固なものにすることにより、Cの危険運転致死傷罪を容易にしたことは明らかであって、被告人両名に危険運転致死傷幇助罪が成立するというべきである。」

解説 甲及び乙の行為は、Cの危険運転行為を了解する、あるいは黙認するといったものであるが、これが、無形的な方法（精神的な方法）でCの行為を幇助するものであると評価できるかが問題となる。無形的な方法での正犯への関与が、幇助行為といえるためには、その行為が、少なくとも、正犯結果を促進しうる危険を有する行為でなければならないと解されるが（152判決参照）、本件では、その行為によってCの意思が強固になっており、無形的幇助にあたるとされている。これが、単に車に同乗していた、あるいは黙認していたというだけであった場合にまで無形的幇助と認められるかは一個の問題である。共犯者と正犯者の人的な関係や、事案の状況によって変わりうると思われるので、事案に即した検討が必要であろう。

▼**評釈**――深町晋也・判セＩ二〇一三年（刑法６）

幇助の因果関係……宝石商殺害事件

156 東京高判平成2・2・21判タ七三三号二三二頁

関連条文 六二条一項・二四〇条

幇助の因果関係の内容はどのようなものか。

事　実　Yは、宝石商Aから預かって保管していた宝石類の返還を免れるため、Aを殺害することにした。当初はビルの地下室で殺害する計画であったが、これを変更し、実際には、仲間の運転する自動車内において、Aを殺害した。被告人甲は、当初、Yが地下室を殺害場所に計画していた際、拳銃の音が外部に漏れないように、地下室の入口戸の周囲の隙間等をガムテープで目張りしたり、換気口を毛布でふさぐなどすると共に（目張り行為）、計画変更後は、Yの自動車に追従し、殺害現場に至るなどした（追従行為）。原審は幇助犯の成立を肯定。弁護側が控訴。

裁判所の見解　破棄自判。「甲の地下室における目張り等の行為がYの現実の強盗殺人の実行行為との関係では全く役に立たなかった」場合、それにもかかわらずその行為が「強盗殺人の実行行為を幇助したといい得るには、甲の目張り等行為が、それ自体、Yを精神的に力づけ、その強盗殺人の意図を維持ないし強化することに役立ったことを要すると解さなければならない」が、甲の目張り等の行為はYに認識されていなかったのであるからこれを肯定することはできない。しかし、追従行為については、「Yも被告人が自己の後から追従してくることを心強く感じていた」が故に、Yの意図を強化したと認められる。

解　説　共犯の処罰根拠については、結果に因果性を与えたが故に処罰されると解する因果共犯論が通説である。問題は、ここでいう因果性の中身であるが、これを厳密な意味での因果関係、すなわち条件関係と解すると、幇助の因果関係が認められなくなってしまう場合が多くなるように思われる。そもそも、複数の者が幇助している状況下では、すべての関与者が結果に条件関係を持つこと自体が、現象としては非現実的である。そこで、幇助行為には、結果を促進する関係があれば足りるとするのが通説である（促進公式）。

本件では、目張り行為については、Yがそのこと自体を認識しておらず、精神的にも何らの影響力を与えていないことが明らかであるから、幇助の因果関係は認められない。それに対し、追従行為は、Yが心強く感じていることで、正犯行為の実行を容易にせしめ、正犯行為を促進したと評価できるため、幇助の因果関係が肯定できる。

なお、幇助犯を抽象的危険犯と解する見解があり、この立場に立つと、目張り行為も幇助行為として認められると解される（本件一審がこの見解をとる）。

▼**評釈**――林幹人・百選Ⅰ86

中立的行為と幇助……ウィニー事件

157 最3決平成23・12・19刑集六五巻九号一三八〇頁

関連条文　六二条一項

いわゆる中立的行為（日常的行為）によって正犯行為を幇助することは、いかなる要件のもとで認められるか。

事実　被告人甲は、ファイル共有ソフト「Ｗｉｎｎｙ」を開発し、ウエブサイトにおいて公開して不特定多数の者に提供していたところ、二名の者が、本件ファイル共有ソフトを利用して、著作権者の許諾を得ずに、ゲームソフトや映画の情報をインターネット上で自動公衆送信し得る状態にして、著作権者が有する公衆送信権を妨げるという著作権法違反行為を行った。一審は有罪、原審は無罪。検察官が上告。

裁判所の見解　上告棄却。本件ファイル共有ソフトは、「適法な用途にも、著作権侵害という違法な用途にも利用できるソフトであり、これを著作権侵害に利用するか、その他の用途に利用するかは、あくまで個々の利用者の判断に委ねられている」。「かかるソフトの提供行為について、幇助犯が成立するためには、一般的可能性を超える具体的な侵害利用状況が必要であり、また、そのことを提供者においても認識、認容していることを要するというべきである」。本件において、甲がそのことを「認識、認容していたとまで認めることは困難」であり、甲は、「著作権法違反罪の幇助犯の故意を欠く」。

解説　幇助の因果関係は促進関係であるから（156判決参照）、正犯行為を幇助する故意をもって日常的行為を行った場合、すべて幇助犯とされ、幇助犯の処罰範囲が極めて拡大されるのではないかという懸念がある。そこで、こうした行為を何らかの形で限定すべきではないかという問題意識が生ずる。この問題については、様々な解決方法が提案されているが、発生結果に因果性を及ぼしたことが共犯の処罰根拠であるとする因果共犯論に立つ場合には、少なくとも、正犯結果を促進しうる危険を有する行為でなければ、幇助行為とはいえないであろう。すなわち、幇助行為も、許されない危険を客観的に創出するだけの行為でなければならないと解される。本決定は、中立的行為が幇助となるには、一般的可能性を超える具体的な侵害利用状況があることが必要であるとしている。そうした状況下での中立的行為のみが許されない危険を創出しているると評価できるのであり、本件行為はそうではない、ということになる。ただし、本決定は、甲の故意を問題とし、幇助犯の成立を否定した。類型的危険状況がなくても結果が発生してしまった以上因果性を否定できないから、その故意を欠く、という構成をとったものと考えられる。しかし、因果性はあったとしても、幇助行為として許された危険の範囲内であったという構成も可能だったといえよう。

▼**評釈**――塩見淳・百選Ⅰ87

間接幇助

158 最1決昭和44・7・17刑集二三巻八号一〇六一頁

関連条文 六二条一項・一七五条

正犯を間接に幇助した場合、従犯の成立は認められるか。

事実 金具の製造販売業者である被告人甲は、得意先のAに対し、必要なら自分の持っているエロフィルムをいつでも貸すと言ったところ、後日、Aから得意先に貸してやりたいから貸してくれと申し出があり、甲は、露骨な性描写の8ミリ映画フィルム一〇巻をAに貸与し、Aは得意先であるBに渡し、Bが、C方において8ミリ映写機を利用して映写し、これを十数名に閲覧させた。一審、原審が幇助犯の成立を肯定したため弁護側が上告。

裁判所の見解 上告棄却。「甲は正犯たるBの犯行を間接に幇助したものとして、従犯の成立を認めた原判決の判断は相当である」。

解説 従犯を幇助した者の取扱いについて、刑法には、規定がおかれていない。そのため、従犯についての幇助(間接幇助)の罪責が問題となる。

現在、通説的見解である因果共犯論によれば、共犯の処罰根拠は、正犯結果を惹起したこと、すなわち、正犯結果に因果性を与えたことにあるから、正犯結果に因果性を与えている以上、従犯の教唆にとどまらず、従犯の幇助(およびそれ以降)についても、幇助犯の成立を認めない理由はない、ということになる。本判決は、こうした結論と合致する。

反対説は、幇助行為は実行行為でなく幇助者は正犯ではないこと、正犯を幇助した者のみを処罰する刑法の趣旨は、幇助の幇助はもはや罰しないものと解すべきであること、を根拠として、間接幇助の可罰性を否定する。間接幇助を処罰するのは、処罰を無限に追求する結果を招き、法的安定性を害するというのである。

しかし、間接幇助の可罰性を否定する根拠は、条文が処罰規定をおいていないという形式的な理由以外にないのであるから、刑法は代表的な順次共犯について確認的な処罰規定をおいたに過ぎないのだと解すれば、上記反対説に従う理由はなくなる。また、幇助犯の処罰根拠も、幇助の因果関係を通じて発生結果に因果性を与えたこと、すなわち、発生結果を促進させたことにあるのだから、単に、幇助行為を促進させただけではたりないのであって、因果共犯論に立つ以上、間接幇助が可罰的なのは、間接幇助した相手を通じて、あるいは、間接幇助行為それ自体が直接に、正犯結果それ自体を促進させたことが必要であるから、順次共犯の処罰には実際上の限度があり、処罰の無限化は生じないであろう。

▼**評釈**――平山幹子・百選Ⅰ84

片面的幇助

159 東京地判昭和63・7・27判時一三〇〇号一五三頁

関連条文 六二条一項

片面的幇助は認められるか。

事　実　A、B及びCは、けん銃およびけん銃用実包を日本に密輸入しようと企て、木製テーブル内に隠匿して、航空貨物でフィリピン共和国から発送し、成田空港に到着させ、右けん銃及びけん銃用実包を輸入しようとしたが、これを東京税関職員に発見されたため、その目的を遂げなかった。これに先立って、被告人甲は、Cから頼まれ、本件テーブルをフィリピン共和国内にある国際航空貨物輸出入運送業者に持ち込んだ上、同所において、本件テーブル内にけん銃及びけん銃用実包が隠されているかもしれず、Cらがこれを日本国に密輸入して売り捌くつもりかもしれないと考えながら、その発送手続を行った。

裁判所の見解　有罪。甲は、「けん銃・実包の密輸入行為に際し……Cらと共謀していたと認めるには未だ証明十分とは言い難く、むしろ、被告人は、CやAらに利用され、本件テーブルの形式的な発送手続を行おうとしたが、右手続中Cらの密輸入行為につき未必的な認識を持つに至ったものの、実兄からの依頼ということもあって、これを幇助する意思のもとに、そのまま右発送手続を完了させたものと認められる」。したがって、甲には幇助犯の成立が認められる。

解　説　片面的共犯を認めるかどうかは、かつては、共犯の本質論と関連づけて論じられてきた。すなわち、共同意思主体説によれば、共同正犯・幇助犯いずれも相互の意思連絡が必要であることから、片面的共同正犯・片面的幇助のいずれも否定される。犯罪共同説によれば、共同正犯については相互の意思連絡が必要であるから片面的共同正犯は否定されるが片面的幇助は肯定される。行為共同説によれば、共同正犯においては、共同意思は一方的なもので足りるし、幇助犯においては、そもそも相互意思連絡は不要であるから、片面的共同正犯も片面的幇助もいずれも肯定される。

しかし、現在は、この問題も、共犯の処罰根拠論との関連で論じられるのが一般的である。すなわち、通説である因果共犯論によれば、正犯結果を促進すれば幇助犯の処罰根拠は満たされるのであるから、無形的幇助の場合は、正犯者がこれを認識していなければ結果を促進しようがなく、片面的幇助は認められないが、有形的幇助であれば、正犯者がそれを認識していなくても、正犯結果の促進に因果性を持ちうるのであるから、片面的幇助は肯定しうる、という結論となる。

本判決も、片面的幇助を肯定している。なお、判例は、一般的に、片面的幇助は肯定するが、片面的共同正犯は否定することに注意しておこう。

▼**評釈**――武藤眞朗・百選Ⅰ85

共同正犯と過剰防衛……フィリピンパブ事件

160 最2決平成4・6・5刑集四六巻四号二四五頁　　関連条文　三六条・六〇条

①共同正犯が成立する場合における過剰防衛の成否の判断方法。②殺人の共同正犯者中の一人に過剰防衛が成立する場合の、他の者における過剰防衛の成否。

事実　被告人甲は飲食店Aに勤務中のB女と電話中、店長Cから一方的に電話を切られた上、侮辱的な言葉を浴びせられて憤激し、同行を渋る友人乙を説得し、包丁を持たせて一緒にタクシーでAに向かった。甲は車内において、Cを殺害することもやむを得ないとの意思の下、乙に「やられたらナイフを使え」と指示した。甲はA付近に到着後、乙を出入口付近に行かせ、自分は少し離れた場所で待機していた。乙は、自分から進んで暴行を加えるまでの意思はなかったものの、Cとは面識がないからいきなり暴力を振るわれることもないだろうと考えていたが、予想外にも出てきたCに甲と取り違えられ、いきなり顔面を殴打されて倒されるなどの暴行を受けた。乙は殴り返すなどしたものの、甲の加勢も得られず再度殴り倒されたため、自己の生命身体を防衛する意思で、とっさに包丁を取り出し、Cを殺害することになってもやむを得ないと決意し、包丁でCの左胸部等を数回突き刺し、殺害した。一審判決は、遅くともタクシー内において未必の殺意による殺人の共謀が成立したとし、両名はCの侵害を予期し、積極的加害意思の下に現場に臨んだとして、両名ともに過剰防衛の成立を否定したが、原審判決は、乙が包丁で突き刺す際に初めて殺意が生じ、この時点で共謀が成立したとして、乙には積極的加害意思がなかったとし、同人にのみ過剰防衛の成立を認めた。甲は、乙の過剰防衛の効果は同人にも及ぶとして上告した。

裁判所の見解　上告棄却。共同正犯が成立する場合の過剰防衛の成否は、各人につきそれぞれの要件を満たすかどうかを検討して決するべきであり、一人について過剰防衛が成立したとしても、その結果当然に他の者についても過剰防衛が成立することにはならない。甲はCの攻撃を予期し、その機会を利用して積極的な加害の意思で侵害に臨んだものであるから、乙にとっては急迫不正の侵害であっても、甲にとっては急迫性を欠くものである。

解説　判例の積極的加害意思論（74決定）からは、本決定のように各人の事前の内心や態度によって関与者毎に急迫性の存否が分かれることになる。その上で、過剰防衛における刑の減免根拠を責任減少の側面に求める立場か、違法減少の側面に求めつつ、法益侵害以外の要素の存否により違法性判断の個別化を認める立場によれば、本決定の結論は肯定される。共同正犯は正犯であって他の関与者に対する違法評価には従属しない、と解して同様の帰結を導くことも可能であろう。

▼評釈——松原芳博・百選Ⅰ88

教唆犯と錯誤……ゴットン師事件

161 最3判昭和25・7・11刑集四巻七号一二六一頁

関連条文 六一条

自己が教唆した内容と異なる性質の犯罪が共犯者によって実行された場合の問題点。

事実 被告人甲は乙から金銭の入手方法につき相談されたので、同人に対し、自分が家の様子を知っており、三〇万円ほどの金銭を持っていると見受けられたA方に入ればよいと申し向け、乙に家の構造や付近の地形を図解して示した。乙はこれにより強盗を決意し、丙ら三名と共に、日本刀、バール等を携え、A方奥手口から施錠をバールで破壊して屋内に侵入したが、母屋に侵入する方法を発見できなかったので断念した。しかし乙らは犯意継続してAの隣家であるB商会に押入ることを謀議し、乙はB付近で見張りをなし、丙ら三名は屋内に侵入し、就寝中のCに日本刀などを突き付けて脅迫するなどして金品を強取した。原審判決は甲に住居侵入教唆、窃盗教唆の成立を認めた。これに対し弁護人は、甲が教唆したA方への侵入は実行されておらず、教唆犯は成立しないと主張して上告した。

裁判所の見解 破棄差戻。故意を認める上では、必ずしも犯人が認識した事実と現に発生した事実とが具体的に符合している必要はなく、両者が類型として規定している範囲において符合していれば足りる。従って、乙の住居侵入、強盗の所為が「甲の教唆に基いてなされたもの」と認められる限り、甲は住居侵入、窃盗の範囲において教唆犯の責任を負うのは当然であり、被害者が異なっているというだけで直ちに甲が責任を負わないとは即断できない。しかし、一審公判調書中の乙の供述記載によれば、いったん諦めて帰りかけたところ、丙ら三名が吾々はゴットン師であるからただでは帰れないと言い出しBに入っていったので、自分は外で待っていた旨の記載があり、むしろ乙は一旦、甲の教唆に基く犯意を障碍のため放棄したが、たまたま共犯者三名が強硬にBに押入ろうと主張したことに動かされて決意を新たにしてこれを敢行したと疑われないでもなく、原審判決が果たして明確に甲の教唆行為と乙の所為との間に「因果関係があるもの」と認定したか否かは「頗る疑問」である。

解説 判示前半部分は、抽象的事実の錯誤に関する法定的符合説の立場から、構成要件的に符合が認められる軽い罪の限度で故意が成立する旨を説くものと解される（36、37決定参照）。しかし後半部分では、それ以前に、教唆行為と正犯の犯行との間の「因果関係」の存否を問題とした上で、本件ではその存在に疑問があることを理由に原判決を破棄し、差戻している。従って、前半部分は厳密には傍論であり、本判決は「教唆の因果関係」に関する事案というべきであろう。

▼**評釈**——豊田兼彦・判プラI 310

共同正犯と錯誤

162 最1決昭和54・4・13刑集三三巻三号一七九頁

関連条文 三八条二項・六〇条

暴行・傷害を共謀した共犯者のうちの一人が殺意をもって被害者を死亡させた場合における、他の共犯者の擬律。

事実　暴力団組長甲、組員乙ら七名は、組の資金源となっているバーの営業に関し巡査Aらが店舗に立入調査をしたことに憤激し、順次Aに暴行ないし傷害を加える旨共謀し、派出所前の路上に押しかけて罵声を浴びせ、これに応答した際のAの言動に激昂した乙が、未必の殺意をもって所携の小刀でAの下腹部を突き刺し失血死させた。甲らは殺人罪の共同正犯として起訴されたが、一審判決は甲らの所為は六〇条、一九九条に該当するが、乙を除く六名は暴行・傷害の意思で共謀したものであるから、三八条二項により、六〇条、二〇五条一項の刑で処断するとし、原審判決もこれを維持した。甲は、殺意のない六名には殺人罪は成立しないとして上告した。

裁判所の見解　上告棄却。殺人罪と傷害致死罪とは殺意の有無において差があるだけでその他の構成要件要素は同一であるから、「殺意のなかった甲ら六名については、殺人罪の共同正犯と傷害致死罪の共同正犯の構成要件が重なり合う限度で軽い傷害致死罪の共同正犯が成立する」。甲らにとっても「暴行・傷害の共謀に起因して客観的には殺人罪の共同正犯にあたる事実が実現されたことにはなるが」、同人らには「殺人罪という重い罪の共同正犯の意思はなかったのであるから」、仮に殺人罪の共同正犯が成立するとしつつ傷害致死罪の共同正犯の刑で処断するにとどめるとするならば、それは誤りである。もっとも一審判決は、甲らにつき六〇条、一九九条に該当するとはいっているものの、殺人罪の共同正犯の成立を認めているものではないから、この法令適用を維持した原判決に誤りがあるとはいえない。

解説　共同正犯者の一人が実現した重い罪につき故意がなかった者の罪責につき、従前の判例では三八条二項を適用し軽い罪の限度で処断するとされていたものの、重い罪の共同正犯としつつ刑だけを軽い罪の限度にとどめていたのか、最初から軽い罪の共同正犯が成立するのか明らかでなかった。本決定は明示的に前者の考え方を否定し、構成要件的に重なり合う軽い罪の限度で共同正犯が成立するとしている。もっとも、重い罪の故意を有していた乙が上告しておらず、その擬律については明らかでなかったが、その後14決定は、重い罪の故意を有していた者につき、故意のない者との間では軽い罪の限度で共同正犯となるとした。この点につき、重い罪は単独正犯となり、軽い罪の共同正犯はこれに吸収されるとする立場が採用されたと一般にいわれているが、その先例性についてはなお議論がある。

▼**評釈**――豊田兼彦・百選Ⅰ90

共謀の射程

163　東京地判平成7・10・9判時一五九八号一五五頁

昏睡強盗を共謀したところ、予期に反して共犯者が被害者に暴行を加えて負傷させたのち、その反抗抑圧状態を利用して共犯者と共に被害者から金品を奪取した場合の擬律。

関連条文　六〇条・二三六条・二四〇条前段

事実　被告人甲女は乙女から「薬飲ましてお金取っちゃおうよ」と誘われ、乙、丙と共に昏睡強盗を行う計画を持ち掛けられてこれに同意した（なお、乙と丙は以前から本件と同様の手口で昏睡強盗を行っていたが、甲と丙とはこの時が初対面であった）。甲ら三名はスナックの店内でAに対してビールを飲むように勧め、乙はAの隙をうかがってビールグラスに睡眠薬を入れ、これを同人に飲ませたものの、Aは眠り込むまでには至らなかった。待ち切れなくなった丙は、同人に暴行を加えて気絶させた上で金品を奪取しようと考え、「この野郎、くたばらないのか」と言って、Aの顔面を手拳で殴打するなどの暴行を加えたため、Aは傷害を負い、気絶した。この間、乙もAに向かって罵声を飛ばしていたが、甲は傍らでこれを見ていた。その後、乙及び丙はAのバッグの中から金品を奪い、甲も乙に促されて店内の金品を奪った。検察官は甲に強盗致傷罪が成立すると主張した。

裁判所の見解　甲が当初加担した段階では被害者が昏睡しない場合に暴行を加えてでも財物を強取するか否かについての謀議まではなされていない。また甲は「丙がAに対して暴行を加え始めるまでの時点において、昏睡強盗の計画が暴行脅迫を手段とする強盗へと発展する可能性を認識していたとは認められず、また、丙が暴行を加えている時点においても、右暴行を認容してそれを自己の強盗の手段として利用しようとしたとまでは認められないので」強盗の共謀は成立しておらず、強盗致傷罪の責任を負わせることはできない（もっとも、その後丙らの意図を認識しつつAの反抗抑圧状態を自己の犯罪遂行の手段として積極的に利用して財物奪取に加担していることから、強盗罪の限度で承継的共同正犯が成立する）。

解説　前半部分に関しては、抽象的事実の錯誤に関する法定的符合説の見地から（36、37決定参照）軽い昏睡強盗罪の限度で故意を認めるという方法もあり得たと思われるが、本判決はそうではなく、むしろ当初の共謀（意思連絡）の内容に「暴行」が含まれていないことを説いており、客観的に共犯としての因果性が及んでいない＝「共謀の射程」外の事実について客観的帰属が否定されるという方法に依拠していると解される。そこでは、本件では甲は初対面の丙が暴行に出ることを予測していなかったという事情が重要である。なお、本判決は承継的共同正犯に関しては限定肯定説の立場を採用している（143判決参照）。

▼**評釈**――橋爪隆「共謀の射程と共犯の錯誤」法教三五九号

関与形式間の錯誤

164 仙台高判昭和27・2・29判特二二号一〇六頁

関連条文　三八条二項

刑事未成年者を刑事成年者と誤信して窃盗を唆した場合の擬律。

事実　被告人甲は、犯罪の実行意思のなかった乙と丙を唆して窃盗の決意をさせ、実行させた。甲は丙について刑事責任能力者であると思っていたが、当時丙は刑事責任年齢に達していなかった。一審判決は甲に窃盗教唆の成立を認めたが、甲側が控訴した。

裁判所の見解　控訴棄却。甲は「自分のために実行々為をなすべく行動したものでない」と認められるから、一審判決が教唆の成立を認めたのは相当である。「甲は当時丙は刑事責任能力者と思惟していたが事実は刑事責任年齢に達していなかったことが確認し得られるので此の点は窃盗の間接正犯の概念をもって律すべきであるが刑法第三八条第二項により甲は結局犯情の軽いと認める窃盗教唆罪の刑をもって処断さるべきが相当であるというべきである」。

解説　本件につき裁判所は、主観的には教唆犯の意思で、客観的にはいわば道具としての刑事未成年者を利用した間接正犯に当たる事実を実現した事案と理解した上で、三八条二項を適用し、教唆の刑で処断されるとしている。もっとも、間接正犯が成立するとした上で同項の適用により刑のみを教唆の限度にとどめるとしているのか、それとも最初から教唆が成立するとしているのかは不明瞭である（豊田・後掲参照）。

関与類型間の誤信につき、学説上はこれを故意論の次元に位置付けた上で、（窃盗という同一構成要件間ではあるもの）一種の抽象的事実の錯誤の問題と解し、法定的符合説の見地から、主観的に認識していた類型と客観的に実現された類型が重なり合う限度で軽い類型の成立を認める立場を採用しており、本判決もその文脈で理解され得る。ただし、間接正犯に関する今日の一般的な理解からは、直接実行者が単に刑事未成年であるというだけで直ちに背後者に間接正犯が成立するわけではないから（125、126決定参照）、本件でも客観的に間接正犯に当たる事実が実現されたといえるかには検討の余地がある。また、関与類型間の誤信には、本件のように直接実行者の責任能力の存在を誤信していた場合のほか、直接実行者の故意の存在を誤信していた場合もあり、「間接正犯の故意はその実質において教唆犯の故意を包含すると評価すべきであるから、刑法三八条二項の趣旨により、犯情の軽い窃盗教唆の限度で犯罪が成立する」とした裁判例が存在している（松山地判平成24・2・9判タ一三七八号二五一頁）。ここでも、一種の抽象的事実の錯誤の問題として処理されていることが窺える。

▼**評釈**——豊田兼彦・判プラⅠ322

身分の意義(1)

165　最3決昭和40・3・30刑集一九巻三号一二五頁

関連条文　六五条・一七七条

①強姦罪における男性は六五条の身分に当たるか。②女性が男性と意思を通じて強姦罪に関与した場合の擬律。

事実　被告人甲女は、乙男と共に、かねて自身の夫と情を通じていたA女を飲食店の二階の一室に連行し、夫との関係について厳しく問い質した上、Aに恥辱を与えて日頃の鬱憤を晴らそうと考えて、乙、及び居合わせた丙男に対し、その場でAを姦淫することを慫慂した。両名がこれに応じ、ここに甲、乙、丙の三名は共謀の上Aを強姦することを決意して、甲がAをその場に押し倒し、乙と共にその身体を押さえつけてその反抗を抑圧し、まず丙がAを強いて姦淫しようとしたがその目的を遂げず、次いで乙がAを強いて姦淫した。原審判決は甲に六五条一項を適用して強姦罪の共同正犯の成立を認めた。これに対して弁護人は「強姦罪は収賄罪の如きものとは異なりその実体たる姦淫行為は女性によっては絶対に実現し得ない不可能事である。女性自ら女性を姦淫することが事実上不能である以上、女性に姦淫の犯意を認め得べき筈がなく、理論上正犯たり得ないものと云わなければならない」と主張して上告した。

裁判所の見解　上告棄却。「強姦罪は、その行為の主体が男性に限られるから、刑法六五条一項にいわゆる犯人の身分に因り構成すべき犯罪に該当するものであるが、身分のない者も、身分のある者の行為を利用することによって、強姦罪の保護法益を侵害することができるから、身分のない者が、身分のある者と共謀して、その犯罪行為に加功すれば、同法六五条一項により、強姦罪の共同正犯が成立する」。

解説　判例は六五条の「身分」の意義に関し、男女の性別、内外国人の別、親族の関係、公務員たるの資格のような関係のみに限らず、総て一定の犯罪行為に関する犯人の人的関係である特殊の地位又は状態を指すとしており（最2判昭和27・9・19刑集六巻八号一〇八三頁）、これを前提とすれば主体が男性に限定される強姦罪は真正身分犯ということになる。従って非身分者たる女性が関与した場合には六五条一項が適用され、共犯が成立する。さらに、同条の「共犯」には共同正犯も含まれるとする判例からは（大判昭和9・11・20刑集一三巻一五一四頁）、甲のような者には共同正犯が成立し得る。もっとも、女性も暴行・脅迫を分担し得る以上、六五条を適用せずに同様の帰結を導き得ること（この意味において、強姦罪は身分犯ではない、擬似身分犯にすぎない、とされることが多い）、性犯罪規定の改正により将来的に同罪における主体の限定がなくなる可能性があることには注意を要する。

▼評釈——齊藤彰子・判プラⅠ383

身分の意義(2)

166 最3判昭和42・3・7刑集二一巻二号四一七頁

関連条文　六五条、麻薬取締法六四条

①麻薬取締法六四条二項の営利目的は六五条にいう身分か。②営利目的を有する者と有さない者が共同して麻薬を密輸入した場合の擬律。

事実　韓国船船員である被告人甲と乙は、丙が営利目的で本邦に麻薬を密輸入しようとしていることを知りながら、その依頼により、法定の除外事由がないのに、共謀の上、麻薬を本邦に密輸入した。一審判決は、麻薬取締法六四条二項における営利目的とは「自己または第三者のために財産上の利益を得又は得させる目的」であるとした上で、甲、乙共に、丙が営利目的を有していることを知った上で加担している以上、少なくとも第三者に財産上の利益を得させる目的はあったとして、両名に同項の営利目的密輸入罪の共同正犯が成立するとした。甲のみが控訴し、原審判決はこれを棄却したため、甲側が上告した。

裁判所の見解　破棄自判。麻薬取締法六四条は「犯人が営利の目的をもっていたか否かという犯人の特殊な状態の差異によって、各犯人に科すべき刑に軽重の区別をしているのであって、刑法六五条二項にいう『身分により特に刑の軽重あるとき』に当るものと解するのが相当である」。営利目的を有する者と有さない者とが共同して麻薬を密輸入した場合には、「刑法六五条二項により、営利の目的をもつ者に対しては麻薬取締法六四条二項の刑を、営利の目的をもたない者に対しては同条一項の刑を科すものといわなければならない」。第一審判決、原審判決は、単に丙が営利目的を有していることを知っていただけで自らは目的を有していなかった甲に麻薬取締法六四条二項の罪の成立を認め、その刑を科しているのであるから、同条及び刑法六五条二項の解釈適用を誤っている。

解説　判例は従来、目的については基本的に六五条にいう身分としては扱ってこなかったが（大判大正14・1・28刑集四巻一四頁）、本判決はこうした前提に立っていたとみられる原審判決を破棄し、麻薬取締法における営利目的を同条二項の身分と解した。その後、同様の性質を有すると考えられる覚せい剤取締法四一条二項の営利目的について六五条を適用しない下級審判決が相次いだが、最1決昭和57・6・28刑集三六巻五号六八一頁は、他の者が営利目的を有していることを単に知っていたに過ぎない場合には本判決の基準が用いられ、行為者には目的は認められず、六五条二項が適用されるが、専ら他人に利益を得させることを動機としていた場合には、行為者自身に営利目的が認められるとした。これにより、判例上は共犯者の目的を単に知っていた場合と専らその実現を意図していた場合が区別されることになった。

▼**評釈**——照沼亮介・百選Ⅰ91

共犯と身分(1)

167 最3判昭和32・11・19刑集一一巻一二号三〇七三頁

業務者でも占有者でもない者が業務上横領罪に関与した場合の擬律。

事　実　被告人甲はA村村長及び同村新制中学校建設工事委員会の工事委員長であり、乙は同村助役及び同委員会の工事副委員長として甲を補佐していたが、当時同村収入役として出納その他の会計事務を掌り、前記中学校建設委員会の委託を受けて同校建設資金の寄附金の受領、保管その他の会計事務を管掌していた丙と共謀の上、丙が寄附金として受け取り業務上保管していた金員二三一、五五〇円のうち合計八一、六四七円を、酒食の買入れ代金として支払い、ほしいままに費消した。一審判決は甲、乙両名につき二五三条のみを適用して業務上横領罪の共同正犯の成立を認め、原審判決もこれを是認した。これに対して弁護人は、両名は寄附金につき業務上占有していなかった以上、業務上横領罪は成立しないとして上告した。

裁判所の見解　破棄自判。証拠によれば、丙のみが建設委員会の委託を受けて同委員会のため、またA村収入役として同村のため建設資金の寄附金の受領、委託その他の会計事務に従事していたものであって、甲、乙はこれに従事していたとは認められないから、六五条一項により、二五三条に該当する業務上横領罪の共同正犯として論ずべきものである。「しかし、同法二五三条は横領罪の犯人が業務上物を占有する場合において、とくに重い刑を科することを規定したものであるから、業務上物の占有者たる身分のない被告人両名に対しては同法六五条二項により同法二五二条一項の通常の横領罪の刑を科すべきものである」。

解　説　判例は横領罪における他人の物の占有を占有しているという状態を六五条一項における身分と解して非占有者に共犯の成立を認めており（最2判昭和27・9・19刑集六巻八号一〇八三頁）、その上で、業務上横領罪に業務者でも占有者でもない者が関与した場合においても、まず六五条一項を適用して同罪の共犯が成立することを認めつつ、さらに同条二項を適用して、科刑のみを通常の横領罪の限度にとどめるという態度を採っており（大判明治44・8・25刑録一七輯一五一〇頁）、本判決はこれらを踏襲したものである。本罪における「業務者」は、甲、乙のように業務者でも占有者でもない者との関係では「構成的」ともいえるが、構成的身分犯に関する通常の処理に従って六五条一項のみを適用すると重い本罪の刑が科されることとなり、占有者である者が関与した場合（通常の横領罪の刑が科される）に比して不均衡となるため、これを回避すべく同条二項も適用したと考えられている。

▼評釈——内田幸隆・百選Ｉ92

関連条文　六五条・二五二条・二五三条

共犯と身分(2)

168 大阪高判昭和62・7・17判時一二五三号一四一頁

窃盗犯人でない者が、事情を知った上で窃盗犯人と共謀し、その逮捕を免れさせる目的で、被害者に対し共に暴行を加え、傷害を負わせた場合の擬律。

事　実　被告人甲は、乙、丙（いずれも併合審理されていない）と共謀の上、A店からマスコット一個を窃取し、その直後に警備員Bから逮捕されそうになるや、逮捕を免れる目的で、同人に対しこもごも殴る蹴るの暴行を加え、加療約一〇日間を要する傷害を負わせたとして起訴された。原審判決は、乙、丙二名は甲の窃盗が既遂に達したのちに関与したものであり、窃盗の共同正犯ではなく、事後強盗の主体ともならないとして、三名を強盗致傷の共同正犯とすることはできず、甲について「刑法二四〇条前段（二三八条）に該当（但し、傷害罪の限度で同法六〇条も適用）する」とした。これに対し甲側が控訴した。

裁判所の見解　控訴棄却。乙、丙の関与が、甲の窃盗が既遂に達したのちであったとしても、同人らには六五条一項、六〇条の適用により（事後）強盗致傷罪の共同正犯が成立する。この場合に、事後強盗罪を不真正身分犯と解し、身分のない共犯者に対し更に六五条二項を適用すべきとの見解もあるが、本罪は暴行罪、脅迫罪に窃盗犯人たる身分が加わって刑が加重される罪ではなく、窃盗犯人たる身分を有する者が所定の目的をもって人の反抗を抑圧するに足る暴行、脅迫を行うことで初めて成立するものであって、真正身分犯であり、身分なき者に対しても同条二項を適用すべきではない。従って、傷害罪の限度でしか六〇条を適用しなかった原判決には解釈適用の誤りがあるが、甲に対しては結局二四〇条、二三八条を適用しており、判決に影響を及ぼすことが明らかとはいえない。

解　説　窃盗犯人でない者が中途から意思を通じて所定の目的により暴行を加え、傷害を負わせた場合につき、先行する裁判例は事後強盗罪を不真正身分犯と解した上、窃盗犯人でない者にも強盗致傷罪の共同正犯の成立を認めつつ、六五条二項を適用してその刑を傷害罪の限度にとどめていた（東京地判昭和60・3・19判時一一七二号一五五頁など）が、これに対して本判決は事後強盗罪を真正身分犯と解している。もっとも、本判決が窃盗犯人である甲に関するものであってその意味で先例性に疑問があること、以後この種の事案に関する裁判例が見当たらず最高裁判例も存在しないこと、本罪を身分犯と解して画一的な処理を図ることに対して疑問が示されていること、学説上は本罪を結合犯と解し承継的共犯の問題として処理する立場が有力であることなどに注意を要する。

▼**評釈**——江口和伸・新実例総論四〇六頁

関連条文　六〇条・二三八条・二四〇条

共犯と身分(3)

169　大判大正12・2・22刑集二巻一〇七頁

関連条文　六五条・一八五条・一八六条一項

①賭博常習者は六五条の身分に当たるか。②常習賭博者が非常習賭博者を幇助した場合の擬律。

事　実　被告人らは、複数の客から特定株式の売買の申込と承諾を受け、取引所における当該株式の相場の変動に照らした際の差額によって損益を計算し、損益金の授受を為す方法による賭博行為を行っていた。甲は個々の賭博行為に際し、その情を知りながら取引を補助し、記帳計算をなし、申込を受け受諾を取り次ぐなど、数回にわたって幇助行為をなした。原審判決は甲の行為につき一八六条一項を適用し、常習賭博罪の幇助犯が成立するとした。これに対し弁護人は、本罪は身分を有するが故に特に刑が加重される規定であるが、他に特別の規定がない限り、本罪の主体となるのは自らが賭博をなす実行正犯者のみであって、教唆犯は格別、従犯については主体に含まれず、常に非身分者として六五条二項が適用され、刑が減軽されると主張して上告した。

裁判所の見解　上告棄却。常習賭博罪は習癖として賭博行為を反復することによって成立するが、「賭博犯を幇助するは賭博行為に加功するものにして即ち賭博行為を為すに外ならざれば其の賭博犯を反復幇助するの習癖ある者は賭博の常習者なりとす」。従って、その幇助行為者自身が常習者であるか否かにより六五条二項による刑の減軽を受けるか否かが判断される。なぜなら、本罪は「通常賭博罪の加重規定にして其の加重は犯人の身分に関する加重なりと解すべきものなれば其の賭博犯の幇助行為者を処断するに当たっても亦その犯人に加重原因たる身分あると否とに依り自ら法の適用を異にせざるを得ざればなり」。甲が幇助行為を反復累行している事実は明らかであり、常習賭博罪の幇助犯の成立が認められる。

解　説　判例は古くから、本罪の常習性につき賭博を反復累行する習癖が存在することを指すと解しており、かつ、これを六五条二項にいう身分であるとしている（最大判昭和26・8・1刑集五巻九号一七〇九頁参照）。本判決もこれを踏襲した上で、幇助者についても同様に判断されること、その存否は幇助者本人について判断されることを示している。従って、本件のように非常習者（単純賭博罪のみが成立する）を常習者が幇助した場合についても、六五条二項を適用し、幇助した側にのみ常習賭博罪の成立が認められることになる（大連判大正3・5・18刑録二〇輯九三二頁）。これに対しては、正犯行為の構成要件該当性の範囲を超えた共犯の成立は認められず、単純賭博罪の幇助にとどめるべきとする批判がある。

▼**評釈**――大コンメ（三版）第九巻一五五頁以下、一七四頁

（中神正義＝高嶋智光）

共犯関係の解消(1)……おれ帰る事件

170 最1決平成1・6・26刑集四三巻六号五六七頁

関連条文 六〇条

共謀に基づき暴行を加えたのち共犯者の一人が現場を立ち去ったが、その後、他の共犯者の暴行により被害者が死亡した場合、既に立ち去った者は致死結果について責任を負うか。

事実 被告人甲、乙はAの態度に憤慨し、乙方に連行したが、Aが反抗的な態度をとり続けたことに激昂し、意思を通じた上、同人に対し竹刀や木刀で多数回殴打するなどの暴行を加えた（第一暴行）。甲はその後乙方を立ち去る際に「おれ帰る」と言っただけで、Aに対してそれ以上暴行を加えないという趣旨のことは告げず、乙に対しても以後はAに暴行を加えることを止めるよう求めたり、同人を寝かせたり病院へ連れて行ったりするよう頼んだりせずに、現場をそのままにして立ち去った。その後、乙はAの言動に再び激昂し、「まだシメ足りないか」と怒鳴って顔を木刀で突くなどの暴行を加えた（第二暴行）。Aは乙方において頸部圧迫等により窒息死したが、死亡結果が第一暴行により生じたものか第二暴行により生じたものかは明らかにならなかった。原審判決は死亡結果が第二暴行によって生じたとしても、共犯の離脱ないし共犯関係の解消は認められず、甲は共同正犯として傷害致死罪の責任を負うとした。これに対し甲側が上告した。

裁判所の見解 上告棄却。甲が帰った時点では、乙が「なお制裁を加えるおそれが消滅していなかったのに、甲において格別これを防止する措置を講ずることなく、成り行きに任せて現場を去ったに過ぎない」から、「当初の共犯関係が右の時点で解消したということはできず」、第二暴行も当初の共謀に基づくものと認められる。従って、仮に第二暴行が死因であるとしても、甲は傷害致死罪の責任を負う。

解説 本件では、甲が暴行罪としては既遂の状態に至ったのちに現場を離れており、それ以降に発生した死亡結果については、「疑わしきは被告人の利益に」の原則に則って甲に有利に仮定し、第二暴行に起因すると考えた場合に、なお責任を問われるのかが問題となる。本決定では、他の者がその後犯行を継続する「おそれ」を消滅させ、以後の犯行を防止する「措置を講じた」といえるかという基準が掲げられているが、これは離脱を共犯としての因果性の有無の問題と位置付ける多数説の立場に依拠したものと一般に解されている。本件では甲は意思を通じるのみならず第一暴行において重大な物理的影響を及ぼし、Aの生命に対し切迫した危険を生じさせており、乙によるさらなる犯行の継続も予測し得たといえ、これらの危険を解消する措置が講じられていない以上、当初の意思連絡に基づく危険性が死亡結果に実現したと解し得るであろう。

▼**評釈**——原田國男・最判解平成元年度

共犯関係の解消(2)

171 名古屋高判平成14・8・29判時一八三一号一五八頁

関連条文 六〇条

共犯者から暴行を受けて失神した被告人をその場に放置し、その後共犯者らのみでさらに犯行がなされた場合、被告人については共犯関係が一方的に解消されたといえるか。

事実 被告人甲は、乙らに呼び出され、同人らがAに暴力を振るい、うまく行けばAに慰謝料を支払わせるなどの話を聞かされ、同人らと一緒に暴行を加えることを決意した。甲らは公園駐車場に車両でやってきたAに対して、乙が同人の顔面を殴打し、車外に引きずり出した上、甲、乙がこもごも暴行を加えた（第一暴行）。その際、様子を見ていた共犯者丙がやり過ぎではないかと感じて制止したことを切っ掛けとして暴行が中止され、甲が公園内のベンチにAを連れて行き「大丈夫か」などと問いかけたのに対し、勝手なことをしていると考えて腹を立てた乙が甲に文句を言って口論となり、乙がいきなり甲を殴りつけて失神させた。その後、乙は甲をその場に残したまま、抵抗できない状態のAを乗せてA車を運転し、丙らも車両を運転して、港の岸壁に向かった。乙は岸壁に到着したのち、Aを車外に引きずり出して暴行を加えた（第二暴行）。これらの暴行によってAは傷害を負ったが、その一部は、第一暴行のみによるものか、第二暴行のみによるものか、両者相俟って生じたものか、証拠上特定できなかった。一審判決は、第二暴行が当初の共謀と同一の動機、目的の下になされていること、Aを失神させた段階において甲による心理的、物理的な効果は残存しており、乙がこれを利用して犯行を継続する危険性があったことなどを指摘して、共犯関係の解消は認められず、甲は第二暴行によって生じた傷害についても罪責を負うとした。弁護人が控訴。

裁判所の見解 破棄自判。甲を含めて形成された共犯関係は「甲に対する暴行とその結果失神した甲の放置という乙自身の行動によって一方的に解消され」、第二暴行は甲を排除して乙らによってのみなされたと解される。しかし、いずれによって生じたか明らかでない傷害結果についても甲は同時傷害の規定によって責任を負う（もっとも、一審判決の量刑は重きに過ぎるので、これを破棄する）。

解説 本件では甲は第一暴行において重大な関与をなしており、またAの反抗抑圧状態や、乙らがさらなる犯行に及ぶおそれを解消できていない。しかし乙から暴行を受けて失神し、放置されていることからすれば、それらの解消措置を講じることは不可能である。他方、乙は甲の心理的影響を受けずに第二暴行を行っており、新たな意思連絡に基づく第二暴行の創出した危険性のみが傷害結果の中に実現したと解すれば、甲については共犯の成立を否定すべきであろう。

▼**評釈**――照沼亮介・判プラI378

共犯関係の解消(3)

172 最3決平成21・6・30刑集六三巻五号四七五頁

関連条文 六〇条

共犯者の一部が被害者宅に侵入したのち、見張り役の者が電話で一方的に伝えたのみで、それ以降の犯行を防止する措置を講ずることなく待機場所から離脱した場合、共犯関係の解消は認められるか。

事実　被告人甲らは既に以前にも数回にわたり民家に侵入して強盗を行っていたが、本件では、まず乙ら二名がA方の屋内に侵入し、内部から入口の鍵を開けて侵入口を確保した上、甲を含む残りの共犯者らが屋内に侵入して強盗に及ぶという住居侵入・強盗の共謀を遂げた。そして、実際に侵入した乙ら二名が侵入口を確保したが、同人らが強盗に着手する以前に、見張り役の丙が、現場付近に人が集まってきたのを見て犯行の発覚をおそれ、屋内の乙らに電話をかけ、「早くやめて出てきた方がよい」「先に帰る」などと一方的に伝えただけで電話を切り、付近に止めてあった車内で待機していた甲ら二名と相談して一緒に逃げることを決め、甲が運転する自動車で現場付近を去った。その後、乙らはいったん屋外に出て甲ら三名が立ち去ったことを知ったが、現場付近に残っていた丁ら三名と共に強盗を実行し、その際に加えた暴行によってAら二名を負傷させた。一審判決、原審判決は共に共犯関係の解消を認めず、甲に住居侵入、強盗致傷の共同正犯の成立を認めたが、甲側が上告した。

裁判所の見解　上告棄却。丙が電話で一方的に伝えたのみで、甲において「格別それ以後の犯行を防止する措置を講ずることなく」待機していた場所から丙らと共に離脱し、残された甲らがそのまま強盗に及んだことが認められる。甲が離脱したのは強盗の着手前であるが、たとえ甲が丙の電話内容を認識した上で離脱し、残された乙らが甲の離脱をその後知るに至ったという事情があったとしても、当初の共謀関係が解消したということはできず、その後の乙らの強盗も当初の共謀に基づいて行われたものと認められる。

解説　本件の甲は強盗致傷の着手以前の状況において、一方的・間接的とはいえ離脱の意思を伝えて立ち去り、その事実を乙らが認識した上で以後の犯行がなされている。しかし、以前から同様の犯行を繰り返していること、住居侵入としては既遂であり、強盗に至る危険がかなり切迫していたことなどを踏まえると、「首謀者」とまではいえなくとも、甲がこの時点に至るまでの意思連絡や寄与に基づいて乙らに及ぼした心理的影響は相応の程度に達していたと考えられる。従って、単に発覚をおそれて逃走しただけではそうした影響を打ち消すには足りず、共犯関係の解消は否定されることになろう。

▼**評釈**——橋爪隆・百選Ⅰ94

共同正犯と量的過剰防衛

173 最3判平成6・12・6刑集四八巻八号五〇九頁

関連条文 六〇条

複数人が共同して正当防衛行為としての暴行に及んだが、侵害終了後になお一部の者が暴行に出た場合、侵害終了後には暴行を加えていない者についての共犯関係の成否。

事実 被告人甲は乙、丙、丁、戊女、己女と歩道上で雑談していたが、酩酊した通りかかったAと甲が口論となり、Aが戊の髪をつかんで道路を横断し引き回すなどの乱暴を始めたため、甲、乙、丙、丁の四名はこれをやめさせようとAに対して殴る蹴るなどの暴行を加え（第一暴行）、Aも応戦した。その後、Aは戊の髪から手を放したものの、悪態をつき、なおも応戦する気配を示しながら移動し、甲らはその後を追った。そして、まず丙、次いで乙がそれぞれAに殴りかかったが、丁がその都度間に入って制止した。しかしその直後に乙がAの顔面を手拳で殴打し（第二暴行）、Aは転倒して重傷を負った。一審判決、原審判決は共に、両暴行を一連の行為として把握し、その全体について傷害の共同正犯が成立するものとした上で、これが過剰防衛に当たるとしたが、甲のみが上告した。

裁判所の見解 破棄自判。「複数人が共同して防衛行為としての暴行に及び、相手方からの侵害が終了した後に、なおも一部の者が暴行を続けた場合において、後の暴行を加えていない者について正当防衛の成否を検討するに当たっては、……侵害終了後の暴行については、侵害現在時における防衛行為としての暴行の共同意思から離脱したかどうかではなく、新たに共謀が成立したかどうかを検討すべきであって、共謀の成立が認められるときに初めて、侵害現在時及び侵害終了後の一連の行為を全体として考察し、防衛行為としての相当性を検討すべきである」。第二暴行に際して自ら暴行を加えていないが他の者の暴行を制止しているわけでもない甲に暴行の意思や共謀を認めることはできず、従って両暴行を「一連一体のものとして総合評価する余地はな」いので、無罪である。

解説 甲は共謀に基づいて第一暴行に着手しており、第二暴行について共犯関係の解消を認めるためにはさらなる暴行の危険性を解消する措置を講ずる必要があるとも考えられるが、本件ではそうした事情は認められない。しかし、甲は当初主導的な役割を果たしておらず、第一暴行時の行為の程度も「六分の力で数回蹴った」というにとどまるものであり、加えて、乙は侵害終了後のAの罵言を聞いて殴りかかっているのに対し、甲はこれを聞いていないことも認定されている。従って全体を一連の行為として量的過剰防衛の成立を認めるべきではなく（82、83決定参照）、第二暴行は甲にとっては「共謀の射程」外であったと解すべきことになろう（163判決参照）。

▼**評釈**——齊藤彰子・判プラI398

共犯の中止犯

174 最2判昭和24・12・17刑集三巻一二号二〇二八頁

共犯者の一人が自己の意思で犯罪の実行を放棄したが、他の共犯者が犯行の目的を遂げた場合、中止未遂が成立するか。

事実　被告人甲は乙と強盗を共謀の上、A宅に押し入り、乙がAに対して刺身包丁を突きつけて現金を渡すよう脅迫し、甲もその傍らでジャックナイフを手にして立ち家人を脅迫した。原審判決は両名に強盗既遂罪の共同正犯の成立を認めた。これに対して弁護人は、Aの妻が当初「自分の家は教員だから金はない」と言って、学校の公金である現金七〇〇〇円を出すと申し出たところ、甲は「そんな金はいらん」と受け取らず、Aの妻が箪笥から出してきた九〇〇円についても「俺も困って入ったのだからお前の家も金がないのならばそのような金は取らん」などと告げて受け取らず、乙に対して「帰ろう」と言って先に家の外に出たのであり、それから三分くらいしてから乙がその九〇〇円を奪って出てきて二人で帰った、その途中で乙が「お前は仏心があるからいかん、九〇〇円は俺が貰ってきた」と伝え、結果的にその九〇〇円を二人で遊興費に費消した、などの事実を掲げた上で、甲はむしろ乙の行為を阻止したものと認めて差し支えなく、金銭の費消も発覚を防ぐため受動的に乙について行っただけで偶発的な出来事に過ぎないとし、甲には中止未遂が成立すると主張して上告した。

裁判所の見解　上告棄却。甲において、乙が金員を強取することを「阻止せず放任した」以上、甲のみを中止犯として論ずることはできず、乙によって遂行された強盗既遂の結果について罪責を免れることはできない。

解説　本件のような場合につき、大審院は中止未遂の成否という形でこれを取り扱い、他の共犯者の犯行を「防止」する措置を講じなければ成立は認められないとしていたが（大判大正12・7・2刑集二巻六一〇頁）、本判決もこのような立場を採用することを示したと考えられる。ただ、いかなる場合でも「結果発生の防止」が必要だとすると、いったん共犯者を説得して犯行を断念させたが、結果的にその者が単独で犯罪を遂行したような場合にも既遂犯の罪責を問われることになり、酷ではないかという疑問が示された。これを受けて議論が深化し、今日では、ここで論じられている内容は「未遂犯」の成立を前提とした四三条ただし書の解釈にとどまるものではなく、むしろ結果が生じたとしてもなお、共犯関係からの「離脱」の成否が検討される必要があると考えられている。ただし、そう解したとしても、仮に本件の甲の行為が乙の犯行の阻止や危険の除去として十分ではないとみるのであれば離脱が否定され、甲には強盗既遂の罪責が問われることになる（170決定参照）。

▼**評釈**――照沼亮介・判プラⅠ371

関連条文　四三条・六〇条

他の共犯者に対する中止犯の効果

175 大判大正2・11・18刑録一九輯一二一二頁

関連条文 四三条・六〇条

①実行行為に着手したのち現場を立ち去った行為につき中止未遂が成立するか。②共犯者の一人に中止未遂が成立した場合、その効果は他の共犯者に及ぶか。

事実 被告人甲は乙とAの殺害を共謀し、乙がAの背部から切りつけて重傷を負わせたが、乙が犯行の発覚を恐れ現場から逃走したため、殺害の目的を遂げなかった。弁護人は、乙は被害者の抵抗や発覚を恐れていたのではなく、「良心の発現と罰責の自覚との為め」自らの意思で現場を立ち去ったものであって、任意に犯罪の実行を止めた者として中止未遂が成立すべきところ、原審判決は両名に単に殺人未遂の成立のみを認定しており不当であるとして上告した。

裁判所の見解 上告棄却。①犯罪の実行に着手したのち、これを継続する上で「外部的障碍の原因」が存在しないにもかかわらず「内部的原因」により、すなわち、犯人の意思にかかわらない事情によって強制されることなく任意に実行を中止した、もしくは結果の発生を防止したときには中止犯が成立するが、本件の乙は外部の障碍によって犯罪の発覚を畏怖し、殺害を遂行できずにやむなく現場から逃走した者であり、「犯人の意思以外の事情に強制せらるることなく任意に殺害行為を中止したる事実に非ざること」は明らかである。②また、「実行正犯の一人のみが単独の意思を以て実行を中止し若しくは結果の発生を防止したる場合に於ては右中止の効力は他の共犯人に及ぶべきに非ざれば」、仮に乙の行為が中止犯に該当するとしても、「中止につき何ら干与せざる」甲の行為につき四三条但書が適用されることはない。

解説 ①では実行の着手後逃走した乙に中止犯が成立するかが問題とされたが、乙には中止行為と呼ぶべき態度も、任意性を肯定すべきであると思われる事情も特に見当たらないため、簡単に否定されている（114、116判決など参照）。他方、②では共犯者の一人に中止犯が成立する場合に、他の共犯者にもその効果が及ぶかが問題となっている（もっとも、本件では乙に中止犯の成立が認められたわけではないので、厳密にいえばこの部分は傍論にとどまる）。これについても本判決は消極に解しているが、このような効果の一身専属性は一般に認められている。今日では、中止行為に関与していない者は、中止行為によって結果発生の危険性が減少したことにつきなんら因果性を有していない以上、いわゆる因果的共犯論の見地からはその効果が及ぶことはなく、従って中止犯の刑の減免根拠に関する違法減少説の立場からもこの帰結は矛盾なく導かれると解されている。

▼**評釈**——照沼亮介・判プラI 373

必要的共犯……弁護士法違反事件

176 最3判昭和43・12・24刑集二二巻一三号一六二五頁

関連条文　六一条・弁護士七二条・同七七条

弁護士でない者に自己の法律事件の解決を依頼し、これに報酬を与えもしくは与えることを約束する行為につき、弁護士法七二条違反の罪の教唆犯は成立するか。

事実　①被告人甲は、A社から買い受けたパワーショベルの性能が悪いため、Aと交換又は買戻しの交渉をしたが応じて貰えなかった。そこで、弁護士でない乙に示談解決を依頼したところ、乙はこれを引き受け、弁護士でない丙と共謀の上、Aに買い戻しを承諾させて履行させ、甲からその報酬を受け取った。②乙は、BがC社から自動車を月賦で購入する際にこれを斡旋したが、その後、Bの債権者Dがその担保として前記自動車を保管していることを聞き、所有者であるCのため返還を要求していた。ところがDから同車を貸与されて運転していたEが交通事故で車体を損傷させてしまい、Dが示談解決の交渉を丙に依頼した。これを知った乙は丙に対し、謝礼を出すので自動車をEに買い取らせるか修理代を支払わせるよう交渉することを依頼し、丙はこれを引き受けた。その結果、Eは乙に修理代を支払い、丙は乙から報酬を受け取った。原審判決は①の甲、②の乙につき、「何人といえども他人を教唆して犯罪を実行させることは、法の定める不罰の限度を逸脱するものとして許さるべきでない」として、弁護士七二条違反の罪の教唆犯の成立を認めた。これに対し弁護人が上告した。

裁判所の見解　破棄自判。弁護士七二条は自己の事件を自ら取り扱うことまで禁じているものとは解されず、他人の事件を取り扱う場合を規定しているものと見るべきである。同条は、依頼者の存在とその報酬を与える行為もしくはこれを約束する行為を当然予想しているといえ、この関与行為なくしては本罪は成立し得ないが、これを処罰する趣旨の規定が存在しない。「このように、ある犯罪が成立するについて当然予想され、むしろそのために欠くことのできない関与行為について、これを処罰する規定がない以上、これを、関与を受けた側の可罰的な行為の教唆もしくは幇助として処罰することは、原則として、法の意図しないところと解すべきである」。

解説　本判決は必要的共犯のうち一方の関与者について処罰規定を欠く場合（片面的対向犯）に関して、立法者において当然想定されていたはずにもかかわらず処罰規定がない場合には「原則として」処罰しないとする考え方（立法者意思説）を採用したものといわれる。ただし「当然予想され、欠くことのできない」範囲を超えた積極的な関与がなされた場合には共犯規定の適用が認められる点に注意を要する（最1判昭和51・3・18刑集三〇巻二号二一二頁、最1決昭和52・3・16刑集三一巻二号八〇頁の団藤補足意見参照）。

▼評釈――海老原震一・最判解昭和42年度

接続犯

177 最2判昭和24・7・23刑集三巻八号一三七三頁

関連条文 四五条・二三五条

約二時間の間に同一倉庫から米俵合計九俵を三回に分けて盗み出した場合、包括一罪（接続犯）として処断されるか。

事実 被告人甲は、昭和二二年一二月一四日午後一〇時頃から翌日午前〇時頃までの約二時間余りの間に、三回にわたり、A農業会倉庫で同会倉庫係Bが保管する水粳玄米四斗入りの米俵を、三俵ずつ、合計九俵運び出して窃取した。原判決は、三個の窃盗罪の併合罪（四五条前段）として処断した。これに対し、弁護人は、本件は犯意の一個性、行為の継続性、被害者の同一性などから一個の行為と目すべき旨、及び、連続犯規定（旧五五条「連続シタル数個ノ行為ニシテ同一ノ罪名ニ触ルルトキハ一罪トシテ之ヲ処断ス」）が戦後削除されたのは、例えば二年の間に行われた三回の窃盗すら一罪とされたような不合理を排斥するためであり、本件のごとき場合にまで併合罪として処断刑を加重（四七条参照）すべきではない旨を主張して上告した。

裁判所の見解 破棄差戻。「右三回にわたる窃盗行為は、僅か二時間余の短時間のうちに同一場所で為されたもので同一機会を利用したものであ……り、且ついずれも米俵の窃取という全く同種の動作であるから単一の犯意の発現たる一連の動作であると認めるのが相当であつて……別個独立の犯意に出でたものであると認むべき別段の事由を発見することはできないのである。然らば右のような事実関係においてはこれを一罪と認定するのが相当であつて独立した三個の犯罪と認定すべきではない。」

解説 同一の構成要件に該当する行為であっても、繰り返されれば数罪（併合罪）として処断されるのが原則である。もっとも、①行為の一体性（特に犯意の一個性や行為状況・態様の共通性）および②法益侵害の一体性（特に被害者の同一性）の考慮から数罪評価を要しないときは、罰条適用を一回のみとすること（包括一罪としての処断）が解釈上認められている。本件のように一個の犯意に基づく数個の行為が同一機会に時間的場所的に接続して行われた場合には①が顕著であるため包括評価が要請されやすく、「接続犯」と呼ばれる。本判決は①に関する事情にしか言及していないが、事案としては同一人の占有に係る米俵を三回に分けて盗み出したもので、②も肯定されることを前提とした判断と解される。そのため、一個の犯意に基づき同一機会に行われた犯行であっても、例えば二名を次々に殴打しそれぞれ負傷させたような場合には傷害罪二罪が成立し、併合罪となる。

▼**評釈**――関哲夫・百選Ⅰ99

包括一罪か併合罪か(1)

178 最2決昭和62・2・23刑集四一巻一号一頁

常習累犯窃盗罪と、常習累犯窃盗行為を目的とする侵入具携帯罪が機会を異にして行われた場合、包括一罪として常習累犯窃盗罪で処断されるか、別罪を構成し併合罪となるか。

事実　窃盗等の多数の前科を有する被告人甲は、常習として、某年五月三日未明に寿司店で現金を窃取したとして、同年八月一〇日に常習累犯窃盗罪（盗犯等防止三条）で大阪地裁に起訴された。これに先立ち、甲は、同年五月三〇日未明に侵入・窃盗の目的で金槌とペンライトを携帯したとして、大阪簡裁により侵入具携帯罪（軽犯罪一条三号）で拘留二〇日に処され、この判決が同年八月二日に確定していた。第一審は、右判決の侵入具携帯は、本件窃盗と共に包括して常習累犯窃盗罪を構成するので、同判決の効力は本件にも及ぶと解し、確定判決を経たものとして免訴（刑訴三三七条一号）を言い渡した。控訴審（大阪高裁）は、両罪は併合罪の関係にあるから、侵入具携帯について確定判決があっても常習累犯窃盗による本件起訴は妨げられないとの理解に立ち、一審判決を破棄した。甲が上告。

裁判所の見解　上告棄却。「このように機会を異にして犯された常習累犯窃盗と侵入具携帯の両罪は、たとえ侵入具携帯が常習性の発現と認められる窃盗を目的とするものであったとしても、併合罪の関係にあると解するのが相当であるから、これと同旨の原判決の結論は正当である」。

解説　常習累犯窃盗罪は、一定の前科者による常習性の発現としての窃盗を加重処罰するもので、複数の犯行全体が包括一罪となる。判例（最3判昭和55・12・23刑集三四巻七号七六七頁）によれば、常習累犯窃盗を目的とする住居侵入は、窃盗着手に至ればもとより、至らなくとも常習累犯窃盗と一罪の関係に立つ。これと同じことが侵入具携帯との関係でも認められるかが問題になったのが本件である。手続上は、侵入具携帯は現行犯逮捕から短期間で略式命令等に至る場合が多く、それによる一事不再理効が広く及ぶことの不当性が指摘される。実体法的には、侵入具携帯と侵入盗の関連性の強さが問われる。控訴審は、公共の安寧秩序という社会的法益に対する抽象的危険犯としての侵入具携帯と個人的法益に対する侵害犯としての住居侵入・窃盗の罪質の差異を強調し、両罪は一般的に併合罪の関係にあるとの理解を示した。本決定は本件で併合罪とする結論自体は支持したが、罪質の理解には踏み込まず、判断の射程を両罪が別の機会に行われた場合に限定する判示にとどめている。

関連条文　四五条、盗犯防止三条、軽犯罪一条三号

▼**評釈**――宮川基・百選Ⅰ100

包括一罪か併合罪か(2)

179 最2決平成22・3・17刑集六四巻二号一一一頁

関連条文　四五条・二四六条、刑訴三三五条一項

不特定多数の通行人一般に対し定型的な働き掛けを行って寄付を募る街頭募金詐欺について、包括一罪としての処断が許されるか。

事実　街頭募金詐欺を企てた被告人甲は、約二か月間にわたり、事情を知らない募金活動員を各所に配置し、寄付を勧誘する発言を連呼させるなどして、応じた通行人から現金を詐取した。第一審は、右事実を包括一罪と解し、個々の行為の日時・場所・被害者・被害金額を特定させないまま審理を進め、判決した。控訴審もこれを是認したので、甲が上告した。弁護人は、被害者単位で詐欺罪が成立し併合罪になるとすべきで、そうすると個々の被害を特定しなければ訴因が不特定であるなどと主張した。

裁判所の見解　上告棄却。「この犯行は、……個々の被害者ごとに区別して個別に欺もう行為を行うものではなく、不特定多数の通行人一般に対し、一括して、適宜の日、場所において、連日のように、同一内容の定型的な働き掛けを行って寄付を募るという態様のものであり、かつ、被告人の1個の意思、企図に基づき継続して行われた活動であったと認められる。加えて、このような街頭募金においては、これに応じる被害者は、比較的少額の現金を募金箱に投入すると、そのまま名前も告げずに立ち去ってしまうのが通例であり、募金箱に投入された現金は直ちに他の被害者が投入したものと混和して特定性を失うものであって、個々に区別して受領するものではない。以上のような本件街頭募金詐欺の特徴にかんがみると、これを一体のものと評価して包括一罪と解した原判断は是認できる。そして、その罪となるべき事実は、募金に応じた多数人を被害者とした上、被告人の行った募金の方法、その方法により募金を行った期間、場所及びこれにより得た総金額を摘示することをもってその特定に欠けるところはないというべきである。」(補足意見あり)

解説　同一の構成要件にあたる複数の行為が包括一罪とされてきたのは、①行為の一体性（特に犯意の一個性や行為状況・態様の共通性）に加えて、②法益侵害の一体性が肯定される事案であった（177判決）。本件では被害者が複数にわたるので②を肯定しにくいが、本決定は、街頭募金詐欺における被害の特定性の希薄さを強調することで包括一罪としての処理を是認した。被害者単位で一罪として評価する必要性の乏しさを言うものと解されるが、あくまで本件詐欺の形態の特殊性を踏まえた例外的処理というべきであろう。その背景には、併合罪とすると個々の被害を特定しなければならない関係上、一罪処理が強く求められたという事情がある。

▼**評釈**——只木誠・百選Ⅰ101

包括一罪か併合罪か(3)

180 最1決平成26・3・17刑集六八巻三号三六八頁

関連条文 四五条・二〇四条、刑訴二五六条三条

同一被害者に対し四か月又は一か月の間に反復累行された一連の暴行によって種々の傷害を負わせた事実について、包括一罪としての処断が許されるか。

事実 問題となった二件の傷害の訴因は、被告人甲が一定期間内に各被害者に繰り返し暴行を加え、傷害を負わせた事実を、個々の機会の暴行と対応する傷害結果を特定せずに記載するものであった。第一審はそれぞれ包括一罪であるため訴因特定に欠けるところはないとし、控訴審もこれを是認した。甲が上告した。

裁判所の見解 上告棄却。「検察官主張に係る一連の暴行によって各被害者に傷害を負わせた事実は……約四か月間又は約一か月間という一定の期間内に、被告人が、被害者との上記のような〔筆者注：暴力等を通じて支配又は服従させる〕人間関係を背景として、ある程度限定された場所で、共通の動機〔筆者注：憂さ晴らし等〕から繰り返し犯意を生じ、主として同態様の暴行を反復累行し、その結果、個別の機会の暴行と傷害の発生、拡大ないし悪化との対応関係を個々に特定することはできないものの、結局は一人の被害者の身体に一定の傷害を負わせたというものであり、そのような事情に鑑みると、それぞれ、その全体を一体のものと評価し、包括して一罪と解することができる。そして、いずれの事件も……訴因における罪となるべき事実は、その共犯者、被害者、期間、場所、暴行の態様及び傷害結果の記載により、他の犯罪事実との区別が可能であり、また、それが傷害罪の構成要件に該当するかどうかを判定するに足りる程度に具体的に明らかにされているから、訴因の特定に欠けるところはないというべきである。」

解説 包括一罪としての処断の根拠は、①行為の一体性（特に犯意の一個性）および②法益侵害の一体性にある（177判決）。それぞれ同一被害者に暴行を繰り返した本件では②に問題は少ないが、暴行が機会を異にして断続的に犯意を生じて（つまり一個の犯意にはよらずに）行われているため、いかなる意味で①を肯定できるかが問題となる。本決定が、行為態様の共通性に加え、共通の状況（人間関係）を背景として、共通の動機から繰り返し犯意を生じたことに言及したのは、犯意の発現は断続的であっても、その基底には継続的な意思があることを踏まえて①を肯定できるという趣旨に解される。そして、一連の暴行を一罪として把握できる以上、各機会の暴行と傷害の対応関係を特定できなくとも、傷害全体との間で因果関係が認められ、傷害罪が成立することになる。

▼**評釈**――辻川靖夫・曹時六八巻四号

児童ポルノと罪数

181 最2決平成21・7・7刑集六三巻六号五〇七頁

関連条文　四五条・五四条・一七五条、児ポ七条、刑訴三一二条

①児童ポルノの提供と提供目的所持の罪数関係。②児童ポルノ提供と提供目的所持がそれぞれわいせつ物頒布（販売）と有償頒布（販売）目的所持にもあたる場合の罪数関係。

事　実　被告人甲は、児童ポルノであり、かつ、わいせつ図画もあるDVD等を不特定又は多数者に販売した事実で起訴された。その後訴因変更により販売回数と所持が追加され、第一審は変更後の事実で有罪認定した。控訴審および上告審で弁護人は、右追加事実は当初訴因の事実と併合罪関係にあり、公訴事実の同一性がないから、第一審が訴因変更を許したのは違法だと主張した。

裁判所の見解　上告棄却。①児童ポルノ法「にいう児童ポルノを、不特定又は多数の者に提供するとともに……提供する目的で所持した場合には、児童の権利を擁護しようとする同法の立法趣旨に照らし、同法七条四項〔筆者注：平成二六年改正後の六項〕の児童ポルノ提供罪と同条五項〔筆者注：平成二六年改正後の七項〕の同提供目的所持罪とは併合罪の関係にある」。「②しかし、児童ポルノであり、かつ、刑法一七五条のわいせつ物である物を……不特定又は多数の者に販売して提供するとともに……販売して提供する目的で所持した……場合においては、わいせつ物販売と同販売目的所持が包括して一罪を構成すると認められるところ、その一部であるわいせつ物販売と児童ポルノ提供、同じくわいせつ物販売目的所持と児童ポルノ提供目的所持は、それぞれ社会的、自然的事象としては同一の行為であって観念的競合の関係に立つから、結局以上の全体が一罪となる」。（丸数字は筆者）

解　説　わいせつ物の頒布（平成二三年改正で販売が削除され頒布に一本化）と有償頒布目的所持の罪数関係は、包括一罪とされる。そこで、一見類似する①児童ポルノの提供と提供目的所持の関係も同じかが問題となるが、本決定は併合罪とした。わいせつ物頒布等罪の保護法益である善良な性秩序は本来頒布により害され、所持は予備的行為といえるのに対し、児童ポルノについては、児童の権利擁護という法の趣旨からは、所持自体がすでに児童の性的権利を害する行為と評価されるとの理解による。ただし、②本件のように、(a)児童ポルノ提供と(b)所持が(c)わいせつ物頒布と(d)所持にもあたる場合、包括一罪をなす(c)(d)の一部である(c)が(a)と、(d)が(b)と、それぞれ一個の行為として観念的競合となるため、結局全体が一罪となる。いわゆるかすがい理論（187判決）によるものと評価できる。

▼**評釈**――鹿野伸二・最判解平成21年度

混合的包括一罪

182 最1決昭和61・11・18刑集四〇巻七号五二三頁

取引を装い物を窃取又は詐取した後、相手を殺害して返還又は代金支払いを免れようとする行為はいかに処断されるか。

事実　被告人甲らは共謀の上、まず乙が覚せい剤取引を装いAをホテルの一室に呼び出し、別室に待機している買主に現物を見せる必要がある旨虚を言い、Aから覚せい剤を預かり、これを持ってタクシーで逃走した。その後、甲がAの部屋に赴き、拳銃で狙撃したが殺害は未遂に終わった。第一審・控訴審は、一項強盗（二三六条一項）による強盗殺人未遂罪（二四〇条後段）の成立を認めた。被告人甲が上告。

裁判所の見解　上告棄却。覚せい剤の取得行為が窃盗と詐欺のいずれか判断するにはなお事実関係を検討する必要があるが、乙は「本件覚せい剤を手中にして何ら追跡を受けることなく逃走して」いた以上、「占有をすでに確保していたというべき」で、拳銃発射を本件覚せい剤の占有確保手段と見て一項「強盗殺人未遂罪の成立を認めた原判決は、法令の解釈適用を誤」っている。しかし、「拳銃発射行為は、Aを殺害して……覚せい剤の返還ないし……代金の支払を免れるという財産上不法の利益を得るためになされた……から、右行為はいわゆる二項強盗による強盗殺人未遂罪に当たる」。「先行する本件覚せい剤取得行為が……窃盗罪又は詐欺罪のいずれに当たるにせよ、前記事実関係にかんがみ、その罪と（二項）強盗殺人未遂罪のいわゆる包括一罪として重い後者の刑で処断すべきものと解するのが相当である。」（意見がある）

関連条文　四五条・二三五条・二三六条・二四〇条・二四三条・二四六条

解説　本決定は、先行する覚せい剤取得は詐欺か窃盗のいずれかにあたる（いずれにあたるかは、Aが預けたことが交付行為と認められるかによるが、事実関係をさらに詰めないと判断しにくい）が、いずれにせよ、取得した覚せい剤の返還等を免れる行為は、取得自体とは一応別の財産侵害であるとの理解に立ち、拳銃発射を二項強盗殺人未遂とした（秘匿性の強い取引であり殺害すれば事実上請求を免れるから、強取該当性は肯定できよう）。その上で罪数評価としては、窃盗又は詐欺と二項強盗殺人未遂の包括一罪とした。複数罪名にまたがるため「混合的包括一罪」と呼ばれる。包括評価の根拠としては、①両行為は同時とはいえないまでも時間的場所的に近接し、また予め全体行為に及ぶ意思があったこと（犯意の一個性）から肯定される行為の一体性という点もあるが、それよりも、②物の取得とその返還免脱という法益侵害は表裏の関係で一体性がきわめて強いことが重要である。そのため、仮に①が弱かったとしても結論は変わらなかったと思われる（大阪地判平成18・4・10判タ一二二一・三一七参照）。

▼**評釈**――安廣文夫・最判解昭和61年度

牽連犯か併合罪か(1)

183 最3決昭和58・9・27刑集三七巻七号一〇七八頁

関連条文 四五条・五四条・二二〇条・二二五条の二

身代金取得目的で人を拐取した者が更に被拐取者を監禁し、その間に身代金を要求した場合の罪数関係。

事実 被告人甲は、身代金を得る目的で、某日午後七時四五分頃、歩行中のA（七歳）に言葉巧みに話しかけ、自己の自動車の後部座席に乗せ、右自動車を走行させてAを支配下に置いた①。そして、同日午後九時一五分頃および翌日以降十数回にわたり、公衆電話からAの母親Bに電話をかけて身代金を要求した②。また、右最初の電話の際、駐車中の自動車内でAの両手両足を麻縄で緊縛するなどし、さらにAをアパートに連行して両手両足を麻縄で緊縛するなどし、約一週間脱出不能にした③。第一審は、①身代金目的誘拐罪（二二五条の二第一項）、②身代金要求罪（同第二項）、③監禁罪（二二〇条）の成立を認め、①②は牽連犯、それらと③は併合罪の関係にあるとし、控訴審もこれを維持した。甲が上告し、弁護人は罪数関係等を争った。

裁判所の見解 上告棄却。「みのしろ金取得の目的で人を拐取した者が、更に被拐取者を監禁し、その間にみのしろ金を要求した場合には、みのしろ金目的拐取罪とみのしろ金要求罪とは牽連犯の関係に、以上の各罪と監禁罪とは併合罪の関係にあると解するのが相当であ」る。

解説 略取・誘拐（拐取）とは、人を生活環境から離脱させ実力支配下に置くことをいう。その際、当初から緊縛して車に押し込むなど逮捕監禁行為をすれば、一個の行為が拐取と逮捕監禁にあたる場合といえ、観念的競合（五四条一項前段）になる。ところが、拐取は、逮捕監禁にいう移動の自由を奪う（脱出困難にする）程度に至らなくても該当しうることから、本件のように、連れ去ることにより拐取罪が成立し、その後緊縛することなどにより監禁罪が成立する場合があり、そうした場合の罪数関係が問題となる。本決定は併合罪としたが、理由は述べていない。観念的競合を否定した点については、監禁は継続犯であることを前提に、拐取も被拐取者を支配下に置く間成立し続ける継続犯だとすれば、両罪は観念的競合になるはずだという理解から、本決定を、拐取罪は被拐取者に対する支配を設定することで既遂に達し終了する状態犯だと解したものだとする評価がある。牽連犯（五四条一項後段）を否定した点は、その要件として「罪質上通例手段結果の関係」を要求し、それを目的犯とその目的を実現する犯罪や住居侵入関係など狭い範囲でしか認めない判例の傾向（184判決）からは自然である。身代金目的拐取と身代金要求については、まさしく目的犯と目的を実現する犯罪であり、牽連犯の典型といえる。

▼**評釈**――濱野惺・最判解昭和58年度

牽連犯か併合罪か(2)

184 最1決平成17・4・14刑集五九巻三号二八三頁

関連条文 四五条・五四条・二二〇条・二四九条

恐喝の手段として監禁が行われた場合の罪数関係。

事実 被告人甲は、共謀の上、①Aを路上に停車中の自動車内や連行先のビル室内等で監禁したが、Aを車に連れ込んだ直後に監禁を確立するために顔面を殴打する暴行を加えて傷害を負わせた。また、②連行先の室内で「うちは一心会や」「車を担保にさせてもらう」などと申し向けて脅迫し、解放時に現金と自動車一台を交付させて喝取した。第一審は、①監禁致傷と②恐喝で有罪を認定し、両罪を併合罪として処断した。控訴審は、監禁致傷行為が恐喝目的を帯びたものであることを明確に認定しながら、第一審の判断を維持した。甲が上告し、弁護人は、恐喝目的の監禁と恐喝未遂を牽連犯とした大審院判例と相反する（刑訴四〇五条三号）と主張した。

裁判所の見解 上告棄却。原判決の判断は右大審院判例と相反する。しかし、「恐喝の手段として監禁が行われた場合であっても、両罪は、犯罪の通常の形態として手段又は結果の関係にあるものとは認められず、牽連犯の関係にはないと解するのが相当であるから、上記大審院判例はこれを変更し、原判決を維持すべきである。」

解説 数罪の間に手段目的又は原因結果の関係があることで牽連犯（五四条一項後段）と認められると、科刑上一罪として扱われ、併合罪加重（四七条等参照）はなされない。最高裁の判例は牽連犯の要件として、数罪の間に罪質上通例（本判決の表現では「犯罪の通常の形態として」）手段又は結果の関係があること（抽象的牽連性）を要求し、それを狭い範囲でのみ肯定する。具体的には、①目的犯と目的を実現する犯罪、②偽造文書行使と詐欺等、③住居侵入と侵入先での犯罪の三類型に限られるともいわれる。監禁罪との関係では、最高裁は、本件に先立ち、傷害、強姦、強制わいせつ、殺人、強盗等について牽連犯を否定してきた。監禁は、他の犯罪の手段として行われやすいのは確かだが、住居侵入との対比で、なお単体での実行も類型的に想定されることが考慮されているといわれる。そうした中で恐喝についてだけ扱いを異にするほどの強い結びつきがあるともいえないことから、監禁と恐喝を牽連犯としていた大審院判例は孤立しており、本判決による判例変更は自然な流れであった。ただし、暴行・脅迫の大部分が監禁を確立、継続する手段であり、かつ財物交付に向けられているなど、監禁と恐喝の実行行為の主要部分が重なり合う事案であれば、一個の行為が二個の罪名に触れる場合として観念的競合（五四条一項前段）となりうることは、本判決によっても排斥されていない。

▼**評釈**――内山良雄・百選Ⅰ102

いわゆる「かすがい」理論

185 最1決昭和29・5・27刑集八巻五号七四一頁

関連条文　四五条・五四条

住居に侵入した上で、三名を順次殺害した場合、いかに処断されるか。

事実　被告人甲は、元妻A（当時二四歳）を殺害すべく、鉈を持ってAが母親B（四七歳）らと同居する住居に侵入した。そして、同住居内でB、AおよびC（当時一三歳）を順次鉈で斬りつけるなどして殺害した。第一審は、「判示住居侵入の点は刑法第百三十条……に、判示殺人の点は刑法第百九十九条に各該当するが、以上は手段結果の関係にあるから刑法第五十四条第一項後段、第十条を適用して重い殺人の罪に従つて処断することとし、以上は同法第四十五条前段の併合罪であるが、……犯情の最も重い右Cに対する殺人につきその所定刑中死刑を選択し、同法第四十六条第一項本文に従い他の刑を併科せず……」と判示し、控訴審もこれを維持した。被告人が上告し、弁護人は上告趣意において、住居侵入と三個の殺人の各牽連犯について一罪として処断すべきであるなどと主張した。

裁判所の見解　上告棄却。「所論三個の殺人の所為は所論一個の住居侵入の所為とそれぞれ牽連犯の関係にあり刑法五四条一項後段、一〇条を適用し一罪としてその最も重き罪の刑に従い処断すべきであり、従つて第一審判決にはこの点に関し法条適用につき誤謬あること所論のとおりであるが、右判決は結局……死刑を選択し……ているのであるから、該法令違背あるに拘わらず原判決を破棄しなければ著しく正義に反するものとはいい得ない。」

解説　①住居に侵入することなく順次数名を殺害した場合、数個の殺人の併合罪である。対して、②住居侵入の上で数個の殺人を犯した場合、判例の立場では、数個の殺人が、それぞれと牽連犯関係にある住居侵入により結びつけられ、全体が科刑上一罪として処断されることになる。住居侵入に、本来数罪である各罪を結びつける「かすがい」としての機能を認めるという意味で「かすがい」理論という。本件のように死刑が選択される限り、併合罪か一罪かにより大きな影響はない（本決定が原審破棄に及ばなかったのはそのためである）。しかし、仮に有期懲役（殺人罪の有期懲役の上限は一九九条、一二条により二〇年）が選択される場合、①併合罪であれば処断刑の上限は三〇年に加重される（四七条、一四条二項）のに対し、②科刑上一罪であれば二〇年にとどまる（五四条）。同じ数名殺害の事案で住居侵入が加わるとむしろ処断刑が軽くなる不均衡などから批判も強いが、「かすがい」理論を否定する場合の処断の仕方をめぐる提案はどれも決め手を欠くことから、判例の立場を覆すには至っていない。

▼**評釈**――亀井源太郎・百選Ⅰ105

「その最も重い刑により処断する」の意義

186 最3判昭和28・4・14刑集七巻四号八五〇頁

関連条文 一〇条・五四条・九五条・二〇四条

科刑上一罪の関係にある甲罪と乙罪について、法定刑の上限は甲罪の方が重く、下限は乙罪の方が重い場合、甲罪の法定刑に従い、乙罪の下限よりも軽く処断することは許されるか。

事　実　被告人甲は、当時の国鉄駒込駅において、駅員（公務員）Aに対し、手拳で顔面を殴打するなどの暴行を加えて、全治一週間の打撲傷を負わせた。第一審（東京地裁）は、傷害（二〇四条）と公務執行妨害（九五条一項）の観念的競合（五四条一項前段）として、重い傷害の法定刑により処断し、罰金二万円に処した。控訴審において、検察官は、軽い公務執行妨害の法定刑の下限（当時は禁錮一月。なお、平成一八年改正により選択刑として罰金刑が追加された）よりも軽い罰金刑を選択するのは違法だと主張したが、東京高裁は、五四条一項は、各罪の法定刑を比較して重い刑を定めた法条で処断する趣旨であり、上限が重い二〇四条所定の罰金を選択することは違法でないとした。これに対し、検察官が上告受理申立てをした。

裁判所の見解　破棄自判。五四条一項が科刑上一罪の場合に最も重い刑により処断すると定めるのは、「その数個の罪名中もつとも重い刑を定めている法条によつて処断するという趣旨と共に、他の法条の最下限の刑よりも軽く処断することはできないという趣旨を含む」。「いいかえれば数個の罪について刑を定めるには、各法条中の法定刑の最上限も最下限も共に重い刑の範囲内において処断すべき」である。

解　説　科刑上一罪の「最も重い刑」は、各罪の法定刑（加重減軽前のもの）を一〇条の基準により比較して判断する。そして、併科刑・選択刑の定めがある場合には、重い刑種のみを比較するのが判例の立場である（いわゆる重点的対照主義）。例えば、懲役刑の上限が同一であれば、罰金刑の上限に差があっても、法定刑は同一とみて、犯情により軽重を判断する。もっとも、科刑上一罪においては軽い罪も犯罪として成立し、処罰の対象となっていることに鑑み、明らかに不合理となる場合には、個別に修正ないし補充的解釈が施される。刑の下限に関し、軽い罪の法定刑の下限を下回ることを禁止した本決定はその嚆矢といえる。近時の判例（最1決平成19・12・3刑集六一巻九号八二一頁）は、最も重い刑を定めた罪の刑は懲役刑のみだが、その他の罪に罰金刑の任意的併科の定めがある場合に、罰金刑の併科を認めた。そうした解釈は、「最も重い罪の刑」ではなく、「最も重い刑」とする条文の文言とも整合的であるとの指摘もなされている。

▼**評釈**――入江猛・最判解平成19年度（解説に引用の最決平成一九年の解説）

観念的競合か併合罪か

187 最大判昭和49・5・29刑集二八巻四号一一四頁

関連条文 五四条・二一一条、道交六五条・一一七条の二

五四条一項前段にいう「一個の行為」の意義。

事実 被告人甲は、飲酒後、自動車を運転し、時速七〇キロメートルで進行中、酒酔いのために前方注視が困難な状態になった。そのような場合、ただちに運転を中止し事故の発生を未然に防止する注意義務があったが、甲はこれを怠り、運転を継続した過失により、自車を歩行者に衝突させ、全身打撲傷、脳挫傷等により死亡させた。第一審は、道交法上の酒酔い運転の罪と業務上過失致死罪（刑法二一一条前段。現在であれば運転過失致死（自動車運転死傷行為処罰法五条））の併合罪として処断し、控訴審もこれを維持した。それに対し、被告人が上告し、両罪は観念的競合の関係にあると主張した。

裁判所の見解 上告棄却。「五四条一項前段……にいう一個の行為とは、法的評価をはなれ構成要件的観点を捨象した自然的観察のもとで、行為者の動態が社会的見解上一個のものとの評価をうける場合をいう」。「自動車を運転する行為は、その形態が、通常、時間的継続と場所的移動とを伴うものであるのに対し、その過程において人身事故を発生させる行為は、運転継続中における一時点一場所における事象であつて、前記の自然的観察からするならば、両者は、酒に酔つた状態で運転したことが事故を惹起した過失の内容をなすものかどうかにかかわりなく、社会的見解上別個のものと評価すべきであ」る。「したがつて、本件における酒酔い運転の罪とその運転中に行なわれた業務上過失致死の罪とは併合罪の関係にある」。（補足意見、反対意見あり）

解説 最高裁は、本判決を含む同日付の一連の判決により、従来の判例を変更して、①無免許運転と酒酔い運転、②無免許運転と車検切れ運転はそれぞれ観念的競合の関係に、③酒酔い運転と業務上過失致死（現・運転過失致死）は併合罪の関係にあるとした。いずれの結論も、観念的競合の要件である「一個の行為」（五四条一項前段）とは、構成要件的観点を捨象した自然的観察の下で社会的見解上一個の動態と評価される場合をいうとの一般論から導かれている。①や②は、継続的な「運転」という、社会的にみて一個の動態が二つの罪名にあたる場合（いわゆる線と線の関係）であるのに対し、③では、酒酔い運転は継続的な「運転」、過失致死はその過程の一時点における「人身事故の惹起」という、社会的にみて別個の動態（いわゆる線と点の関係）が問題となっているというのが区別の理由である。同様の論理で、④銃砲刀剣類の不法所持とそれを用いた強盗や殺人も併合罪の関係とされる。

▼**評釈**——佐伯和也・百選Ⅰ103

刑法四七条の法意……新潟女性監禁事件

188 最1判平成15・7・10刑集五七巻七号九〇三頁

関連条文　四七条

併合罪の量刑は、個別の罪について想定される刑の合算を上限として行うか。

事実　被告人甲は、少女Aを略取し、九年余り自室に監禁し、足の筋力低下等の傷害を負わせた未成年者略取および逮捕監禁致傷により起訴された。両罪が観念的競合の関係にある事案で、重い逮捕監禁致傷の法定刑の上限は（当時）懲役一〇年であったが、検察官は、甲がAに着せる下着四枚を万引した窃盗を追起訴した。第一審は、併合罪加重による処断刑の上限（懲役一五年）の範囲内で懲役一四年に処した。控訴審は、併合罪の個別の罪について法定刑を超える趣旨の量刑をすることは許されず、逮捕監禁致傷は一〇年の限度で評価しなければならないとして、一審判決を四七条の解釈の誤りを理由に破棄し、懲役一一年に減じた。検察官は事件受理の申立てをした。

裁判所の見解　破棄自判。四七条は「併合罪……全体に対する統一刑を処断刑として形成し、……この処断刑の範囲内で……各罪全体に対する具体的な刑を決する」規定であり、「あらかじめ個別的な量刑判断を行った上これを合算するようなことは、法律上予定されていない」。同条は「併科主義による過酷な結果の回避という趣旨を内包」するが、「問題となるのは、法によって形成される制度としての刑の枠、特にその上限である」。「同条が、更に不文の法規範として……あらかじめ個別的に刑を量定することを前提に、その個別的な刑の量定に関して一定の制約を課していると解するのは、相当でない」。一審判決は懲役一四年の量刑を含めて首肯できる。

解説　併合罪の量刑に関し、個別の罪の量刑評価をそれぞれの法定刑の枠内で（暫定的に）行い、それらの合算（併科主義）を上限に、そのままでは過酷なので相応に割り引く（その趣旨の表現が、処断刑の上限を重い刑の一・五倍にとどめる四七条である）というのが、控訴審の立場である。それに対し、併合罪固有の処断刑が形成される以上、全体的犯情を端的に評価すれば足りるというのが本判決の立場である。仮に全体的犯情の一部として個別の罪の評価を問うにしても、その上限が元の法定刑に絶対的に拘束されるわけではない（一罪の場合に拘束されるのは罪刑法定主義の形式的制約であり、当該罪の犯情が最も重い場合が法定刑上限に対応するわけでは元々ない）、という含意もあるのかもしれない。本判決の立場では、四七条にいう併科主義の過酷さの回避とは、併科が一般に過酷ということではなく、あまり積み重なると過酷になりうるので、一・五倍で頭打ちをしておくという理解になる。

▼**評釈**——永井敏雄・最判解平成15年度

不作為犯の罪数

189 最大判昭和51・9・22刑集三〇巻八号一六四〇頁

道交法の救護義務違反と報告義務違反の罪数関係。

事　実　酒を飲んで自動車を運転した被告人甲は、前方不注視および速度超過のまま進行した過失により、歩行者Aに自車を衝突させて、左肋骨多発性骨折等を負わせた（Aは、この傷害により翌日死亡した）。甲は、いったん走り去った後、同乗者に促されるなどして現場に戻り、人だかりを見て人身事故を起こしたことを明確に認識したが、酒酔い運転による事故の発覚を恐れて逃走した。第一審（山形地判昭和49・7・30）は、業務上過失致死罪（二一一条前段。現在であれば運転過失致死罪〔自動車運転死傷行為処罰法五条〕）、救護義務違反罪（道交法七二条一項前段）、報告義務違反罪（同条後段）の成立を認め、後二罪を観念的競合（五四条一項前段）として処断した。検察官は、両罪を併合罪とする判例違反を主張して控訴したが、控訴審（仙台高判昭和49・11・15）は、昭和四九年大法廷判決（187判決）の解釈によれば右両罪は「一個の行為」にあたるとして控訴を棄却した。検察官が上告した。

裁判所の見解　上告棄却。「五四条一項前段にいう一個の行為とは、法的評価をはなれ構成要件的観点を捨象した自然的観察のもとで行為者の動態が社会的見解上一個のものと評価される場合をいい（……昭和……四九年五月二九日大法廷判決）、不作為もここにいう動態に含まれる」。「道交法七二条の両『義務は、いずれも交通事故の際『直ちに』履行されるべきものとされており、運転者等が右二つの義務に違反して逃げ去るなどした場合は、社会生活上、しばしば、ひき逃げというひとつの社会的出来事として認められている」。従って、両義務を「履行する意思がなく、事故現場から立ち去るなどしたときは、他に特段の事情がないかぎり」観念的競合の関係にあると解すべきである。（補足意見、反対意見がある）

関連条文　四五条・五四条、道交七二条

解　説　交通事故に係る車両等の運転者等は、負傷者の救護および最寄りの警察署等への報告を義務づけられ、各義務への違反は犯罪化されている（道交法七二条、一一七条以下）。ひき逃げにより両罪が成立する場合の罪数関係は従来併合罪とされてきたが、五四条の「一個の行為」を法的評価をはなれた自然的、社会的観察の下で判断するとした昭和四九年大法廷判決（187判決）を受けた本判決により、観念的競合へと変更された。「救護しなかった」「報告しなかった」という特定の義務への違反を問題とする不作為犯では法的評価を離れた観察は不可能で、異なる義務違反が問題となる以上、行為として重なっていないとの見方も根強い。しかし、生の社会的事実のレベルでみれば、両義務が「ひき逃げ」という一個の動態により違反されたと捉えうるというのが本判決の立場である。

▼**評釈**――近藤和哉・百選Ⅰ104

共犯と罪数

関連条文　五四条・六二条

190　最1決昭和57・2・17刑集三六巻二号二〇六頁

①幇助犯の個数および②「一個の行為」（五四条一項前段）の判断基準。

事実　被告人甲は、昭和四九年九月二日、乙が覚せい剤の密輸資金として用いる事情を知りながら、乙から渡された二四〇〇万円をその依頼に応じて銀行に持参し、銀行保証小切手五通の発行を得た上で、乙に交付した。乙らは、同月一三日と一四日の二回にわたり、覚せい剤を密輸入した。第一審は、甲に二個の覚せい剤営利目的輸入幇助罪の成立を認め、それらを併合罪とした。控訴審は、「幇助犯の罪は正犯の罪に随伴して成立する……から、幇助犯の罪数は正犯の罪数に従うべき」で、「幇助行為が一回か数回かは幇助犯の罪数を左右するものではな」く、それは「正犯が被告人の関知しない事情によつて……二回にわけて覚せい剤を各別に密輸入したため……併合罪として処断される……場合においても異なるところはない」として、一審の判断を維持した。弁護人上告。

裁判所の見解　上告棄却。①「幇助罪は正犯の犯行を幇助することによつて成立するものであるから、成立すべき幇助罪の個数については、正犯の罪のそれに従つて決定される」。②「幇助罪が数個成立する場合において、それらが刑法五四条一項にいう一個の行為によるものであるか否かについては、幇助犯における行為は幇助犯のした幇助行為それ自体にほかならない……から、幇助行為それ自体についてこれをみるべきである」。従って、本件「二個の覚せい剤取締法違反幇助の罪は観念的競合の関係にあ」り、原判決が併合罪としたのは「誤りである」。「しかし……この違法は……原判決を破棄しなければ著しく正義に反するものとは認められない。」

解説　共犯は、共犯行為に基づいて正犯者が犯罪を実行することで成立する。そうすると、正犯者が複数の犯罪を実行すれば、その数に応じて共犯も複数成立する（①）。他方、成立した複数の共犯が「一個の行為」（五四条一項前段）かは、法的評価を離れた自然的観察により評価する判例理論（187判決）の下、共犯行為自体の個数を基準に決される（②）。狭義の共犯については、このような本決定の理解に異論は少ない。争いがあるのは、共同正犯（六〇条）、特に一回の共謀により実行者が複数の行為をした場合の共謀者の処断である。狭義の共犯と同じように、共謀行為の個数を基準とする見解も有力である。しかし、実務は、共同正犯は狭義の共犯とは異なり、他の共同者の行為も含めて全て自分でしたのと同じに扱われるものであるから、実行犯が複数の行為をすれば、共謀者も複数の行為をしたことになる（すなわち併合罪となる）という理解をとっている。

▼評釈——星周一郎・百選Ⅰ106

死刑の合憲性

191 最大判昭和23・3・12刑集二巻三号一九一頁

死刑を定めた刑法の規定は憲法違反か。

事実 原審は、母と妹を槌で殴り即死させ、死体を古井戸に投げ込んで遺棄した被告人甲に対し、刑法二〇〇条・一九九条を適用して死刑を言い渡した。上告趣旨は、「死刑こそは最も残虐な刑罰」であるから、憲法三六条によって「刑法第一九九条同第二百条等に於ける死刑に関する規定は当然排除されたものと解すべき」であるのに、刑法一九九条同二百条を適用して死刑を言い渡した原判決は法令の解釈を誤って適用した違法な判決であると主張する。

裁判所の見解 上告棄却。新憲法は一般的概括的に死刑そのものについていかなる態度をとっているのか。まず、憲法第一三条においては、すべて国民は個人として尊重せられ、生命に対する国民の権利については、立法その他の国政の上で最大の尊重を必要とする旨を規定しているが、同時に同条においては、公共の福祉という基本的原則に反する場合には、生命に対する国民の権利といえども立法上制限ないし剥奪されることを当然予想している。そしてさらに、憲法第三一条によれば、国民個人の生命の尊貴といえども、法律の定める適理の手続によって、これを奪う刑罰を科せられることが、明かに定められている。すなわち憲法は、刑罰として死刑の存置を想定し、これを是認したものと解すべきである。刑罰としての死刑そのものが、一般に直ちに憲法第三六条にいわゆる残虐な刑罰に該当するとは考えられない。

関連条文 一九九条、憲一三条・三一条

解説 「生命は尊貴である。一人の生命は、全地球よりも重い」との一節で有名な本判決は、死刑の合憲性に関する最高裁のリーディングケースである。本判決による憲法一三条・三一条の解釈は形式的に過ぎるとの批判もあるが、文言上は自然な解釈であり、死刑そのものが憲法違反であるという結論を論理的に導出することはそれほど簡単ではない。

本判決は、死刑そのものは憲法三六条にいう「残虐な刑罰」に当たらないが、その執行方法如何によっては残虐な刑罰に当たる場合があるとする（火あぶり等）。この点、現行の絞首刑については、電気殺・ガス殺などと比較して「絞首方法が他の方法に比して特に人道上残虐であるとする理由は認められない」とした判例がある（最大判昭30・4・6刑集九巻四号六六三頁）。なお、大阪高判平25・7・31判タ一四一七号一七四頁）。

本判決は、死刑の制度・運用は「常に時代と環境とに応じて変遷」するという。国際的には、死刑廃止国が増加し、日本を含む存置国は少数派になっている一方で、国内の世論調査では死刑を支持する意見が多数を占めている。このような時代と環境の下で、改めて死刑制度の在り方が問われている。

▼**評釈**——中村英・憲法百選Ⅱ（六版）120

絞首刑の執行方法の法的根拠

192 最大判昭和36・7・19刑集一五巻七号一一〇六頁

関連条文 憲三一条・三六条

①明治六年太政官布告第六五号絞罪器械図式は現在でも有効か。②絞首刑の宣告は憲法三一条に違反するか。

事実 原審は被告人甲らを死刑に処したが、その執行方法については通例のごとく何ら明言しなかった。上告趣意は、死刑の執行方法について法律の定めがないにもかかわらず、その方法を特定することなく死刑の宣告をしたことは、憲法三一条、三六条に違反する、という。

裁判所の見解 上告棄却。死刑の執行方法に関する事項を定めた所論明治六年太政官布告第六五号は、同布告の制定後今日に至るまで廃止され又は失効したと認むべき法的根拠は何ら存在しない。同布告は、死刑の執行方法に関し重要な事項（例えば、「凡絞刑ヲ行フニハ…」等）を定めており、このような事項は、死刑の執行方法の基本的事項であって、旧憲法下においても法律事項に該当すると解するを相当とし（旧憲法二三条）、その限度においては同布告は旧憲法下において既に法律として遵由の効力を有していたものと解するを相当とする。しからば、死刑に関する現行法制としては、刑法一一条、監獄法七一条一項、七二条、刑訴法四七五条ないし四七八条等の法律の規定があるほか、憲法上法律と同一の効力を有すると認められる明治六年太政官布告六五号の規定が有効に存在し、これらの諸規定に基づきなされた死刑の宣告は、憲法三一条にいう法律の定める手続によってなされたものであることは明らかである。また、現在の死刑の執行方法が右太政官布告の規定どおりに行われていない点があるとしても、それは右布告で規定した死刑の執行方法の基本的事項に反しているものとは認められず、この一事をもって憲法三一条に違反するものとはいえない。

解説 昭和二二年法律七二号一条は、新憲法下において法律をもって規定すべき事項を定めた従前の命令につき、その新憲法下での効力について定めているが、本判決は、明治六年太政官布告はもともと法律であったとして、同条の適用とは無関係であるとし、また、現行の死刑の執行方法は憲法三六条の「残虐な刑罰」にも当たらないから、右布告は、新憲法下においても法律と同一の効力を有するものとして存続するとの結論に至っている。

右布告が規定する執行方法は地上絞架式であるのに対し、現在の執行方法は地下掘割式であることのほか、両者には細部でかなりの違いがある。本判決は、そのような違いはあっても、執行方法の基本的事項に差異はないとするものである。結論的には是認されようが、そのようなズレを放置している立法政策の妥当性は問われてもよかろう。

▼**評釈**――所一彦・百選Ⅰ（二版）97

193 死刑選択の基準(1)……永山事件

最2判昭和58・7・8刑集三七巻六号六〇九頁

関連条文　一一条、刑訴四一一条

死刑の選択はどのような場合に許されるか。

事　実　犯行時一九歳余の少年であった被告人甲は、窃取した拳銃を使用して、一か月足らずの間に、東京、京都、函館、名古屋の各地で警備員二人、タクシー運転手二人の合計四人を射殺した（他に強盗殺人未遂一件）。第一審は約一〇年の審理の後死刑を言い渡したが、原判決は、死刑の選択は慎重に行われるべきことを説き、甲の年齢・成育歴、一審判決後の獄中結婚、被害の一部弁償等の甲にとって有利な情状を指摘して量刑不当により一審判決を破棄し、甲を無期懲役に処した。検察官は、判例違反・量刑不当を理由に上告。

裁判所の見解　破棄差戻。死刑制度を存置する現行法制の下では、犯行の罪質、動機、態様ことに殺害の手段方法の執拗性・残虐性、結果の重大性ことに殺害された被害者の数、遺族の被害感情、社会的影響、犯人の年齢、前科、犯行後の情状等各般の情状を併せ考察したとき、その罪責が誠に重大であって、罪刑の均衡の見地からも一般予防の見地からも極刑がやむをえないと認められる場合には、死刑の選択も許されるものといわなければならない。本件記録に顕れた証拠関係の下においては、被告人の罪責は誠に重大であって、原判決が被告人に有利な事情として指摘する点を考慮に入れても、いまだ被告人を死刑に処するのが重きに失するとした原判断に十分な理由があるとは認められない。

解　説　本判決は、死刑の選択基準に関する最高裁のリーディングケースである。本判決は、死刑選択に当たって考慮すべき事項を列挙し、「その罪責が誠に重大であって、罪刑の均衡の見地からも一般予防の見地からも極刑がやむをえないと認められる場合には、死刑の選択も許される」という一般基準を提示している。各事項の相互関係、他に考慮すべき事項の有無といった点は明らかとされていないが、そこまで詳細な量刑基準を設定することは不可能であろう。本判決の示した基準は、その後の判例の展開の中で具体的事案に応じてその実質的な内容を肉付けされながら定着していったと評価できよう。

本判決の示した死刑選択の基準は、光市事件（194判決）のような例外を除き、その後、比較的安定した運用がなされてきたが、近時、最高裁は、被告人を死刑に処した裁判員裁判による第一審判決を量刑不当で破棄した控訴審判決を維持し、死刑の選択をやむを得ないと認めた裁判体の判断の具体的、説得的な根拠が示される必要があるとの判断を示していることが注目される（最2決平成27・2・3刑集六九巻一号一頁、最2決平成27・2・3刑集六九巻一号九九頁）。

▼**評釈**――松尾浩也・百選Ⅰ（二版）98、永田憲史・判プラⅠ439

死刑選択の基準(2)……光市事件

194 最3判平成18・6・20判時一九四一号三八頁

関連条文　一一条、刑訴四一一条、少年五一条

死刑の選択はどのような場合に許されるか。

事　実　犯行時一八歳の少年であった被告人甲は、白昼、配水管の検査を装って上がり込んだアパートの一室において当時二三歳の主婦を強姦しようとしたが、激しく抵抗されたため、被害者を殺害した上で姦淫し、その後、同所において、激しく泣き続ける当時生後一一か月の被害者の長女をも殺害し、さらに、その後、同所において、被害者管理の現金等在中の財布一個を窃取した。一審は甲に無期懲役を言い渡し、原審も①殺害は計画的ではない、②不十分ながらも反省の情が芽生えている、③犯行時一八歳と三〇日の少年であり、矯正教育による改善更生の可能性がないとはいい難いとして無期懲役の量刑を維持した。検察官は、判例違反・量刑不当を主張して上告した。

裁判所の見解　破棄差戻。当審判例（194判決）が示すように、死刑制度を存置する現行法制の下では、犯行の罪質、動機、態様殊に殺害の手段方法の執よう性・残虐性、結果の重大性殊に殺害された被害者の数、遺族の被害感情、社会的影響、犯人の年齢、前科、犯行後の情状等各般の情状を併せ考察したとき、その罪責が誠に重大であって、罪刑の均衡の見地からも一般予防の見地からも極刑がやむを得ないと認められる場合には、死刑の選択をするほかないものといわなければならない。被告人の罪責は誠に重大であって、特に酌量すべき事情がない限り、死刑の選択をするほかないものといわざるを得ない。原判決及びその是認する第一審判決が酌量すべき事情として述べるところは、いまだ被告人につき死刑を選択しない事由として十分な理由に当たるとは認められない。

解　説　本判決は、死刑選択基準について永山事件判決に明示的に依拠しているが、永山事件判決が「死刑の選択も許される」としていたのに対し、本判決は「死刑の選択をするほかない」と言い換えている。また、「被告人の罪責は誠に重大であって、特に酌量すべき事情がない限り、死刑の選択をするほかない」とする点は、死刑が原則で特に酌量すべき事情がある場合に限って例外的に死刑を回避するという考え方をしているようにも見え、永山事件判決との整合性に疑問を呈する向きもある。

本判決は、被告人が犯行当時一八歳になって間もない少年であったという事情は、死刑を回避すべき決定的な事情であるとはいえないとする。少年法五一条一項は一八歳未満という年齢で一律に区切る規定であるから、精神的に未成熟であるという点は、被告人に有利な情状の要素として考慮される一事情にとどまるとされることはやむを得ないであろう。

▼**評釈**――平川宗信・平成18年重判（刑法3）

無期懲役の合憲性

195 最大判昭和24・12・21刑集三巻一二号二〇四八頁

関連条文 一一条、憲三六条

無期懲役は残虐な刑罰にあたるか。

事実 被告人甲は、乗車勤務中の車掌を殺害して運輸省貸与の懐中時計を強奪しようと決意し、ハンマー・匕首を携えて車掌の承諾を得て貨物列車車掌室に乗り込み、車掌の頭部をハンマーで殴打し、匕首で顔面などを切りつけるなどして同人が所持していた懐中時計を強奪し、同人を進行中の列車から車外に突き落として重傷を負わせた。原審は甲を無期懲役に処したが、弁護人は、無期懲役は憲法三六条の「残虐な刑罰」に該当するとして上告した。

裁判所の見解 上告棄却。死刑そのものは憲法第三六条にいわゆる「残虐な刑罰」に当らないとすることは当裁判所の判例とするところである（191判決）。既に現行制度における死刑それ自体が然りとすれば同様に現行制度における無期懲役刑そのものも亦残虐な刑罰とい丶得ないことは一層当然であろう。生命の剥奪は、すべての自由の絶対的剥奪となる。人は本能的にその自由よりもその生命を尊重し、生命の剥奪を自由のそれにも増して嫌悪し恐怖するのが通常である。さればわが刑法においても現代文明各国の立法例と共に死刑を以て最重の刑とし無期自由刑をこれに次ぐものとしているのである。のみならず科刑の目的は受刑者その人を対象とする特別予防の外に社会を犯罪から防衛せんとする一般予防の面もあるのであるから、刑の種類及び量の適否と要否とについてもこの両者の立場から考察されなければならない。死刑を以てしては過酷に失し有期の自由刑を以てしてはなお足りないとする場合もあり得るのであるから、法律が無期自由刑を認めたからというて、唯特殊の受刑者の個人的立場からのみこれを目して必要以上にその精神的肉体的苦痛を与える残虐な刑罰を規定するものとし、違憲であると断じ去ることはできない。

解説 上告論旨は、死刑はその与える苦痛が瞬間的であるのに対し、無期刑は犯人の生涯を通じ永続的に人間存在の前提ともいうべき自由を剥奪し、必要以上の精神的肉体的苦痛を与える点で死刑よりも残虐であるとする。この主張が説得力を欠くことは、本判決が示すとおりである。

もっとも、死刑との比較ではなく、無期懲役自体の残虐性を検討すべきであるとする少数意見にも傾聴すべきものがある。その点、現行の無期刑には仮釈放が認められており（刑法二八条）、恩赦や執行停止も認められている。また、現在の自由刑の執行方法が、行刑目的を達成する上で、受刑者に不必要な苦痛を与えているともいえないであろう。従って、いずれにせよ、現行の無期刑は残虐な刑罰には当たらないと解される。

▼**評釈**――石川才顕・百選Ⅰ（二版）99

第三者没収

196 最大判昭和37・11・28刑集一六巻一一号一五九三頁

関連条文　憲二九条・三一条

第三者の所有物を没収する場合に、第三者に防御の機会を与えなくてもよいか。

事実　被告人らは、韓国向け貨物を密輸出しようと企て、税関の輸出免許を受けないで、機帆船に貨物を積載して下関港を出航し博多沖で韓国向け漁船に積みかえようとしたが、しけのため目的を遂げなかった。一審は、これを関税法違反未遂とし、機帆船および貨物を没収する旨の言渡しをし、原審もこれを維持した。貨物は被告人ら所有のものではなく他人から輸送を依頼されたものであるところ、被告人らは、所有者不明であり、従ってその所有者は関税法違反の犯罪が行われることを予め知っていたか否かを確かめることなく、所有者に財産権擁護の機会を全く与えないまま没収したのは、憲法二九条に違反するとして上告した。

裁判所の見解　破棄自判。関税法一一八条一項の規定による没収は、同項所定の犯罪に関係ある船舶、貨物等で同項但書に該当しないものにつき、被告人の所有に属すると否とを問わず、その所有権を剥奪して国庫に帰属せしめる処分であつて、被告人以外の第三者が所有者である場合においても、被告人に対する附加刑としての没収の言渡により、当該第三者の所有権剥奪の効果を生ずる趣旨である。しかし、第三者の所有物を没収する場合において、その没収に関して当該所有者に対し、何ら告知、弁解、防禦の機会を与えることなく、その所有権を奪うことは、著しく不合理であつて、憲法の容認しないところである。けだし、憲法二九条一項は、財産権は、これを侵してはならないと規定し、また同三一条は、何人も、法律の定める手続によらなければ、その生命若しくは自由を奪われ、又はその他の刑罰を科せられないと規定しているが、前記第三者の所有物の没収は、被告人に対する附加刑として言い渡され、その刑事処分の効果が第三者に及ぶものであるから、所有物を没収せられる第三者についても、告知、弁解、防禦の機会を与えることが必要であつて、これなくして第三者の所有物を没収することは、適正な法律手続によらないで、財産権を侵害する制裁を科するに外ならないからである。

解説　本判決は、①没収判決の効力について、第三者の所有権も剥奪されるという対世的効力を認め、②第三者没収にも憲法三一条の保障は及び、③没収の言渡しを受けた被告人は第三者没収の違憲を理由として上告できるとの判断を示した（③の点で最大判昭和35・10・19刑集一四巻一二号一五七四頁を変更している）。本判決後、第三者没収に関し、第三者に権利主張の機会を保障するため「刑事事件における第三者所有物の没収手続に関する応急措置法」が制定された。

▼**評釈**――笹田栄司・憲法百選Ⅱ（六版）112

追徴額の算定基準

197 最大判昭和43・9・25刑集二二巻九号八七一頁

関連条文 一九七条の五・一九条の二

授受された賄賂が没収不能となりその価額を追徴すべき場合、その物の価額をいつの時点を基準にして算定すべきか。

事実 登記官吏をしていた被告人甲は、①昭和三六年五月にXから宅地五六坪七合の贈与を受けてこれを収賄し、②Yから昭和三七年一二月と同三八年三月の二回にわたり合計一〇万円の供与を受けてこれを収賄した。昭和三八年三月に甲は右宅地を情を知らない第三者（結婚した娘）に贈与した。右宅地の価額は、収受時八六万七五一〇円、贈与による没収不能時一三八万九一五〇円である。一審判決は、没収不能時の宅地価額と前記一〇万円の合計一四八万九一五〇円を追徴する旨言渡し、原審もこれを維持した。弁護人の上告趣意は、追徴額の算定基準に関する原審の判断は追徴額の算定基準時を収受時とした大判昭和四年一一月八日刑集八巻六〇一頁に違反するというものである。

裁判所の見解 破棄自判。収賄者は賄賂たる物を収受することによってその物のその当時の価額に相当する利益を得たものであり、その後の日時の経過等によるその物の価額の増減の如きは右収受とは別個の原因に基づくものにすぎないのであるから、没収に代えて追徴すべき金額はその物の授受当時の価額によるべきものと解するのが相当である。

解説 追徴額の算定基準時については、従来、収受時説、没収不能時説、裁判時説が主張されていた。本判決は収受時説をとるが、没収不能時説を支持する反対意見、裁判時説が最も理論的であるが技術的難点があるので没収不能時を基準とするが適当であるとする反対意見が付されている。没収・追徴の趣旨が、犯人に犯罪による不法な利益を保持させないというところにあるとすれば、収受時説が基本的には正当であろう。収受後に価額が下落した場合に追徴額を減額すべき理由はないからである（この趣旨を徹底すれば、賄賂の使用によって価額が下落した場合も、下落分を追徴すべきことになろう）。

ただ、収受時説によると、収受後に価額が上昇した場合、犯人に不正の利益を得させてしまうという難点がある。対価物件として没収（刑法一九条一項四号）・追徴（同一九条の二）できる場合はよいが、贈与のように対価性のない処分がなされた場合には、追徴によって対処せざるを得ない。このような場合も含めて考えるならば、算定基準時を一律に固定せず事案に応じて収受時か没収不能時かを選ぶのが合理的だということになろう。なお、格安で株式を譲り受け、株価が高騰したが裁判時にも株式をそのまま保有していたような場合、裁判時の価額と譲受価額の差を追徴できるかという問題もある。

▼**評釈**――荒木伸怡・百選Ⅰ（二版）102

没収・追徴

198 最3決平成16・11・8刑集五八巻八号九〇五頁

関連条文 一九七条の五

共同正犯者が共同して収受した賄賂についてはどのような方法で追徴すべきか。

事　実　市長であった被告人甲及びその選挙における支援者の乙（非公務員）は、共謀の上、ゴルフ場開発業者から賄賂として二回にわたり合計一億五〇〇〇万円の供与を受けてこれを収受した。一審判決は、収賄の罪の成立を認め、賄賂の追徴に関し、被告人両名の間における分配の有無、保有額や使途先が証拠上不明であるとして、「収賄の共同正犯者が共同して収受した賄賂について、共同正犯者間におけるその分配、保有及び費消の状況が不明である場合には、賄賂の総額を均分した金額を各自から追徴すべきものと解される」として、甲乙両名から各七五〇〇万円を追徴すべきものとし、原審もこの処理を是認した。被告人両名が各上告。

裁判所の見解　上告棄却。収賄の共同正犯者が共同して収受した賄賂については、刑法一九七条ノ五の規定により、共犯者各自に対し、公務員の身分の有無にかかわらず、それぞれその価額全部の追徴を命じることができるし、また、収賄犯人等に不正な利益の保有を許さないという要請が満たされる限りにおいて、相当と認められる場合には、裁量により、各自にそれぞれ一部の額の追徴を命じ、あるいは一部の者にのみ追徴を科することも許される。

解　説　共同収受された賄賂の追徴については、従来の実務は、各自が現に享受した利益に従って行うべきであるが、分配額が不明であるときは平等に分割した額をそれぞれから追徴するというものであった。これに対し、本決定は、共犯者各自に対してそれぞれ収受した賄賂の価額全額の追徴を命ずることができるが、執行段階で共犯者各自に対し重複して執行することは許されないとの判断を示した。これは、各共犯者に対して科される追徴をいわゆる不真正連帯債務的な関係に立つと見たものといえよう。

刑法一九七条の五は必要的没収・追徴を定めるが、これは没収・追徴の是非について裁判所の裁量を否定するにとどまり、各共犯者からの追徴の方法についてまで裁量を否定するものではなかろう。本決定は、賄賂の帰属・分配が明らかである場合の配分的追徴と、それが不明である場合の均分的追徴について裁量権行使を認めているが、裁量権行使をこれらに限定する趣旨ではないと思われる。例えば、本件のような事案で、賄賂が専ら公務員である共犯者の職務と対価関係にある場合には、公務員たる共犯者だけから追徴するということも考えられよう。

▼**評釈**——前田巌・最判解平成16年度

刑法四二条一項の「捜査機関に発覚する前」の意義

199 最2判昭和24・5・14刑集三巻六号七二一頁

関連条文　四二条一項

捜査機関に、犯罪事実及び犯人が誰であるかは判明しているが、犯人の所在だけが判明しない段階で、犯人が捜査機関に出頭した場合、刑法上の自首を認めることはできるか。

事　実　被告人甲は、犯行の翌々日にAを頼って共に警察署に出頭した。しかし、それより前に、共犯者が逮捕され、既に司法警察官に本件犯行及び犯人が甲等であることが発覚していた。このことから原審は被告人の自首を認めなかった。弁護人は、犯人の氏名が明白な場合でも、犯人の行方が不明である場合には、自首は適法であると主張して上告した。

裁判所の見解　上告棄却。刑法第四二条第一項の「未た官に発覚せさる前」〔現・「捜査機関に発覚する前」〕とは犯罪の事実が全く官に発覚しない場合は勿論犯罪の事実は発覚していても犯人の何人たるかが発覚していない場合をも包含するのであるが犯罪事実及び犯人の何人なるかが官に判明しているが犯人の所在だけが判明しない場合を包含しないものと解すべきである。

解　説　刑法四二条一項は「捜査機関に発覚する前」に申告することを自首の要件としている。本判決は、この要件について、犯罪事実及び犯人が誰であるかは判明しているものの犯人の所在だけが不明である場合は含まないとの判断を示した。これに対しては、本条の立法趣旨が、犯罪の捜査及び処罰を容易にしようとする点と、改心した行為者の責任の事後的軽減を考慮しようとする点にあるとすれば、犯人の所在だけが不明である場合も含むと解すべきであるとの批判がなされている。すでに発覚しているか否かは偶然に左右されるところもあり、所在不明でも検挙を容易にすることは変わらないことを考えると、この批判にも一理あると思われるが、指名手配中追い詰められて出頭した場合や公訴時効完成間近で出頭した場合にまで任意的減軽の対象にするのは寛大に過ぎる、いつ出頭しても減軽の対象になるとすれば組織犯罪では証拠隠滅を助長しかねないといった問題は無視し得ないであろう。もっとも、犯人の所在だけが不明の場合の申告は自首に当たらないとしても、量刑上考慮されるのが一般であろうから、実際の宣告刑にそれほどの差は生じないかもしれない。

なお、犯人が、いまだ捜査機関に発覚する前に、自ら犯罪事実を申告して身柄の処分を委ねる意図で捜査機関に出頭していれば、捜査員の不在等により申告できず、その間に別の理由により犯罪事実が発覚したとしても、その接着する時間内に犯人において自ら捜査機関に申告して身柄の処分を委ねたと認められる関係にあれば、自首の成立が認められる（東京高判平成7・12・4高刑四八巻三号一八九頁）。

▼**評釈**——永田憲史・判プラⅠ442

虚偽申告と自首

200 最3決平成13・2・9刑集五五巻一号七六頁

関連条文　四二条一項

捜査機関への申告内容に虚偽が含まれている場合、刑法上の自首を認めることはできるか。

事実　被告人甲は、①けん銃一丁を適合実包と共に携帯して所持し、②そのけん銃を用い対立する暴力団組事務所に向けて銃弾四発を発射した上、③甲が犯人であることが捜査機関に発覚する前に、警察署に出頭し、警察官に対し前記事務所に自ら発砲した旨述べたが、その際、これらの犯行に使用したものとは異なるけん銃に発射を装う偽装工作を施して持参し、そのけん銃を使用したと虚偽の供述をした。一審判決は、①につきけん銃加重不法所持罪、②につきけん銃不法発射罪、③につきけん銃不法所持罪の成立を認め、③については銃刀法三一条の五による自首の成立を認めたが、①②については刑法四二条一項の自首は成立しないとし、原審もこれを維持した。弁護人の上告趣意は、判例違反と量刑不当である。

裁判所の見解　上告棄却。被告人は、前記各犯行について、捜査機関に発覚する前に自己の犯罪事実を捜査機関に申告したのであるから、その際に使用したけん銃について虚偽の事実を述べるなどしたことが認められるとしても、刑法四二条一項の自首の成立を妨げるものではない。しかし、被告人に対し前記両罪について自首を理由に刑の減軽をすることが相当とは認められない。

解説　自首制度の立法趣旨については、犯罪の捜査及び犯人の処罰を容易にするという点がつとに指摘される。一審判決は、この点を重視し、虚偽の申告をすることで捜査を混乱させるおそれがある場合には、自首制度の立法趣旨から考えて、自首の成立は否定すべきだと考えたものと思われる。しかし、このように制度趣旨の観点から自首の成立範囲を限定する方法は、その判断基準が不明確に過ぎ、解釈論として無理がある。むしろ、捜査や処罰を容易にしたかというような事情は減軽の当否を判断する際に考慮すべき事柄であろう。このような考え方は、本件と事案を異にはするものの、既に最2決昭和60・2・8刑集三九巻一号一頁に見られるところであり、本決定もそれに連なるものである。

もっとも、申告内容にどのような虚偽が含まれていても、形式的要件を満たせば常に自首が成立し、後は減軽の当否を論ずれば足るといえるかは問題である。この点で、東京高判平成17・6・22判タ一一九五号二九九頁が、自首そのものが犯人隠避行為に該当する場合には、自首の成立を否定すべきである、としているのが注目される。また、自首が必要的減免事由となっている場合（例：銃刀法三五条の五）には、自首の成否と減軽の当否を分けることができないことも問題として残ろう。

▼**評釈**――稗田雅洋・最判解平成13年度

刑の変更と廃止

201 最1判平成8・11・28刑集五〇巻一〇号八二八頁

関連条文 六条、刑訴四一一条

尊属傷害致死罪の成立を認めた控訴審判決言渡し後に施行された刑法の一部を改正する法律（以下「改正法」という）によって尊属傷害致死罪が廃止された場合、刑訴法四一一条五号にいう「刑の変更」に当たるか。

事実 被告人甲は、実母に対する尊属傷害致死及び愛人に対する殺人、死体遺棄の罪により一審で無期懲役に処され、控訴審も甲の控訴を棄却した。甲が上告をしたところ、上告審継続中に改正法が施行されたことから、このような場合、刑訴法四一一条五号にいう「刑の変更」または「刑の廃止」のいずれに当たるのかが問題となった。なお、改正法附則二条一項本文は、同法施行前にした行為の処罰については「なお従前の例による」と定める一方で、同項ただし書は、尊属加重規定の「適用については、この限りでない。」と定めている。

裁判所の見解 上告棄却。原判決言渡し後に施行された改正法は、傷害致死罪を定めた旧法二〇五条一項に相応する規定として二〇五条のみを置き、その加重類型である尊属傷害致死罪については、旧法二〇五条二項に相応する規定を置いていない。そして、改正法附則二条一項ただし書は、旧法二〇五条二項の適用について、改正法施行前にした行為の処罰についてなお従前の例によるとした同附則二条一項本文を適用しないと定めているから、改正法は、傷害致死罪の加重類型である尊属傷害致死罪を廃止して、これを傷害致死罪に統合することにより、実質的に、尊属傷害致死の行為に対する刑を変更したものと解するのが相当である。

解説 本判決以前、改正法施行に伴う同様の問題に関する裁判例は、これを刑の廃止とするものと刑の変更とするものに分かれていた。本判決は、これを刑の変更とすることで法令解釈の統一を図ったものである。刑の廃止説には、①刑の廃止に当たるとしながら免訴の言渡しをしないことの理論的説明が不十分である、②法条競合のいわゆる特別関係において特別罪が廃止されたとき、特別罪が一般罪よりも軽い場合には不当な結果を招くおそれがある、③改正法の立法者意思は尊属加重規定の削除を刑の変更に当たると解していたものと考えられ、刑の廃止説はこれと整合しない、といった難点があるといわざるを得ない。

他方、刑の変更説によると、本件のように構成要件に変更が生ずる場合にも刑法六条を適用することになるが、刑の廃止を「特定の犯罪に対して国家がその処罰意思を放棄すること」と限定的に解釈する一方で、改正法により不可罰となるのではなく、別罪の法定刑が適用される場合も刑の変更に含まれると解釈することは不可能ではなかろう。

▼**評釈**――中谷雄二郎・最判解平成8年度

国外犯と共犯

202 最1決平成6・12・9刑集四八巻八号五七六頁

関連条文　一条・六二条

日本国外で幇助行為をした者でも、正犯が日本国内で実行行為をした場合には、刑法一条一項の「日本国内において罪を犯した者」に当たるか。

事実　台湾に居住する台湾人である被告人甲は、共犯者Xと共謀の上、日本人Yらが日本国外から日本国内に覚せい剤を輸入し、覚せい剤取締法違反、関税法違反の各罪を犯した際、Xとともに、日本国外で右覚せい剤を調達してYに手渡し、Yらの右各犯行を容易にしてこれを幇助した。甲は、幇助行為は日本国外で行われているから日本の刑法は適用できない旨主張したが、一審判決、原判決とも、その主張を排斥した。甲及び弁護人は、同様の主張を述べ、上告に及んだ。

裁判所の見解　上告棄却。日本国外で幇助行為をした者であっても、正犯が日本国内で実行行為をした場合には、刑法一条一項の「日本国内に於て罪を犯したる者」に当たると解すべきである。

解説　刑法一条一項は、犯罪地が日本国内である場合には日本の刑法を適用するといういわゆる属地主義の原則を定めている。その場合の犯罪地の意義については、構成要件的行為が行われた地、構成要件的結果が発生した地、及びその間の因果関係の経過する中間影響地のいずれも犯罪地であるとする見解（偏在説）が通説である。

他方、共犯の犯罪地については、共犯現象を全体として考察し、少なくともその一部に当たる場所は、共犯者各自にとって犯罪地であるとする見解もあるが、通説は、共犯者各自について個別的に犯罪地を決定すべきであるとし、教唆犯・幇助犯については、教唆・幇助の場所の他、正犯の犯罪地も犯罪地となるが、正犯にとっては正犯の犯罪地だけが犯罪地であり、共犯行為の場所は犯罪地とならないとする。いずれにせよ、本件のような場合、共犯者が国内犯として処罰されるという本決定の結論は支持されるであろう（本決定の趣旨は教唆犯にも及ぶであろう）。

もっとも、本決定は、結論について理由づけを示していないことから、他の場合がどのように処理されるのかは必ずしも定かではない。特に、日本国内では犯罪とされるが、外国では犯罪ではない行為について、共犯行為のみが国内で行われ、正犯行為が外国で行われた場合が問題となる。この場合、前記通説によると、正犯に国外犯処罰規定がなければ日本の刑法は適用されないが、共犯者には国内犯として日本の刑法を適用することができることになる。本決定の射程を超えるが、このような場合は共犯者に日本の刑法を適用することは控えるべきであると思われる。

▼**評釈**——門田成人・平成6年重判（刑法1）

執行猶予基準の変更

203 最3判昭和23・6・22刑集二巻七号六九四頁

関連条文 六条・二五条

刑の執行猶予の基準の変更は、刑法六条にいう「刑の変更」に当たるか。

事実 被告人甲は、原審において、傷害致死罪で懲役二年六月の刑の言渡しを受けた、その後、刑法の一部を改正する法律によって、刑法二五条の執行猶予の要件が「二年以下の懲役」から「三年以下の懲役」に変更された。弁護人は、刑の執行猶予の条件の変更も刑の変更の一場合であり刑法六条の「刑の変更」に当たるとして上告した。

裁判所の見解 上告棄却。刑法第六条は「犯罪後の法律に因り刑の変更ありたるときは其軽きものを適用す」と定めている。従って、同条が適用されるには、犯罪の制裁である刑が犯罪時と裁判時の中間において法律の改正によって変更され、その間に軽重の差を生じたことを前提としている。そして、犯罪の制裁である刑の変更は、刑罰法令の各本条で定めている刑が改正されるときに生ずるのが典型的な場合であるが、なお刑法の総則等に規定する刑の加重減軽に関する規定が改正された結果、刑罰法令の各本条に定める刑が影響を受ける場合にも生ずるであらう。いずれにしても、特定の犯罪を処罰する刑そのものに変更を生ずるのでなければならない。また、刑の軽重は刑法第一〇条によつて刑の種類又は量の変更を標準として判断されるのである。されば、刑法第六条は特定の犯罪を処罰する刑の種類又は量が法律の改正によつて犯罪時と裁判時とにおいて差異を生じた場合でなければ適用されない規定である。しかるに、本件で問題となつている刑の執行猶予の条件に関する規定の変更は、特定の犯罪を処罰する刑の種類又は量を変更するものではないから、刑法第六条の刑の変更に当らない。

解説 本判決は、刑の執行猶予の条件の変更は、刑の執行方法に関する規定の変更であって、刑自体の内容の変更ではないから刑の変更には当たらないとする。これに対しては、執行猶予の条件は刑の適用に直接影響を与えるものであるから刑法六条はこのような規定の変更があった場合も含むとする反対説も有力である。確かに、刑の執行猶予が科刑上重要な価値をもつことを考えると、反対説が妥当であるように思われる。もっとも、執行猶予の条件の変更を刑の変更に当たらないとしても、改正法の趣旨に鑑みて施行前の行為にも適用することは認められるであろう。近時、刑の一部執行猶予の導入に当たって、改正後の規定は法律施行前の行為についても適用するものとされているが、施設内処遇と社会内処遇の有機的連携による犯罪者の社会復帰と再犯防止を図るという新法の趣旨に鑑み是認されよう。

▼**評釈**――辰井聡子・判プラⅠ430

最2判平成20.4.25 刑集62-5-1559…………責任能力の判断基準(3) 96
最2決平成20.5.20 刑集62-6-1786…………自招侵害 81
最1決平成20.6.25 刑集62-6-1859…………過剰防衛の成否(1) 82
東京高判平成20.10.6 判タ1309-292………犯罪の不阻止と共同正犯 137
最1決平成21.2.24 刑集63-2-1 ……………過剰防衛の成否(2) 83
最3決平成21.6.30 刑集63-5-475 …………共犯関係の解消(3) 172
最2決平成21.7.7 刑集63-6-507……………児童ポルノと罪数 181
最1判平成21.7.16 刑集63-6-711 …………財産的利益の防衛 76
最3決平成21.12.7 刑集63-11-1899 ………治療行為の中止〔川崎協同病院事件〕 70
最2決平成21.12.7 刑集63-11-2641 ………予見可能性の意義(5)〔明石砂浜陥没事件〕 47
最1決平成21.12.8 刑集63-11-2829 ………責任能力の判断基準(4) 97
最2決平成22.3.17 刑集64-2-111 …………包括一罪か併合罪か(2) 179
最1決平成22.5.31 刑集64-4-447 …………過失の競合(2)〔明石歩道橋事件〕 56
最1決平成22.10.26 刑集64-7-1019 ………過失犯の因果関係〔日航機ニアミス事件〕 29
最3決平成23.12.19 刑集65-9-1380 ………中立的行為と幇助〔ウィニー事件〕 157
最3決平成24.2.8 刑集66-4-200……………不作為と過失〔三菱自工製トラック車輪脱落事件〕 54
最2決平成24.11.6 刑集66-11-1281 ………承継的共犯(2) 144
最3決平成25.4.15 刑集67-4-437 …………同乗者と危険運転致死傷幇助罪 155
札幌高判平成25.7.11 高刑速平成25年-253……抽象的事実の錯誤(3) 38
最1決平成26.3.17 刑集68-3-368 …………包括一罪か併合罪か(3) 180

最1決平成13.10.25 刑集55-6-519…………刑事未成年者の利用(2)〔スナック強盗事件〕 126
名古屋高判平成14.8.29 判時1831-158……共犯関係の解消(2) 171
大阪高判平成14.9.4 判タ1114-293………防衛行為と第三者 85
最2判平成15.1.24 判時1806-157…………結果回避可能性と過失〔黄色点滅信号事件〕 53
最1決平成15.5.1 刑集57-5-507……………共謀共同正犯(2)〔スワット事件〕 132
最1判平成15.7.10 刑集57-7-903…………刑法四七条の法意〔新潟女性監禁事件〕 188
最2決平成15.7.16 刑集57-7-950…………被害者の行為の介在と因果関係(3)〔高速道路進入事件〕 20
最3決平成16.1.20 刑集58-1-1……………被害者を利用した殺人 127
最2決平成16.2.17 刑集58-2-169…………被害者の行為の介在と因果関係(2)〔抜管事件〕 19
最1決平成16.3.22 刑集58-3-187…………早すぎた結果の発生〔クロロホルム事件〕 110
最3決平成16.7.13 刑集58-5-360…………信頼の原則(2) 49
最3決平成16.10.19 刑集58-7-645…………第三者の行為の介在と因果関係(4)〔高速道路追突事件〕 25
最3決平成16.11.8 刑集58-8-905…………没収・追徴 198
最1判平成17.4.14 刑集59-3-283…………牽連犯か併合罪か(2) 184
最2決平成17.7.4 刑集59-6-403……………不作為による殺人(1)〔シャクティパット事件〕 14
最１決平成17.11.15 刑集59-9-1558………注意義務の存否・内容(3)〔埼玉医大抗がん剤過剰投与事件〕 52
最3決平成18.2.27 刑集60-2-253…………故意の内容(3) 32
最1決平成18.3.27 刑集60-3-382…………第三者の行為の介在と因果関係(5)〔トランク事件〕 26
最3判平成18.6.20 判時1941-38……………死刑選択の基準(2)〔光市事件〕 194
最3決平成18.11.21 刑集60-9-770…………教唆行為の意義 147
最2決平成19.3.26 刑集61-2-131…………過失の競合(1)〔横浜市大患者取違え事件〕 55
最3判平成19.9.18 刑集61-6-601…………刑罰法規の解釈(2)〔広島市暴走族追放条例事件〕 10
最3決平成19.11.14 刑集61-8-757…………未必の故意による共謀共同正犯 133
最2決平成20.3.3 刑集62-4-567……………注意義務の存否・内容(2)〔薬害エイズ厚生省ルート事件〕 51
最3判平成20.3.4 刑集62-3-123……………覚せい剤輸入罪における実行の着手 109
最2判平成20.4.11 刑集62-5-1217…………ビラ配布目的での邸宅への立入り〔自衛隊立川宿舎事件〕 67

最1判平成3.11.14 刑集45-8-221…………管理・監督過失(1)〔大洋デパート事件〕 57
長崎地判平成4.1.14 判時1415-142………実行行為と責任能力 98
東京地判平成4.1.23 判時1419-133………過失の共同正犯(3)〔世田谷ケーブル事件〕 141
最2決平成4.6.5 刑集46-4-245……………共同正犯と過剰防衛〔フィリピンパブ事件〕 160
最1決平成4.12.17 刑集46-9-683…………第三者の行為の介在と因果関係(3)〔夜間潜水事件〕 24
最2決平成5.11.25 刑集47-9-242…………管理・監督過失(2)〔ホテルニュージャパン事件〕 58
最2決平成6.6.30 刑集48-4-21……………盗犯等防止法一条一項の「相当性」 87
最3判平成6.12.6 刑集48-8-509……………共同正犯と量的過剰防衛 173
最1決平成6.12.9 刑集48-8-576……………国外犯と共犯 202
横浜地判平成7.3.28 判時1530-28…………安楽死〔東海大安楽死事件〕 69
東京地判平成7.10.9 判時1598-155………共謀の射程 163
千葉地判平成7.12.13 判時1565-144………危険の引受け〔ダートトライアル事件〕 61
最1判平成8.2.8 刑集50-2-211……………刑罰法規の解釈(1)〔鳥獣保護事件〕 9
東京地判平成8.6.26 判時1578-39…………強要による緊急避難〔オウム真理教集団リンチ事件〕 89
最2判平成8.11.18 刑集50-10-745…………判例の変更と遡及処罰の禁止(1)〔岩教組同盟罷業事件〕 6
最1判平成8.11.28 刑集50-10-828…………刑の変更と廃止 201
最2判平成9.6.16 刑集51-5-435……………侵害の終了時期 75
東京高判平成9.8.4 高刑集50-2-130………被害者の同意(2) 72
大阪地判平成9.8.20 判タ995-286…………承継的共犯(3) 145
最1決平成9.10.30 刑集51-9-816…………コントロールド・デリバリー 128
東京高判平成11.1.29 判時1683-153………不作為による幇助(2) 154
福岡高判平成11.9.7 判時1691-156………不作為による中止 116
札幌高判平成12.3.16 判時1711-170………不作為による幇助(1)〔釧路せっかん死事件〕 153
最2決平成12.12.20 刑集54-9-1095………予見可能性の意義(4)〔近鉄生駒トンネル火災事件〕 46
最3決平成13.2.9 刑集55-1-76……………虚偽申告と自首 200
東京地判平成13.3.28 判時1763-17………注意義務の存否・内容(1)〔薬害エイズ帝京大ルート事件〕 50
東京高判平成13.4.9 高刑速3132-50………結果防止行為の真摯性(2) 118
札幌高判平成13.5.10 判タ1089-298………中止犯における任意性(3) 114
大阪高判平成13.6.21 判タ1085-292………不作為による殺人(2)〔児童虐待事件〕 15

東京高判昭和57.11.29 刑月14-11＝12-804……避難行為の相当性 90
最2判昭和58.7.8 刑集37-6-609……………死刑選択の基準(1)〔永山事件〕 193
横浜地判昭和58.7.20 判時1108-138………放火罪における実行の着手 108
最1決昭和58.9.21 刑集37-7-1070…………刑事未成年者の利用(1)〔四国巡礼事件〕 125
最3決昭和58.9.27 刑集37-7-1078…………牽連犯か併合罪か(1) 183
最3判昭和59.3.6 刑集38-5-1961…………条件付故意 33
最3決昭和59.7.3 刑集38-8-2783…………責任能力の判断基準(2) 95
福岡地判昭和59.8.30 判時1152-182………共同正犯と幇助犯の区別(2) 135
最1決昭和60.10.21 刑集39-6-362…………業務上過失における業務の意義 59
最大判昭和60.10.23 刑集39-6-413………刑罰法規の明確性・広汎性〔福岡県青少年保護育成条例事件〕 2
大阪簡判昭和60.12.11 判時1204-161……誤想過剰避難 92
福岡高判昭和61.3.6 高刑集39-1-1………中止犯における任意性(2) 113
最1決昭和61.6.9 刑集40-4-269……………抽象的事実の錯誤(2) 37
最1決昭和61.6.24 刑集40-4-292…………被害軽微の場合の可罰的違法性(2)〔マジックホン事件〕 64
最1決昭和61.11.18 刑集40-7-523…………混合的包括一罪 182
最2決昭和62.2.23 刑集41-1-1……………包括一罪か併合罪か(1) 178
最1決昭和62.3.26 刑集41-2-182…………誤想過剰防衛〔勘違い騎士道事件〕 86
最1決昭和62.7.16 刑集41-5-237…………違法性の意識(2)〔百円紙幣模造事件〕 103
東京高判昭和62.7.16 判時1247-140………実行未遂と着手未遂 115
大阪高判昭和62.7.17 判時1253-141………共犯と身分(2) 168
岐阜地判昭和62.10.15 判タ654-261………方法の不能(4)〔天然ガス漏出事件〕 123
最1決昭和63.5.11 刑集42-5-807…………被害者の行為の介在と因果関係(1)〔柔道整復師事件〕 18
東京地判昭和63.7.27 判時1300-153………片面的幇助 159
最2決平成1.3.14 刑集43-3-262……………予見可能性の意義(3)〔荷台乗車事件〕 45
最1決平成1.6.26 刑集43-6-567……………共犯関係の解消(1)〔おれ帰る事件〕 170
最3判平成1.7.18 刑集43-7-752……………事実の錯誤と法律の錯誤(3)〔公衆浴場無許可営業事件〕 41
最2判平成1.11.13 刑集43-10-823…………防衛行為の相当性(2) 79
最3決平成1.12.15 刑集43-13-879…………不作為の因果関係 17
最2決平成2.2.9 判時1341-157……………故意の内容(2) 31
東京高判平成2.2.21 判タ733-232…………幇助の因果関係〔宝石商殺害事件〕 156
最3決平成2.11.20 刑集44-8-837…………第三者の行為の介在と因果関係(2)〔大阪南港事件〕 23

最3決昭和43.2.27 刑集22-2-67……………限定責任能力と原因において自由な行為 101
最大判昭和43.9.25 刑集22-9-871…………追徴額の算定基準 197
最3判昭和43.12.24 刑集22-13-1625………必要的共犯〔弁護士法違反事件〕 176
最1決昭和44.7.17 刑集23-8-1061…………間接幇助 158
東京高判昭和44.9.17 高刑集22-4-595……違法性の意識(1)〔黒い雪事件〕 102
大阪高判昭和44.10.17 判タ244-290………結果防止行為の真摯性(1) 117
最1判昭和44.12.4 刑集23-12-1573………防衛行為の相当性(1) 78
最3決昭和45.7.28 刑集24-7-585…………強姦罪における実行の着手 107
最1判昭和46.6.17 刑集25-4-567…………結果的加重犯と因果関係 27
最3判昭和46.11.16 刑集25-8-996…………急迫不正の侵害(1) 73
最大判昭和48.4.25 刑集27-3-418…………実質的違法性の判断基準〔久留米駅事件〕 62
最大判昭和48.4.25 刑集27-4-547…………争議行為〔全農林警職法事件〕 65
最大判昭和49.5.29 刑集28-4-114…………観念的競合か併合罪か 187
最大判昭和49.11.6 刑集28-9-393…………刑罰法規の委任〔猿払事件〕 3
最大判昭和50.9.10 刑集29-8-489…………刑罰法規の明確性〔徳島市公安条例事件〕 1
最3判昭和50.11.28 刑集29-10-983………防衛の意思 77
大阪地判昭和51.3.4 判時822-109…………故意犯と原因において自由な行為 99
札幌高判昭和51.3.18 高刑集29-1-78……予見可能性の意義(2)〔北大電気メス事件〕 44
最大判昭和51.9.22 刑集30-8-1640………不作為犯の罪数 189
横浜地川崎支判昭和51.11.25 判時842-127……故意ある幇助道具 129
最1決昭和52.7.21 刑集31-4-747…………急迫不正の侵害(2) 74
最1決昭和53.3.22 刑集32-2-381…………行為者の行為の介在と因果関係〔熊撃ち事件〕 21
最2判昭和53.3.24 刑集32-2-408…………責任能力の判断基準(1) 94
最1決昭和53.5.31 刑集32-3-457…………取材活動の限界〔外務省秘密漏えい事件〕 66
最3判昭和53.7.28 刑集32-5-1068…………未必の故意〔びょう打銃事件〕 35
最1決昭和54.3.27 刑集33-2-140…………抽象的事実の錯誤(1) 36
最1決昭和54.4.13 刑集33-3-179…………共同正犯と錯誤 162
最2決昭和55.11.13 刑集34-6-396…………被害者の同意(1) 71
横浜地判昭和56.7.17 判時1011-142………承継的共犯(1) 143
最1決昭和57.2.17 刑集36-2-206…………共犯と罪数 190
最3決昭和57.4.2 刑集36-4-503……………過失犯の処罰と明文の要否〔旧・海水油濁防止法事件〕 42
最1決昭和57.7.16 刑集36-6-695…………共同正犯と幇助犯の区別(1)〔大麻密輸事件〕 134

最2判昭和28.1.23 刑集7-1-30……………過失犯の共同正犯(1)〔メタノール事件〕 139
最1決昭和28.3.5 刑集7-3-482……………未遂の教唆〔おとり捜査〕 148
最3判昭和28.4.14 刑集7-4-850……………「その最も重い刑により処断する」の意義 186
福岡高判昭和28.11.10 判特26-58…………方法の不能(2)〔空ピストル事件〕 121
最大判昭和29.1.20 刑集8-1-41……………予備の中止 119
最1決昭和29.5.27 刑集8-5-741……………いわゆる「かすがい」理論 185
最3判昭和30.3.1 刑集9-3-381 ……………類推処罰の禁止(2) 8
最2判昭和30.11.11 刑集9-12-2438………自救行為 68
最3判昭和32.2.26 刑集11-2-906…………結果的加重犯と過失の要否 60
最大判昭和32.3.13 刑集11-3-997…………故意の内容(1)〔チャタレー事件〕 30
最3決昭和32.9.10 刑集11-9-2202…………中止犯における任意性(1) 112
最2判昭和32.10.18 刑集11-10-2663………刑法三八条三項ただし書の意義 104
最3判昭和32.11.19 刑集11-12-3073………共犯と身分(1) 167
最大判昭和32.11.27 刑集11-12-3113……両罰規定の事業主処罰の根拠 12
最大判昭和33.5.28 刑集12-8-1718………共謀共同正犯(1)〔練馬事件〕 131
最1判昭和33.7.10 刑集12-11-2471………失業保険料不納付と期待可能性 105
最3判昭和33.9.9 刑集12-13-2882…………不作為による放火 16
最大判昭和35.1.27 刑集14-1-33…………医業類似行為を業とすることの禁止の合憲性 4
最1判昭和35.2.4 刑集14-1-61……………現在の危難 88
広島高判昭和36.7.10 高刑集14-5-310……客体の不能〔死体殺人事件〕 124
最大判昭和36.7.19 刑集15-7-1106………絞首刑の執行方法の法的根拠 192
最2判昭和37.3.23 刑集16-3-305…………方法の不能(3)〔空気注射事件〕 122
最大判昭和37.5.30 刑集16-5-577…………条例と罰則 5
大阪地判昭和37.7.24 下刑集4-7=8-696 …行為性 11
最1決昭和37.11.8 刑集16-11-1522………殺人予備罪の共同正犯 138
最大判昭和37.11.28 刑集16-11-1593……第三者没収 196
最2決昭和40.3.9 刑集19-2-69……………窃盗罪における実行の着手〔煙草売場事件〕 106
最2判昭和40.3.26 刑集19-2-83……………両罰規定と法人の過失 13
最3決昭和40.3.30 刑集19-2-125…………身分の意義(1) 165
秋田地判昭和40.3.31 下刑集7-3-536……過失犯の共同正犯(2)〔喫煙失火事件〕 140
高松高判昭和41.3.31 高刑集19-2-136……予見可能性の意義(1)〔森永ドライミルク事件〕 43
最3判昭和42.3.7 刑集21-2-417……………身分の意義(2) 166
最2判昭和42.10.13 刑集21-8-1097………信頼の原則(1) 48
最3決昭和42.10.24 刑集21-8-1116………第三者の行為の介在と因果関係(1)〔米兵ひき逃げ事件〕 22

判例索引

裁判所　裁判年月日　登載判例集	項　目	番　号
大判明治43.10.11 刑録16-1620……………	被害軽微の場合の可罰的違法性(1)〔一厘事件〕	63
大判大正2.11.18 刑録19-1212……………	他の共犯者に対する中止犯の効果	175
大判大正4.8.25 刑録21-1249………………	幇助行為の意義〔鳥打帽子事件〕	151
大判大正6.9.10 刑録23-999………………	方法の不能(1)〔硫黄事件〕	120
大判大正7.11.16 刑録24-1351……………	間接正犯における実行の着手	111
大判大正10.5.7 刑録27-257………………	他人の適法行為の利用	130
大判大正11.3.1 刑集1-99…………………	再間接教唆	149
大判大正12.2.22 刑集2-107………………	共犯と身分(3)	169
大判大正12.4.30 刑集2-378………………	因果関係の錯誤〔砂末吸引事件〕	28
大判大正13.12.12 刑集3-867………………	自招危難	91
大判大正14.6.9 刑集4-378…………………	事実の錯誤と法律の錯誤(1)〔たぬき・むじな事件〕	39
大判昭和7.3.7 刑集11-277…………………	特別義務者と緊急避難	93
大判昭和12.11.6 裁判例(11)刑86……………	対物防衛	80
大判昭和15.8.22 刑集19-540………………	類推処罰の禁止(1)〔ガソリンカー事件〕	7
最大判昭和23.3.12 刑集2-3-191…………	死刑の合憲性	191
最3判昭和23.3.16 刑集2-3-227…………	未必の故意	34
最3判昭和23.3.16 刑集2-3-2485…………	見張りと共同正犯	136
最3判昭和23.6.22 刑集2-7-694……………	執行猶予基準の変更	203
最3判昭和24.4.5 刑集3-4-421……………	誤想防衛と過剰防衛	84
最2判昭和24.5.14 刑集3-6-721……………	刑法四二条一項の「捜査機関に発覚する前」の意義	199
最2判昭和24.7.23 刑集3-8-1373…………	接続犯	177
最大判昭和24.12.21 刑集3-12-2048………	無期懲役の合憲性	195
最2判昭和24.12.17 刑集3-12-2028………	共犯の中止犯	174
最3判昭和25.7.11 刑集4-7-1261…………	教唆犯と錯誤〔ゴットン師事件〕	161
最大判昭和25.7.19 刑集4-8-1463…………	助言による幇助	152
最大判昭和26.1.17 刑集5-1-20……………	過失犯と原因において自由な行為	100
最3判昭和26.3.27 刑集5-4-686……………	結果的加重犯の共同正犯	142
最2判昭和26.8.17 刑集5-9-1789…………	事実の錯誤と法律の錯誤(2)〔無鑑札犬撲殺事件〕	40
東京高判昭和26.11.7 判特25-31…………	過失犯に対する教唆の成否	150
最1判昭和26.12.6 刑集5-13-2485…………	教唆の方法	146
仙台高判昭和27.2.29 判特22-106…………	関与形式間の錯誤	164

■編者紹介

高橋　則夫（たかはし・のりお）	早稲田大学教授	
十河　太朗（そごう・たろう）	同志社大学教授	

■著者紹介（執筆順）

杉本　一敏（すぎもと・かずとし）	早稲田大学教授	〔1～10〕
萩野　貴史（はぎの・たかし）	名古屋学院大学講師	〔11～17〕
小林憲太郎（こばやし・けんたろう）	立教大学教授	〔18～29〕
深町　晋也（ふかまち・しんや）	立教大学教授	〔30～41〕
古川　伸彦（ふるかわ・のぶひこ）	名古屋大学准教授	〔42～61〕
川崎　友巳（かわさき・ともみ）	同志社大学教授	〔62～72〕
橋爪　隆（はしづめ・たかし）	東京大学教授	〔73～87〕
井上　宜裕（いのうえ・たかひろ）	九州大学教授	〔88～93〕
箭野章五郎（やの・しょうごろう）	桐蔭横浜大学講師	〔94～105〕
佐藤　拓磨（さとう・たくま）	慶應義塾大学教授	〔106～124〕
豊田　兼彦（とよた・かねひこ）	関西学院大学教授	〔125～145〕
松澤　伸（まつざわ・しん）	早稲田大学教授	〔146～159〕
照沼　亮介（てるぬま・りょうすけ）	上智大学教授	〔160～176〕
小池信太郎（こいけ・しんたろう）	慶應義塾大学教授	〔177～190〕
髙橋　直哉（たかはし・なおや）	中央大学教授	〔191～203〕

※〔　〕内は、執筆担当の番号。

新《しん》・判例《はんれい》ハンドブック　刑法総論《けいほうそうろん》

編者　高橋則夫《たかはしのりお》・十河太朗《そごうたろう》

発行所　株式会社　日本評論社　　発行者　串崎　浩

東京都豊島区南大塚3-12-4　電話　東京(03)3987-8621(販売)

3987-8631(編集)

振替　00100-3-16　〒170-8474

印刷　精文堂印刷株式会社　　製本　株式会社難波製本

Printed in Japan　©N. Takahashi, T. Sogo　2016

2016年9月20日　第1版第1刷発行　　装幀　海保　透

ISBN 978-4-535-00826-7

JCOPY 〈㈳出版者著作権管理機構　委託出版物〉本書の無断複写は著作権法上での例外を除き禁じられています。複写される場合は、そのつど事前に、㈳出版者著作権管理機構（電話03-3513-6969、FAX03-3513-6979、E-mail：info@jcopy.or.jp）の許諾を得てください。

また、本書を代行業者等の第三者に依頼してスキャニング等の行為によりデジタル化することは、個人の家庭内の利用であっても、一切認められておりません。

新・判例ハンドブック 憲法
高橋和之［編］ ◆本体1,400円＋税

新・判例ハンドブック 民法総則
河上正二・中舎寛樹［編著］ ◆本体1,400円＋税

新・判例ハンドブック 物権法
松岡久和・山野目章夫［編著］ ◆本体1,300円＋税

新・判例ハンドブック 親族・相続
二宮周平・潮見佳男［編著］ ◆本体1,400円＋税

新・判例ハンドブック 刑法総論
高橋則夫・十河太朗［編］ ◆本体1,600円＋税

新・判例ハンドブック 刑法各論
高橋則夫・十河太朗［編］ ◆本体1,500円＋税

新・判例ハンドブック 商法総則・商行為法・手形法
鳥山恭一・高田晴仁［編著］ ◆本体1,400円＋税

新・判例ハンドブック 会社法
鳥山恭一・高田晴仁［編著］ ◆本体1,400円＋税

日本評論社
https://www.nippyo.co.jp/